Inhalt

Einleitung

Das Abenteuer Elternschaft

Dieses Buch ist eine Sammlung wertvoller Ratschläge ganz unterschiedlicher Menschen, die für sich sehr gute Wege und Lösungen im Umgang mit ihren Kindern gefunden haben. Es basiert auf zahlreichen Gesprächen mit den Eltern von Jungen und Mädchen, die von ihren Lehrern als »großartige Kinder« eingestuft wurden. Der Leser lernt Familien aus der Oberschicht kennen, Familien mit geringem Einkommen und alleinerziehende Mütter und Väter. Sie alle zeigen uns, daß sechs grundlegende Prinzipien für die gelungene Erziehung von Kindern wesentlich sind. Diese Grundsätze, auf denen auch unser Buch beruht, sind: *Verständigung, intellektuellen Fähigkeiten, die Kunst, Grenzen aufzuzeigen, Stärkung des Selbstbewußtseins, Förderung der Vermittlung von ethischen und moralischen Werten und die Förderung emotionaler Intelligenz bzw. der Kunst, sich in seiner Umgebung zurechtzufinden und mit anderen Menschen klar zu kommen.*

Lust aufs Leben unterscheidet sich von anderen Elternratgebern in einem wichtigen Punkt: Es werden hier nicht die typischen, in der Kindererziehung immer wieder auftretenden Probleme aufgewärmt, es wird auch nicht die Psychodynamik dysfunktionaler Familien besprochen, und es ist kein Buch, das die Theorien propagiert, die die Autoren aus ihrer persönlichen Erfahrung mit den eigenen Kindern abgeleitet haben. *Lust aufs Leben* beruht statt dessen auf dem Konzept, »echte Experten« zu befragen – jene Eltern, die umgängliche, ausgeglichene und glückliche Kinder haben – und daraus die Prinzipien einer gelungenen Partnerschaft mit Kindern abzuleiten.

Innere Zufriedenheit, Selbstvertrauen und intellektuelle wie soziale Kompetenz sind die Charakteristika jener Kinder, deren Eltern die Entwicklung ihrer Söhne und Töchter nicht daran maßen, wann sie die ersten Worte sprachen, ob ihre Körpergröße jeweils der Norm entsprach oder wie viele Einsen sie am Schuljahresende mit nach Hause brachten. Vielmehr legten diese Eltern größten Wert darauf, ihren Kindern zu helfen, die eigene Kreativität zu erforschen, ihre Individualität zu entwickeln und unterschiedliche Fähigkeiten auszuprobieren.

Wie dieses Buch entstand

Dazu Robert Davidson

Während meiner zwanzigjährigen Praxis als Werbefachmann und Unternehmensleiter hatte ich Gelegenheit, Einstellungsgespräche mit Tausenden von Bewerbern und Bewerberinnen zu führen. Die meisten von ihnen schienen mit ihrer Karriere und ihrem Leben unzufrieden. Sie hatten weder ein konkretes Ziel vor Augen noch bestimmte Ideale oder Träume.

Hin und wieder betraten jedoch auch junge Männer und Frauen mein Büro, die eine wohltuende und starke Ausstrahlung besaßen, die tief aus ihrem Innern zu kommen schien; es war sozusagen ein inneres Licht, eine Wärme und Zufriedenheit, die sich im Verlauf der Gespräche auch bestätigte. Diese besonderen Bewerber verfügten über ein innerliches Wohlgefühl und Selbstvertrauen, das anziehend und geheimnisvoll war.

Schließlich beschloß ich, meinen Bruder Alan anzurufen, einen hervorragenden Psychologen, der sich auf Kinder- und Familientherapie spezialisiert hatte. Ich fragte ihn, wodurch sich diese wenigen besonderen Menschen von den übrigen unterschieden. Dieses Gespräch war der Ausgangspunkt für das vorliegende Buch.

Dazu Alan Davidson

Als mein Bruder Robert mich in der Praxis anrief, war ich sehr beschäftigt. »Erinnerst du dich an Rick Lerner, der damals mit uns zur Schule ging?«, fragte er.

»Ja«, antwortete ich.

»Erinnerst du dich auch an Steve Nelson?«

»Ja.«

»Und an Susan?« fuhr er fort.

»Ja. Und ich erinnere mich auch daran, daß drei Anrufer auf eine freie Leitung warten, daß zwei Patienten um dieselbe Zeit einen Termin haben und daß meine Sekretärin krankgeschrieben ist, aber j-a-a, ich erinnere mich an diese Mitschüler«, erwiderte ich geduldig und brüderlich, in der Hoffnung, daß Robert endlich zur Sache kommen würde.

»Wodurch unterschieden sie sich von allen anderen?«, fragte er. »Erinnerst du dich, daß sie irgendwie ganz anders waren? Sie waren aufgeschlossen, selbstbewußt, machten immer ein freundliches Gesicht und waren irgendwie glücklich. Ihnen gelang fast alles, was sie versuchten. Die anderen mochten sie. Ich möchte wissen: Warum? Und warum waren es so wenige?«

»Könntest du mich später noch einmal anrufen? Um eine Antwort zu finden, brauche ich etwas mehr Zeit, als ich im Augenblick habe.«

Als wir an jenem Abend über diese Fragen diskutierten, mußte ich zugeben, daß wirklich glückliche Kinder ohne Neurosen sicherlich eine Minderheit darstellen. Obwohl Robert und ich beruflich wahrscheinlich mit etwa derselben Anzahl von Menschen Gespräche geführt hatten, waren wir beide dabei nur auf wenige wirklich rundum zufriedene und erfolgreiche Menschen gestoßen. Sie bildeten tatsächlich die Ausnahme. »Leider sehe ich nur die Problemkinder«, erklärte ich meinem Bruder. »Die glücklichen kommen nicht in meine Praxis.«

Ich sagte weiter, daß die wahren Experten in diesem Bereich – diejenigen, deren Ratschläge sicher am wertvollsten seien – die Eltern sind, die ihre Kinder richtig erzogen haben, sei es aufgrund einer ihnen inhärenten Fähigkeit oder einfach nur mittels Intuition. Wenn wir herausfinden könnten, wie sie sich gegenüber ihren Kindern verhielten und warum, wäre es ein lohnendes Projekt, diese Informationen anderen Eltern zu vermitteln.

Warum dieses Buch notwendig ist

Als wir weiter über dieses Projekt – ein Buch für Eltern mit wertvollen Informationen von anderen Eltern zu schreiben – nachdachten und erste Untersuchungen anstellten, beobachteten wir etwas sehr Interessantes, das uns in unserem Vorhaben bestärkte. Weder in Bibliotheken noch in Buchhandlungen fanden wir Erziehungsratgeber, die sich mit positiven Beispielen befaßten und die auf der Grundlage des Rats von Eltern glücklicher, ausgeglichener Kinder beruhten. Wir fanden nur Bücher von Autoren, die aus ihrer medizinischen Praxis berichteten, oder die ihre persönlichen Erfahrungen im Umgang mit den eigenen Kindern vermittelten. Im großen und ganzen wurden verschiedene typische Probleme wie Rivalität unter Geschwistern, Bettnässen, Weinerlichkeit, Ungehorsam usw. behandelt. Es waren Bücher mit Titeln wie *Kleine Haken im Familienalltag; Kinderärger, Elternsorgen; Tyrannen in Turnschuhen.* Wir hingegen wollten uns genau mit dem Gegenteil beschäftigen.

Deshalb befaßt sich dieses Buch mit den Erziehungsmethoden von Eltern, deren Kinder nicht nur ausgezeichnete Schüler sind, sondern die auch über Selbstbewußtsein und echte Lebensfreude verfügen, was im Grunde viel wichtiger ist. Sie zeichnen sich nicht durch die Zugehörigkeit zu einer bestimmten Clique oder Elite aus, sondern dadurch, daß sie freundliche, gesellige und angenehme Mitmenschen sind. Sie sind beliebt, liebenswert, aktiv, und sie wissen das Lernangebot in der Schule zu schätzen. Die Lehrer arbeiten gerne mit solchen Schülern und Schülerinnen, weil sie neugierig, aufgeschlossen und ehrgeizig sind. Sogar die Eltern ihrer Freunde mögen sie. Es sind keine besonders belesenen oder ungewöhnlich begabten

Kinder, deren Intelligenzquotient weit über dem Durchschnitt liegt. Es sind einfach großartige Kinder, die etwas ganz Besonderes darstellen.

Als wir uns an verschiedene Schulen wandten, um solche Kinder zu finden, wußten wir, daß wir auf einer aufregenden Spur waren. Schulleiter, Vertrauenslehrerinnen und Dozenten reagierten auf unsere Nachfragen mit ungeheurer Begeisterung. Sie wußten, ohne nachzufragen, sofort, welche Mädchen und Jungen wir suchten und wer für unsere Untersuchung in Frage kommen könnte. »Dieses Buch ist eine großartige Idee«, erklärten unzählige Lehrer und Lehrerinnen. »Ich habe genau das richtige Kind für Sie.« Ein Schulleiter meinte: »Eltern können mit einem solchen Buch sicherlich viel anfangen. Mir fallen auf Anhieb drei Kinder ein, die von ihrer Art her für dieses Thema geradezu ideal geeignet sind.«

Eine Mutter faßte die Philosophie der meisten Eltern, mit denen wir sprachen, treffend zusammen:

»Die Kindererziehung ähnelt eher dem Kuchenbacken und nicht so sehr der Zubereitung eines zarten Soufflés. Man vermengt die richtigen Zutaten, stellt den Kuchen in den Backofen und denkt eine Weile nicht weiter daran. Der Kuchen soll von selbst aufgehen. Glasur und Dekoration kann man später hinzufügen. Man muß nicht ständig die Backofentür öffnen und prüfen, ob der Kuchen schon gar ist, denn er wird von alleine gut.«

Wir verbrachten über einen Zeitraum von 18 Monaten ungezählte Stunden in den unterschiedlichsten Wohnumgebungen. Die Einrichtungen reichten von teuren Ledersofas bis hin zu alten, abgesessenen Kunstledersesseln. Wir tranken Kaffee, Ginseng-Tee, Erfrischungsgetränke, Möhrensaft und Karo-Kaffee in den Küchen und Eßzimmern von kleinen Wohnungen in der Innenstadt oder aber in geräumigen, außerhalb der Stadt gelegenen Einfamilienhäusern, um in den Gesprächen herauszufinden, wodurch sich diese Eltern von anderen unterschieden. Unsere Ergebnisse räumen auf mit dem Mythos, daß die Erziehung von Kindern eine belastende, nervenaufreibende Sache ist. Nicht alle Kleinkinder machen das »Trotzalter« durch, und nicht alle Jugendliche entwickeln sich zu mürrischen Tyrannen.

In unseren Gesprächen stellten wir viele, zum Teil auch bohrende Fragen, um nach den »großen Problemen« zu fahnden, die diese Eltern möglicherweise vor uns verbargen, doch wir konnten keine entdecken. Warum nicht? Sie waren einfach nicht vorhanden. Die Eltern, die ihre Aufgabe mit Erfolg gemeistert hatten und die wir näher kennenlernten, kannten nicht die schrecklichen Szenarien, die in vielen Elternratgebern beschrieben werden.

Durch Instinkt, Beobachtung oder aufgrund der eigenen Erziehung fanden unsere »wahren Experten« Wege, glückliche, kompetente Kinder heranzuziehen – und zwar ohne große Ängste oder größere Katastrophen. In diesem Buch werden diese Erziehungsmethoden und die Ähnlichkeiten zwischen den zugrundeliegenden Philosophien vorgestellt.

Wir fanden heraus, daß es sich keineswegs um perfekte Eltern handelte, und auch ihre Kinder waren keine Tugendbolde. Wir erklärten bei unserer Suche in den Schulen von Anfang an, daß wir keine perfekten Superkinder suchten, die immer nur Einsen schrieben, sondern Kinder, die wie alle Jugendlichen ganz normale Phasen durchlaufen.

In den folgenden Kapiteln werden Sie erfahren, worin die Geheimnisse dieser Eltern liegen: 1) sie sind aufmerksam, verständnisvoll und ganz auf ihre Kinder »eingestimmt«; 2) sie sind sich ihrer Rolle bewußt und werden immer dann aktiv, wenn es nötig und angebracht ist; 3) sie betrachten ihre Rolle als Eltern mit einer gewissen Lockerheit, und – was vielleicht das Wichtigste ist – 4) sie respektieren ihre Kinder als lebende, denkende, fühlende, sehr intelligente, wahrhafte *Menschen* – und zwar in jeder Alters- und Entwicklungsstufe.

Als wir eine Mutter fragten, wann Kinder am besten auf die elterliche Führung reagieren, erklärte sie entschieden: »*Jetzt!* Man muß jetzt damit beginnen! Es ist für Kinder niemals zu spät, sich zum Positiven hin zu verändern, sich zu entwickeln und das Beste aus ihrem Leben zu machen.«

Wichtig ist, die Kindererziehung nicht als humorlose, lebenslange Aufgabe zu betrachten, sondern als interessante, aufregende und lohnende Herausforderung. Wie bei jedem Sport kommt es auch bei diesem Spiel zu Verzögerungen, Fouls, Strafstößen, Unsicherheit hinsichtlich der Strategien und vielen Fehlern, es werden aber sicher auch Erfolge verbucht.

Voraussetzungen für eine gute Partnerschaft zwischen Eltern und Kindern

Säuglinge brauchen im Grunde nur Nahrung, Schlaf und elterliche Zuwendung; vierjährige Kinder brauchen die Gewißheit, daß der erste Tag im Kindergarten nicht lebenslanges Verlassenwerden bedeutet; Abiturienten müssen mit guten Argumenten davon überzeugt werden, daß sie – bevor sie den Führerschein in der Hand halten – die Autoschlüssel nicht haben dürfen, um ihre »Fahrpraxis zu verbessern«. Und wie kann man seine Kinder mit dem Mut ausstatten, sich gegen die Freunde zu behaupten, die darauf drängen, die Autoschlüssel trotzdem zu nehmen, um mit dem Auto ein Rennen zu veranstalten, nachdem man sich mit Ecstasy aufgeputscht hat? Wie kann man also seine Kinder so erziehen, daß sie Selbstbewußtsein, Selbstkontrolle und feste Überzeugungen zeigen, einmal ganz abgesehen von guten Manieren und einer positiven Einstellung zum Lernen in der Schule?

Sie finden die Antworten auf diese Fragen, wenn Sie sich näher mit den sechs Grundprinzipien einer guten Erziehung in den folgenden Kapiteln befassen. Doch vorher wollen wir uns noch ein wenig näher mit einigen anderen Voraussetzungen einer guten Partnerschaft zwischen Eltern und Kindern befassen, die ebenfalls eine wichtige Rolle spielen.

Respekt

Als wir die Frage stellten, welches der wichtigste Aspekt bei der Erziehung glücklicher, umgänglicher Kinder sei, erhielten wir meistens eine Antwort dieser Art: »Eine respektvolle Behandlung der Kinder, auch wenn sie noch klein sind, genau wie wir sie uns selbst als Erwachsene wünschen.« Eine Mutter erklärte: »Wir haben mit unseren Kindern nie in der ›Babysprache‹ geredet, wie es manche Eltern tun.«

Eine andere Mutter konnte mit einer ähnlichen Geschichte aufwarten.

»Nach Annes Geburt im Krankenhaus hielt ich sie im Arm und redete mit ihr. Eine Krankenschwester betrat mein Zimmer und sagte: ›Sie sind eine gute Mutter.‹ Ich fragte sie, was sie damit meine. Sie erwiderte, daß es sie immer wieder überrasche, wie viele Mütter zu ihren neugeborenen Kindern kein einziges Wort sagten. Sie hatte das Gefühl, daß sie ihre Babys nicht als hochintelligente kleine Menschen respektierten, die bestrebt sind, die Welt kennenzulernen, und die vom Tag ihrer Geburt an eine würdevolle Behandlung verdienen.«

Bewunderung

Die magische Wirkung von Bewunderung läßt sich nur schwer beschreiben. Auch sie ist ein Ausdruck von Respekt, aber sie vermag noch mehr. Bewunderung führt zu *Selbstachtung* und stärkt die Eltern-Kind-Bindung. Obwohl bei den befragten Eltern die Bewunderung immer von Herzen kam, gaben sie zu, daß eins der unbeabsichtigten Ergebnisse dabei ein besseres Verhalten der Kinder war. Die Mutter eines fünfzehnjährigen Jungen erklärte, daß sie regelmäßig, aber nicht zu häufig, einfach sagte: »Du bist wirklich großartig! Es ist schön, dich zu haben.« Das war's. Danach ging sie wieder zur Tagesordnung über.

In dem Kapitel über Selbstbewußtsein werden wir zeigen,

daß Bewunderung nur dann etwas bedeutet, wenn sie wirklich ernst gemeint ist und nicht einfach nur so dahingesagt wird, um dem Selbstwertgefühl des Kindes Auftrieb zu geben. Ein Kind weiß, ob sein Verhalten einen solchen Kommentar rechtfertigt oder nicht und spürt, wenn Bewunderung nicht von Herzen kommt.

Bedingungslose Liebe

Bedingungslose Liebe – ohne Wenn und Aber – stärkt zusammen mit Einfühlungsvermögen und Verständnis die Eltern-Kind-Bindung. Ein Vater erzählte uns, daß er es seiner achtzehnjährigen Tochter gestattet hatte, in der Auffahrt zum Haus mit dem Wagen auf und ab zu fahren, um ihre Fahrpraxis zu verbessern. Als sie eines Tages den Wagen in den Carport fuhr, trat sie versehentlich aufs Gaspedal statt auf die Bremse, durchbrach mit dem Wagen die Holzverkleidung und fuhr in die dahinterstehende Voliere.

»Als die Federn von Nora, dem Papagei, überall verstreut herumlagen und Susanne blaß und zitternd ins Haus kam, um unter Weinen und Schluchzen zu erzählen, was passiert war, nahm ich sie einfach in den Arm, drückte sie an mich und erklärte ihr, daß sie nichts erklären müsse. ›Jetzt wirst du sicher nie mehr vergessen, wo sich das Bremspedal befindet. Ich bin froh, daß dir nichts passiert ist – du wärst sicherlich viel schwerer zu reparieren als der Wagen – oder Nora.‹«

Konstruktive Erwartungshaltungen

Den in diesem Buch vorgestellten Eltern ging es nie darum, daß ihre Kinder zu den besten zehn Prozent der Schüler gehörten. Sie belohnten gute Noten nicht mit Geld und übten keinen Druck auf ihre Kinder aus, sich mit anderen zu messen. Statt dessen hatten diese Eltern eine »stille Erwartungshaltung«, die sich etwa in folgende Worte fassen läßt: »Da du dazu in der Lage bist und sowieso für die Schule lernst, warum bemühst du dich nicht, eine gute Note zu schreiben?«

Eine Frau berichtete, daß ihre Tochter Sabine früher immer gesagt hatte: »Ach, das soll reichen. Ich beherrsche den Stoff ganz gut.« Sie entgegnete dann immer: »Gut ist nie gut genug!« Ihre Worte zeigten offensichtlich Wirkung. Als wir die Gruppe befragten, bereitete sich Sabine gerade aufs Studium vor, nachdem sie ihr Abitur mit einer Eins bestanden hatte. Schon ihre Großmutter hatte auf ihre eigene Mutter nie Druck ausgeübt, aber immer wieder betont: »Das Wort ›Mittelmaß‹ existiert in unserem Wortschatz nicht.«

Egal, ob es um schulische Leistungen, Aufgaben im Haushalt oder das Zusammenleben von Geschwistern ging – die Kinder bemühten sich, ihre Sache gut zu machen, weil diese Erwartungshaltung in den Familien, die wir besuchten, vorherrschte. Sie wurden nicht aufgefordert, Leistung zu zeigen, vielmehr sagte man ihnen, daß sie dazu *in der Lage waren.*

Freundschaft

Als wir Sabine fragten, warum sie ihrer Meinung nach eine so glatt verlaufene Kindheit erlebt habe und warum nur wenige Eingriffe von Elternseite nötig gewesen seien, antwortete sie ohne zu zögern (ihre Mutter saß direkt neben ihr):

»Meine Mutter ist meine beste Freundin, und Freunde behandelt man mit Respekt. Wir hatten immer eine sehr enge Beziehung. Ich konnte mit allem zu ihr kommen, und genau wie einen treuen Freund wollte ich sie nicht enttäuschen. Außerdem vertraute sie mir, und ich wollte diesem Vertrauen gerecht werden.«

Manchmal ist es aufgrund einer solchen Beziehung schwer, Freundschaft und elterliche Pflichten voneinander zu trennen. Glücklicherweise mußte diese Mutter ihre Tochter fast nie bestrafen. Während unseres Gesprächs erinnerte sie sich jedoch an einen Vorfall, als Sabine als Teenager wegen irgendeiner Sache bestraft werden mußte (sie wußte nicht mehr, was es gewesen war). Sie erinnerte sich, daß sie wütend sagte: »Du hast eine Woche lang Hausarrest!« Doch dann geriet sie in Panik und fragte schnell: »Du hattest doch für dieses Wochenende nichts geplant, oder?« Mutter und Tochter mußten lauthals lachen, als sie sich an diesen Vorfall erinnerten, und für uns war offensichtlich, daß sie in der Tat gute Freundinnen sind, die gerne ihre Zeit gemeinsam verbringen. Diese Freundschaft steht viel stärker im Vordergrund als die Beziehung zwischen Autoritätsfigur und Kind, und offensichtlich wirkt sich dies förderlich für Sabine aus.

Ausgewogenheit der Charaktere

Ein hoher Prozentsatz der befragten Familien setzte sich aus einem recht strengen Vater und einer viel nachgiebigeren, flexibleren Mutter zusammen. Doch diese Kombination funktionierte, weil *Kompromisse* und *gegenseitige Verständigung* verhinderten, daß eines der beiden Extreme vorherrschte. Eine Mutter beschrieb sich beispielsweise als »sehr liberal und linksgerichtet«. Sie war immer gewillt, ihren Sohn anzuhören, während ihr Ehemann ein standhafter »Konservativer« war, der nur selten Zeit für ihn hatte. Als wir sie zu Hause besuchten, merkten wir sofort, wie sich ihre unterschiedlichen Persönlichkeiten in ihren Hobbys widerspiegelten. Der Vater war ein recht guter Bildhauer und stellte seine großen, reich verzierten Vögel im Wohnzimmer aus. Sein starrer, disziplinierter Stil offenbarte sich klar in den detaillierten Arbeiten. Die Mutter hingegen zeigte eine viel freiere Einstellung, was sich in ihrer Freude an der Gartenarbeit und Aktivitäten in der Natur offenbarte. Sie hatte ihre Freude daran, Dinge natürlich wachsen zu sehen (was auch ihren Sohn einschloß), doch bisweilen hatte sie das Gefühl, daß sie hin und wieder nicht streng genug mit ihm war. Ihrer Meinung nach sorgte ihre liberale Einstellung zusammen mit der strengeren Art ihres Mannes für eine ausgewogene Erziehung ihres Kindes, und es wurden auf diese Weise vernünftige Entscheidungen getroffen, zu denen keiner von beiden alleine gelangt wäre.

Das Abenteuer der Elternschaft

Wenn Sie gerade erst Vater oder Mutter geworden sind und Ihre Reise beginnen, haben Sie sicherlich etwas Angst vor dem »Elterndschungel«. Wenn Sie sich bereits in ihn hineingewagt haben – um an jeder Ecke auf Pythonschlangen und Piranhas zu stoßen –, wissen Sie vielleicht nicht, daß es nicht unbedingt so sein muß!

Betrachten Sie dieses Buch als einen Ratgeber von Menschen, die diese Reise bereits zu einem guten Teil oder ganz hinter sich gebracht haben. Die von uns befragten Eltern können Sie davor warnen, wenn der Pfad schmaler wird. Obwohl sie relativ unbeschadet ihrem Ziel schon sehr nahe gekommen oder bereits dort angekommen sind, war der Weg nicht immer leicht. Manchmal sind sie auf unebene Stellen gestoßen, sie haben sich ein paar Blessuren geholt und mußten unterwegs unerwartet mit ein paar Ungeheuern kämpfen. Doch das ist der Sinn dieses Buches: Die Eltern, mit denen wir sprachen, haben diese Erfahrungen gemacht, damit Sie sie nicht wiederholen müssen; sie haben den Pfad markiert, damit Sie nicht vom Weg abkommen.

Die beste Einstellung zu Ihrer Expedition als Eltern besteht darin, die vor Ihnen liegenden Jahre als Kilometersteine auf Ihrem Weg zu betrachten. Wie bei den meisten Rucksackreisen geht es die ersten Kilometer meistens bergauf – mit schwerem Gepäck. Der Rucksack ist voll beladen, und der Anstieg scheint äußerst mühsam. Doch wenn Sie erst einmal acht bis zehn Kilometer hinter sich gebracht haben, werden Sie Ihr Lauftempo finden. Alles hat sich eingependelt, und Sie marschieren munter drauflos. Bei Kilometerstein 13 kann es sehr schwer werden, aber wenn Sie dann wieder Kilometer 18 erreicht haben, sehen Sie in der Ferne eine Wiese. Üppiges grünes Gras, ein kühler Bach. Nun ist es an der Zeit, ein Lager aufzuschlagen und die Angel herauszuholen: die Reise ist vorüber.

Und wie steht es mit dem wunderbaren Kind, das mit Ihnen zusammen gewandert ist? Es wird hin und wieder ins Lager zurückkehren, aber zuerst einmal wird es seine eigene Reise antreten und dabei manchen Berg erklimmen. Es muß über Felsgestein seinen Weg finden, aber dank Ihrer Anleitungen ist es gut gerüstet. Es hat gelernt, daß man an sich selbst glauben muß, so daß es kalkulierte Risiken eingehen, Streß handhaben und sich vorankämpfen kann, fest entschlossen, sein Ziel zu erreichen. Auf diese Weise wird Ihr Kind erfahren, worum es im Leben geht. Statt sich kämpfend mit der Welt auseinanderzusetzen, wird Ihr Kind auf dem Berggipfel stehen und die Welt mit offenen Armen willkommen heißen.

Bevor Sie das erste Kapitel lesen, dürfte es für Sie genauso interessant wie für uns sein, den persönlichen Bericht einer jungen Frau zu lesen, die sich darauf vorbereitete, von zu Hause auszuziehen, um ihr Studium aufzunehmen. Sie schrieb diesen Bericht an das Aufnahmegremium einer privaten Ausbildungsstätte, die genauso wie Arbeitgeber, Freunde, zukünftige Ehepartner und die Gesellschaft im allgemeinen nach ausgeglichenen, liebenswerten Menschen sucht. Dieser Bericht ist ein Beispiel für den starken Charakter, die Lebhaftigkeit, den Charme und die Aufgeschlossenheit, die sich in einem Kind entwickeln können, wenn es in einer fürsorglichen Familie aufwächst, egal, wie ihre Strukturen und die augenscheinlichen Nachteile aussehen.

Sehr geehrte Damen und Herren,

Scheidung. Ein schlimmes Wort. Niemand spricht gerne darüber. Es ist eine schreckliche Prüfung, die in Familien lebenslange Spuren hinterläßt. Doch bei mir war es anders. Meine Eltern ließen sich scheiden, als ich sechs Monate alt war, und es war eins der besten Dinge, die mir hätten passieren können.

Meine Mutter und ich zogen zu meinen Großeltern. Es war ein Haus, in dem ein reges Leben herrschte; Menschen aller Altersstufen wohnten hier in einer friedlichen und liebevollen Atmosphäre zusammen. Ich habe nie eine Vaterfigur vermißt, weil mein Großvater und mein Onkel mir ein Gefühl von Sicherheit vermittelten. Ich konnte immer bei jemandem auf dem Schoß sitzen und hatte Freunde, die mit mir Karten spielten. Ich konnte mich immer auf ihre bedingungslose Liebe und Unterstützung verlassen. Sie waren verständnisvoll und aufgeschlossen und hielten meine Ansichten und Meinungen für wichtig, statt sie aufgrund meines Alters abzulehnen.

Die stärkste Unterstützung erhielt ich von meiner besten Freundin – meiner Mutter. Sie erweckte in mir die Liebe zur Musik, zu Büchern und zum Leben. Jedes Jahr sahen wir uns den Nußknacker an, was zu meinem Interesse an den darstellenden Künsten führte. Aufgrund des Selbstvertrauens, das sie und meine Familie mir gaben, durfte ich die Rolle der Mona in der Schulaufführung des Musicals Chicago spielen. Meine Mutter und mein Großvater sahen sich jede Vorstellung an. Mutter nahm aktiv an den Vorbereitungen teil, und mein Großvater war immer der erste, der sich nach jeder Vorstellung erhob, um zu applaudieren! Ich liebe sie alle sehr.

Es ist schon komisch. Ich ging immer davon aus, daß es in allen Familien wie in meiner zugehen würde. Erst in der letzten Zeit ist mir bewußt geworden, daß nicht alle Menschen sich abends zu einem Essen im Kreis der Familie zusammensetzen, wie es bei uns üblich war, und daß nicht jedes Kind die Liebe und Unterstützung erhält, die ich genossen habe.

Insgesamt betrachtet, hatte die Scheidung meiner Eltern keinerlei negative Auswirkungen auf meine Leistungen – ganz *im Gegenteil! Schließlich hat nicht jedes Kind einen wunderbaren Großvater, der das Volleyball-Team seiner Enkelin trainiert, die korrekte Aufstellung vor dem Basketballkorb mit ihr übt oder bei den Hausaufgaben hilft – so daß es sogar Spaß macht!*

1.

Verständigung zwischen Eltern und Kindern

Da nur noch Brennstoff für wenige Sekunden vorhanden war, drängte Mission Control den Astronauten Neil Armstrong, die Eagle sofort zu landen, ansonsten würde er das Risiko eines Aufpralls auf der zerklüfteten Mondoberfläche eingehen. Armstrong reagierte sofort, schaltete die automatische Steuerung aus, griff sich die Kontrollvorrichtung und führte eine von Hand gesteuerte sanfte und sichere Landung des Raumfahrzeugs aus. Erfolgreiche Verständigung, erfolgreiche Mission. Ohne gute Kommunikation wäre es zur Tragödie gekommen.

Einer Tragödie kommt es auch gleich, wenn Kinder auf ihrer Reise durchs Leben um Führung bitten und herausfinden müssen, daß ihnen niemand zuhört. Wie lange wird ein Kleinkind am Ärmel der Mutter zupfen, bevor es schließlich aufgibt? Wie lange wird ein sensibler Teenager versuchen, seinen Eltern seine Freuden und Sorgen, seine Ängste und Hoffnungen mitzuteilen, wenn die Eltern mit ihrem eigenen hektischen Leben viel zu beschäftigt sind? Was passiert mit solchen Kindern, wenn sie sich nicht *verständlich machen* dürfen?

Obwohl die sechs grundlegenden Prinzipien für eine gute Erziehung alle miteinander verbunden sind, stellen wir die Verständigung bzw. Kommunikation an erste Stelle, weil sie der Ausgangspunkt ist, das Fundament, auf dessen Grundlage die übrigen fünf funktionieren können.

Was tun Vater oder Mutter als erstes mit einem Neugeborenen? Versuchen sie, seine intellektuellen Fähigkeiten zu entwickeln? Zeigen sie ihm erste Grenzen auf, versuchen sie gar, ihm bereits bestimmte Wertvorstellungen beizubringen? Nein – diese Dinge kommen später. Wenn eine Mutter ihr Neugeborenes zum ersten Mal sieht, versucht sie, mit ihm zu *sprechen*. In den Familien, in denen wir unsere Gesprächspartner fanden, wurde dieser Prozeß während der gesamten Erziehung ständig fortgesetzt.

Von allen elterlichen Fähigkeiten, mit denen wir uns in diesem Buch befassen, ist die Kommunikation wohl die schwierigste. Sie wird auch am häufigsten vernachlässigt. Als wir das Thema gegenüber einer Mutter ansprachen, erinnerte sie sich daran, wie ihre fünfundachtzigjährige Nachbarin kurz nach der Geburt ihres ersten Sohnes bei ihr hereinschaute. Als die junge Mutter die alte Frau nach Ratschlägen für die Kindererziehung fragte, gab die alte Dame ihr einen großartigen Rat: »*Reden* Sie mit ihm, *das* ist das allerwichtigste!«

Zu Anfang eines jeden Kapitels in diesem Buch untersuchen wir die Probleme, mit denen die meisten Eltern zu tun haben. Dann zeigen wir anhand von Alltagssituationen, wie die befragten Eltern diese Schwierigkeiten lösten oder erst gar nicht aufkommen ließen. In diesem Kapitel erfahren Sie, wie man sich gegenseitig auf ganz unterschiedliche Art und Weise mitteilen kann; so beispielsweise, indem man seinen Kindern offen zeigt, daß man einfach immer für sie da ist, sich bestimmte Zeiten für gemeinsame Gespräche freihält, zuhört und angemessen reagiert. Man sollte auch wissen, wann man seinem Kind *nicht* helfen sollte, sich auszudrücken und wann man ihm unter die Arme greift.

Verständigung und Kommunikationsprobleme

Was ist Kommunikation eigentlich? »*Kommunizieren: 1. sich verständigen, miteinander sprechen. 2. zusammenhängen, in Verbindung stehen.*« So die Definition laut Duden, doch für die meisten Familien der westlichen Welt ist und bleibt Kommunikation ein Fremdwort.

Wenn Astronauten, die draußen im All den Mond umkreisen, sich so klar mit dem Kontrollzentrum in Houston verständigen können, warum ist es dann so schwierig, zu den Kindern im Zimmer nebenan Verbindung aufzunehmen? Wahrscheinlich, weil sie sich in ihre eigene Mondatmosphäre zurückgezogen haben, wo sie ihren Eltern nicht mehr zuhören müssen! »Verständigung« nimmt häufig die Form von Gleichgültigkeit und Konfrontation zwischen Eltern und Kindern an. Sie verwandelt sich in Aggression, Kritik, Beurteilung und Schuldzuweisung. Mit welchem Ergebnis? Die Eltern senden weiter auf UKW, während die Kinder den Sender gewechselt haben und Mittelwelle hören. Die empfangenen Botschaften sind also gleich null. Wenn Eltern und Kinder am Empfänger drehen und sich plötzlich durch irgendeinen dummen Zufall auf derselben Wellenlänge befinden, ist der Empfang statisch so aufgeladen, daß ein Zuhören unerträglich wird. Und was tut man bei undeutlichem Empfang? Man schaltet ab.

> Es kommt zu »statischen Aufladungen«, wenn die Bedürfnisse der Kinder sich schneller entwickeln als die Fähigkeiten der Eltern, darauf einzugehen.

Zuhören; reden; schweigen; da sein, wenn es nötig ist; nicht da sein, wenn es angebracht ist; das Recht der Kinder auf Privatsphäre – und ihr Recht, sich *nicht* mitzuteilen – respektieren: dies sind die erforderlichen Kommunikationsfähigkeiten, die Eltern entwickeln sollten, wenn sie mit ihren Kinder gut auskommen wollen.

Bevor wir fortfahren, sollten Sie folgende Fragen ehrlich beantworten und sich näher mit den Bereichen befassen, die Ihrer Meinung nach noch verbesserungsbedürftig sind. Wenn Sie die Berichte der von uns befragten Eltern lesen, können Sie sich an diese Fragen erinnern und überlegen, was Sie in der jeweiligen Situation getan hätten. Vergleichen Sie Ihre Reaktion mit der unserer »Fachleute«.

1. Können Sie Ihrem Kind – unabhängig von seinem Alter – wirklich ins Gesicht sehen, und hören Sie, was es sagt? Sind Sie sich sicher, daß Sie die *wahre Bedeutung* des Gesagten verstehen?
2. Haben Sie sich von vorgefaßten Meinungen befreit, und akzeptieren Sie, daß Ihr Kind eine eigene Meinung vertritt?
3. Kann Ihr Kind *Sie* verstehen, oder fühlt es sich durch Sie bedroht und eingeschüchtert?
4. Hat Ihr Kind die Möglichkeit zu sagen, was es auf dem Herzen hat, und fühlt es sich wohl dabei?
5. Ist Ihre Kommunikation so weit entwickelt, daß Sie einander genug vertrauen, um sich Ihre Hoffnungen, Freuden, Geheimnisse *und* Schwächen ehrlich mitzuteilen?

Beginnen wir mit einem der größten Probleme, vor denen Eltern und Kinder heute stehen: die mangelnde Fähigkeit, sich einander mitzuteilen und den anderen zu verstehen. In manchen Familien ist dies ein nur wenig ausgeprägtes Problem, in anderen wiederum beherrscht es das gesamte Verhältnis der Familienmitglieder untereinander.

Das große Schweigen

Vor einigen Jahren schrieben mehrere Tausend Schüler der unterschiedlichsten Altersgruppen anonyme Briefe für ein Projekt, das Lehrer und Eltern initiiert hatten. Die Botschaft, die sich nach Durchsicht aller Briefe herauskristallisierte, lautete: »Wir möchten gerne mit unseren Eltern reden, aber wir wissen nicht wie. Und sie wissen es auch nicht.« Eine solche Situation entsteht, weil 1. die Eltern zuviel reden und 2. ihren Kindern nicht zuhören. Ein älterer Schüler drückte es so aus:

»Statt sich ihren Kindern zu öffnen und sich anzuhören, was in ihnen vorgeht, sind Eltern viel zu sehr mit ihren eigenen Angelegenheiten beschäftigt. Sie sind festgefahren. Wenn sie ihren Kindern nicht zuhören wollen, senden sie folgende Botschaft

aus: ›Seid ruhig, eure Ansichten sind nicht wichtig.‹ Die Kinder halten sich daran und sagen nichts mehr, und irgendwann hören sie selbst auch nicht mehr zu.«

Welche Lösung bietet sich hier an? Wie kann man diesen Verständigungsproblemen begegnen? Wir haben die fachkundigen Eltern gefragt.

»Wenn Ihnen dies als Eltern passiert – und es wird unweigerlich passieren –, müssen Sie den ersten Schritt tun. Zeigen Sie, daß Sie ***gewillt*** *sind zuzuhören. Hören Sie sich neue Ideen an, suchen Sie nach Möglichkeiten, die Probleme von Kindern und auch ihr Stillschweigen einmal von einem anderen Blickwinkel zu betrachten. Wenn andere Menschen Ihnen Aufmerksamkeit schenken und sich Ihre Ansichten anhören, sind Sie ja auch eher gewillt, sich die ihren anzuhören.«*

Denken Sie an folgende Dinge, wenn Sie versuchen, den Mangel an gegenseitigem Verständnis aufzuheben bzw. einen solchen Mangel überhaupt nicht erst entstehen zu lassen.

- Wenn Ihr eigener Alltag zu hektisch ist, können Sie sich unmöglich auf die Welt Ihres Kindes einlassen. Sie werden das Gefühl haben, aus einem Zugfenster zu schauen, während ein anderer Zug mit hoher Geschwindigkeit in entgegengesetzter Richtung vorbeifährt: Alles verschwimmt. Für Ihr Kind ist es wichtig, daß Sie Ihr Tempo reduzieren und beide Welten mit ihm gemeinsam erforschen.
- Wir werden in diesem Buch noch häufig bemerken, daß es für Kinder wichtig ist zu wissen, daß erwachsene Menschen und besonders Sie selbst ähnliche Erfahrungen im Leben gemacht haben. Teilen Sie Ihrem Sohn oder Ihrer Tochter Ihre Gefühle, Gedanken und Emotionen mit. Sagen Sie ihnen, daß Sie nicht unfehlbar und nicht nur stark sind, daß Sie in Ihrem Leben viele Fehlschläge hinnehmen mußten, die sich am Ende meistens jedoch als Lernerfahrungen entpuppten.

Eine Mutter erzählt:

»Wenn Kinder ein Problem haben, wollen sie in der Regel keine Ratschläge. Sie wollen Mitgefühl. Verständnis. Als Lisa neulich von ihrem Rad gefallen war, kam sie mit einer blutenden Handverletzung zu mir. Doch es war nicht die Wunde, die weh tat. Sie hatte das Gefühl, eine schlechte Radfahrerin zu sein. Sie sagte: ›Ich kann nicht radfahren!‹ und begann zu weinen. Da zeigte ich ihr die Narbe unter meinem Kinn, die ich mir als Kind bei einem Sturz vom Fahrrad zugezogen hatte. Sofort hörte sie auf zu weinen. Die Narbe und die Tatsache, daß die eigene Mutter genau dasselbe wie sie erlebt hatte, faszinierte sie. Sie fühlte sich gleich viel besser.«

- Wenn Ihr Kind von Anfang an das Gefühl hat, daß es mit allen Dingen zu Ihnen kommen kann, wird es als Jugendlicher später auch mit den größeren Problemen zu Ihnen kommen. Eine Mutter erinnerte sich lachend daran, wie sie ihrem ältesten Sohn gesagt hatte, er könne jederzeit zu Hause anrufen, als er sein Studium aufnahm. Noch heute, zehn Jahre später, hat sie die Stimme der Dame von der Telefonvermittlung im Ohr, die sagte: »Ein R-Gespräch von Ihrem Sohn für Sie. Übernehmen Sie die Kosten?«
- Ihr Kind muß wissen, daß Sie sich seine Ideen und Bitten auf jeden Fall anhören. Wenn es sich eine Sache sehr wünscht, verläßt es sich darauf, daß Sie ihm helfen werden, sie zu bekommen. In dem Augenblick, in dem es der Meinung ist, daß Ihnen seine Bedürfnisse egal sind, wird es zunehmend frustrierter. Das folgende Beispiel belegt dies. Als eine Sechzehnjährige ihre Mutter zum hundertsten Mal bat, sich ihre begehrte Daunenweste ausleihen zu dürfen, lautete die Antwort wie immer »Nein«. Doch das war nicht das Ende der Geschichte:

»Anne fragte mich noch einmal, ob sie meine Weste haben dürfe. Als sie eines Abends mit ihren Freundinnen in die Disco gegangen war, sah ich plötzlich, daß die Weste nicht mehr am Haken neben der Haustür hing. Sie hatte nicht einmal eine andere Jacke dort hingehängt, um zu vertuschen, daß sie meine

Weste genommen hatte. Ich konnte es einfach nicht glauben! Als in mir die Wut hochstieg, fiel es mir wie Schuppen von den Augen: Sie wollte diese Weste ***unbedingt*** *tragen! Erst an diesem Abend wurde mir bewußt, wie wichtig dies für sie war. Als ich den leeren Haken anstarrte, erkannte ich, daß meine Tochter sie einfach haben* ***mußte!*** *Für sie war es etwas Weltbewegendes – und ich hatte es nicht gemerkt. Ich beruhigte mich wieder und verlor nie ein Wort über die Angelegenheit, genausowenig wie meine Tochter.«*

Frau Goldberg teilte uns eine weitere äußerst wichtige Elternweisheit mit, die alle möglichen Erziehungsprobleme mildert, wenn Eltern sie tatsächlich beherzigen.

> Kinder haben nicht die *Absicht,* ihren Eltern weh zu tun.
> Nehmen Sie das, was sie tun, also nicht persönlich.

Wenn Kinder, wie in Annes Fall, an die eigenen Bedürfnisse statt an die der Eltern denken, mag dies unreif oder selbstsüchtig sein, aber das ist eine ganz andere Sache als absichtlicher Ungehorsam.

Der Generationskonflikt

Die Tatsache, daß Eltern und Kinder zwei unterschiedlichen Generationen angehören, spielt eine besondere Rolle, wenn es um Kommunikation und gegenseitiges Verständnis geht. Haben Sie je versucht, Beethoven oder auch die Beatles als die größeren Musiker im Vergleich zur neuesten Rap- oder Heavy Metal-Gruppe herauszustellen? Dann wissen Sie sicher, welche Lücke zwischen den Generationen klafft. Jede Generation glaubt natürlich, daß die Vorherige spießig ist und hinter dem Mond lebt, aber die Jugendlichen heute stellen die Toleranz der Eltern scheinbar auf eine neue Probe.

Die Kinder, die einst gestärkte weiße Shorts und hochglanzpolierte Schuhe trugen, »hängen« heute in zerrissenen Jeans, Springerstiefeln und verkehrt herum aufgesetzten Baseball-Mützen in Einkaufszentren »rum« und halten den Diskman ständig an gepiercte, halbrasierte Köpfe, als ob er dort festgewachsen sei.

Ein Vater berichtete uns, daß weder er noch seine Frau etwas gegen das Bedürfnis ihrer vierzehnjährigen Tochter unternommen hätten, sich selbst »auszudrücken«, und zwar mit Klamotten, die sie »megacool« nannte und die natürlich genau der Kleidervorschrift ihrer Clique entsprachen.

»Tina machte das ›Armeejacken-und-schwarzer-Lippenstift-Stadium‹ etwa um die Zeit durch, als sie sich für Jungen zu interessieren begann. Sie war launisch und mürrisch, wollte ihren Anteil an der Hausarbeit nicht mehr erledigen, hing fast ständig am Telefon und so weiter. Aber ihre Noten waren in Ordnung, warum sollten wir ihr also eine Zwangsjacke nach unserem Geschmack verpassen? Sie besaß ihre eigene Identität – oder suchte zumindest nach einer –, also war es wirklich nicht unsere Sache, ihr dabei im Weg zu stehen. Egal – irgendwann zwischen ihrem fünfzehnten und sechzehnten Geburtstag ging sie plötzlich in ihr Zimmer, wischte sich das Make-up vom Gesicht, legte die vielen Armreifen und Ohrringe ab und kam als verwandelte, reife junge Frau die Treppe herunter, die sich nun vor allem für Politik interessierte und anfing, vom Abi zu sprechen, und was sie danach studieren wollte.«

Schauen Sie genau hin. Was geht zwischen Ihnen und Ihrem Kind ab? Achten Sie auf die Dynamik. Sind Sie beide entspannt und offen, können Sie frei heraus sagen, was Sie auf dem Herzen haben? Darf Ihr Kind sich entsprechend seiner eigenen Bedürfnisse ausdrücken? Oder verhalten Sie sich angespannt und nervös wie zwei im Kreis laufende Tiger, die sich ständig anfauchen und nach einander schnappen? In diesem Fall sollten Sie den nächsten Abschnitt besonders gründlich lesen.

Gefühle unter Kontrolle halten

Wir sprechen miteinander, um zu unterweisen, um etwas mitzuteilen und um miteinander in Verbindung zu treten. Die wichtigste Funktion der Kommunikation besteht jedoch darin, *die eigenen Gefühle auszudrücken.* Dabei kann natürlich die Verfassung, in der wir gerade sind, unsere Wut, Traurigkeit oder Angst, dem, was wir sagen wollen, einen völlig anderen Klang geben oder aber Dinge, die uns mitgeteilt werden, verzerrt bei uns ankommen lassen.

Kinder aller Altersstufen verfügen über ein Arsenal an Taktiken, mittels deren sie ihre Eltern irritieren können. Eine Mutter bezeichnete dies als »Elternmißbrauch«: Dreijährige schreien und jammern, Siebenjährige unterbrechen ständig Gespräche, während Dreizehnjährige, die früher einmal sehr anhänglich waren, es plötzlich absolut »abtörnend« finden, weiter in Begleitung ihrer Eltern gesehen zu werden. Wenn Eltern in solchen Zeiten an ihre Grenzen gelangen, kommt es häufig zu spontanen emotionalen Ausbrüchen. Doch die können eine zerstörerische Auswirkung auf die Kinder haben, die gerade in solchen Phasen vor allem mit ihrer eigenen Unsicherheit kämpfen.

»Geh mir aus den Augen!« »Idiot!« »Du Nichtsnutz!« Solch wüste Beschimpfungen sind Angriffe, die zu defensiven Reaktionen führen und tiefsitzende Wut fördern, wie eine Mutter herausfand, als sie ihre fünfzehnjährige Tochter Julia anschrie.

»Ich weiß nicht mehr, was sie getan hatte, aber eines Tages brachte sie mich zur Weißglut. Wütend schrie ich: ›Ich hasse dich!‹ Plötzlich war unser Streit beendet. Es herrschte Totenstille. Sie ging auf ihr Zimmer und nahm mich beim Wort. Natürlich hatte ich diese dumme Bemerkung nicht ernst gemeint. Dennoch. Die Sache zog sich über Monate hinweg! Ich konnte einfach nicht glauben, daß sie mir nicht vergeben wollte. Immer wieder ging ich auf sie zu: ›Wie oft muß ich dir noch sagen, daß ich dich liebe? Bedeutet dir das denn gar nichts?‹ Aber Julia war durch diesen einen Satz von mir völlig am Bo-

den zerstört, obwohl sie wußte, daß ich damals völlig außer mir gewesen war. Ich hatte keine Ahnung, daß ein solcher Ausrutscher so eine Wirkung haben könnte.«

Der folgende Satz liegt uns sehr am Herzen, und er wird in diesem Buch wiederholt auftauchen. Sie mögen ihn für banal halten oder für einen selbstverständlichen Bestandteil des Allgemeinwissens. Aber wir wollen ihn herausstellen, denn er faßt das Wesen der Elternschaft zusammen:

> Kinder erlernen ihr Verhalten in erster Linie dadurch, daß sie ihre Eltern beobachten.

Da Ihr Kind versuchen wird, Sie in allem nachzuahmen, sollten Sie darauf achten, daß Ihre Verständigung mit anderen – mit Ihrem Kind, dem Partner, Freunden oder Fremden – *ruhig* und *bedacht* ist. Versuchen Sie, rational zu bleiben, selbst wenn es Ihnen schwerfällt, denn wenn Ihr Kind sieht, wie Sie sich streiten und andere anschreien, meint es, daß Menschen eben auf diese Weise miteinander kommunizieren. Emotionen, die außer Kontrolle geraten, sind keine gute Grundlage, um sich auseinanderzusetzen. Im schlimmsten Fall wird das Kind das Gefühl haben, daß es vielleicht selbst die Ursache des Konflikts und der Schreierei ist. Wenn Eltern sich gegenseitig anbrüllen, haben Kinder häufig Angst, im nächsten Augenblick von ihnen verlassen zu werden, falls Vater und Mutter sich vorher nicht sowieso schon gegenseitig vernichten.

Die folgende Geschichte stammt von einem Paar, das sich regelmäßig vor seinem Kind gestritten hatte, bis die beiden eines Tages durch eine Aktion des Kindes völlig verblüfft wurden. Diesen Eltern wurde endlich bewußt, daß all die Beleidigungen und verbalen Streitigkeiten ihren Sohn schrecklich mitnahmen.

»Ich werde diesen Tag nie vergessen. Christian war erst sechs Jahre alt, und mein Mann und ich schrien uns wie gewohnt in

*der Küche an. Der Streit eskalierte, und plötzlich sprang Christian auf, stellte sich zwischen uns und versuchte, uns zu trennen. ›**Hört endlich auf zu streiten!**‹ schrie er, so laut er konnte. Plötzlich waren Gerd und ich still und schauten einander nur an. Unser Blick fiel auf unseren kleinen Sohn, der mit rotgeschwollenen Augen und ausgebreiteten Armen zwischen uns stand. Es war schrecklich. Seitdem haben wir uns nie wieder vor ihm gestritten.«*

Einige der von uns befragten Mütter hatten eine feste Regel in ihrer Familie eingeführt, die eine Szene, wie die oben beschriebene, gar nicht erst hätte entstehen lassen.

»Die wichtigste Kommunikationsregel in unserem Haus, von der wir keine Abweichung duldeten, war ganz einfach: ›Niemand schreit, punktum.‹ Wir ließen es einfach nicht zu und hätten es niemals verziehen – nie.«

Um friedlich miteinander zu leben, ist es wichtig, sich der eigenen Gefühle bewußt zu sein und sie im Zaum zu halten.

Dinge, die die gegenseitige Verständigung erschweren oder unmöglich machen

Eltern wissen oft nicht, wie giftig manche ihrer Bemerkungen sind. Es wäre interessant, eine typische Familienmahlzeit einmal mit der Videokamera festzuhalten. Sicherlich wären einige schockiert zu sehen, wie viele negative Bemerkungen an einem durchschnittlichen Tag fallen: »Nimm die Ellbogen vom Tisch!« »Du stehst erst auf, wenn du dein Gemüse gegessen hast!« »Für wen hältst du mich eigentlich, für deine *Dienerin*?«

Viele Dinge erschweren die gute Kommunikation zwischen

Eltern und Kindern oder machen sie unmöglich. Wir wollen Sie mit denen vertraut machen, die am häufigsten auftreten:

Unkonstruktive Kritik

Unkonstruktive Kritik ist Gift. Sie verursacht Zorn und Rachegelüste und zeigt Kindern, daß es durchaus akzeptabel ist, die Fehler bei anderen zu suchen. Nachdem eine Mutter ihren vierzehnjährigen Sohn ständig darauf angesprochen hatte, daß er für sein Alter zu wenig Gewicht auf die Waage brächte, drehte er eines Tages den Spieß um und schockierte sie mit einer Bemerkung über ihre eigenen Gewichtsprobleme.

»Es war schon schlimm genug, daß ich nichts ohne Schuldgefühle essen konnte, aber eines Tages spazierte Fabian nach der Schule mit seinen Freunden in die Küche, als ich gerade eine Eiskremdose auskratzte. ›Wieso ißt du Eis, wenn du abnehmen willst?‹ fragte er grinsend. Ich fühlte mich gedemütigt. All seine Freunde standen um mich herum und warteten zusammen mit ihm auf eine Antwort. Und ich saß da in meiner Stretchhose und 15 Kilogramm Übergewicht, stopfte gerade eintausend zusätzliche Kalorien in mich rein und wurde zu allem Überfluß ausgerechnet von meinem Sohn und seiner Bande dabei erwischt! Natürlich nahm ich sofort an, daß es eine Retourkutsche war, weil ich ihn ständig dafür kritisierte, zu dünn zu sein und nicht genug zu essen. Wahrscheinlich bekam ich genau das, was ich verdiente.«

Anschuldigungen

»Du bist faul.« Was passiert, wenn Eltern diesen Vorwurf aussprechen? Die Kinder werden nur noch fauler. »Du bist dumm.« Die Reaktion? Die Noten gehen in den Keller. Ein Lehrer, mit dem wir uns unterhielten, erklärte: »Anschuldigungen sind Angriffe, und es bedarf einer sehr guten – und selten anzutreffenden – Ethik, um die andere Wange hinzuhalten und einen solchen Angriff hinzunehmen. Kinder reagieren mit Gegenangriffen, so daß der Kampf nie endet.«

Ein Vater berichtete uns, wie die Reaktion seines Sohnes ausfiel, als er diesen beschuldigte, das Geld, das er während der Ferien verdient hatte, nicht sinnvoll ausgegeben zu haben.

»Es war offensichtlich: Ich machte einen Fehler. Gunnar wollte sich eine kleine Ferienwohnung mieten, aber als er losfuhr, erklärte er mir, daß er nicht genug Geld für die gewünschte Wohnung habe. Mir platzte der Kragen, und ich sagte, dies liege nur daran, daß er sein Geld für ein neues Saxophon und eine Menge anderen Kram, den er meiner Meinung nach nicht brauchte, vergeudet habe. Sonst hätte er das Problem jetzt nicht. Gunnar wurde auf der Stelle ganz blaß und still. Ich wußte, daß ich einen Fehler gemacht hatte. Als ich später in sein Zimmer ging und ihn fragte, ob alles in Ordnung sei, antwortete er mit Ja, aber ich wußte, daß ich ihn verletzt hatte.«

Belehrungen

Einer der Gründe, warum man »Belehrungen« vermeiden sollte, ist der, daß die eigenen Informationen möglicherweise falsch sind. Wenn Sie die ganze Zeit *geredet* und nicht *zugehört* haben, wissen Sie vielleicht nicht einmal, was für ein Problem Ihr Kind bedrückt. Schlimmer noch – wenn Ihr Kind bereits weiß, was Sie ihm da erzählen, warum sollte es noch eine weitere Lektion ertragen? Unnötige Monologe verhindern, daß das Kind sich am Gespräch beteiligt, und verringern die Wahrscheinlichkeit, daß es beim nächstenmal aufnahmebereit sein wird. Wenn Sie nichts wirklich Wichtiges und Neues zu sagen haben und deshalb auch nicht auf aufmerksame Zuhörer treffen, dann überlassen Sie das Lehren lieber den Pädagogen. Eine Mutter erzählte:

»Susanne hatte seit einem Jahr den Führerschein, aber jedesmal überschüttete ich sie mit derselben Predigt, wenn sie abends den Wagen nahm: ›Immer den Sicherheitsgurt anlegen!‹ ›Nicht zu schnell fahren!‹ ›Auf verrückte Fahrer achten!‹ Genau dann verdrehte Susanne immer die Augen und spielte mit ihrem

Haar. Und sie hatte recht. Wie oft sollte sie mir noch sagen: ›Ich weiß‹, bevor ich sie verstand?«

Helfen

Wenn Sie Ihrem Kind immer wieder »helfen«, Sätze zu beenden, die es durchaus selbst beenden könnte, signalisieren Sie ihm damit, daß es nicht in der Lage sei, Dinge zu Ende zu denken, und Sie *setzen* seine Fähigkeit *herab,* mit Problemen umzugehen. Widerstehen Sie dem Drang, immer helfen zu wollen – eine Angewohnheit, die man nur schwer ablegen kann –, und Sie werden feststellen, daß Ihr Kind durchaus in der Lage ist, mit *Ihrer* Meinung nach schwierigen Situationen zurechtzukommen.

Manchmal handelt es sich bei dem, wovon Ihr Kind zunächst spricht, gar nicht um das eigentliche Problem. Geben Sie ihm also Zeit, auf den Punkt zu kommen. Ein Pädagoge, der mit hochintelligenten Schülern arbeitet, hat folgenden Rat parat:

»Zeigen Sie Geduld, wenn Ihr Kind Ihnen etwas mitteilen möchte. Vielleicht verliert es den Faden oder hält einfach mitten im Satz inne. Kinder drucksen herum, quasseln manchmal einfach drauflos oder führen wilde Selbstgespräche. Auf diese Weise loten sie das Terrain aus, um herauszufinden, ob die Eltern aufnahmebereit sind, bevor sie auf den Punkt kommen. Es wäre genau die falsche Reaktion zu fragen, was denn nun genau los sei.«

Der Pädagoge gab die folgenden nützlichen Tips für den Fall, daß man versucht ist, seinem Kind auf die Sprünge zu helfen:

- Wenn Sie mit der Frage, was denn los sei, nachhelfen wollen, Ihr Kind aber zu diesem Zeitpunkt offensichtlich noch nicht bereit ist, sich zu äußern, wird es die Frage als Neugier der Eltern auffassen, womit es durchaus recht hat.
- Drängen Sie Ihr Kind nicht zur Eile, und versuchen Sie nicht, für Ihr Kind zu sprechen, denn Sie könnten mit Ihrer Annah-

me falsch liegen. Was dann? Einfach weiterraten? »Ist es...? Ist es vielleicht...? In Ordnung. Aber vielleicht...?«

- Akzeptieren Sie, daß Ihr Kind das Thema wechselt, herumdruckst oder die Sache ganz fallen läßt. Wenn es eine wichtige Angelegenheit ist, wird es wieder darauf zu sprechen kommen – aber nur, wenn Sie eine Atmosphäre geschaffen haben, in der es sich äußern kann, ohne dazu gedrängt zu werden.
- Kinder sind nur selten bereit, sich ihren Eltern gegenüber ganz zu öffnen, weil sie befürchten, auf Kritik zu stoßen. Insistieren Sie nicht.

Meckern

Jeden Abend beim Essen dieselbe alte Leier. Und Sie denken wahrscheinlich, daß Sie Ihre Kinder nur an etwas *erinnern*. Bei den Betroffenen kommt es aber ganz anders an. Eine Mutter, mit der wir uns unterhielten, erzählte:

»Nachdem ich drei Jahre lang vergeblich versucht hatte, Jan dazu zu überreden, zueinander passende Socken zu tragen, gab ich es schließlich auf und erkannte, daß er mit seiner Kleidung völlig zufrieden war. Ich fühlte mich viel besser, als ich das Thema für mich endlich ad acta gelegt hatte. Heute arbeitet er als Techniker in einem Großunternehmen. Er ist noch genauso farbenblind – und glücklich – wie immer.«

Das folgende Potpourri der Mecker-Techniken sollten Sie vermeiden. Nach Meinung der von uns befragten Eltern konnten diese das Verhalten ihrer Kinder damit ganz und gar nicht ändern, im Gegenteil, oft fügten sie den Beziehungen zu ihnen sogar Schaden zu:

- *Warnen.* »Noch einmal, und du bekommst wirklich Probleme.« Da diese Drohungen selten wahr gemacht werden, reagieren Kindern im stillen meistens so: »Wow, jetzt hab' ich aber richtig Angst.«

- *Ausfragen.* »Ich will wissen, wo du warst und was du die ganze Zeit über gemacht hast!« Glauben Sie wirklich, Ihre fünfzehnjährige Tochter gibt Ihnen einen detaillierten Bericht über ihren Tagesablauf?
- *Drohen.* »Du bekommst einen Monat lang Hausarrest, wenn du in der nächsten Arbeit wieder eine Vier schreibst!« Das ist nicht gerade ein Anreiz, sich mehr Mühe zu geben. Viele Jugendliche würden bei einer solchen Drohung im stillen wahrscheinlich denken: »Das wollen wir doch mal sehen«, und schreiben dann beim nächstenmal statt der Vier eine Fünf.
- *Beurteilen.* Ein Vater, den wir befragten, hatte eine Bekannte, die ziemlich falsch lag, als sie ihrer elfjährigen Tochter sagte, sie könne sich ihre Nase operieren lassen, wenn sie älter sei. (»Na großartig. Und was tue ich bis dahin?«)

Stillschweigen akzeptieren

»Wie ist die Mathearbeit heute gelaufen?«
»Gut.«
»Warum hat dein Freund angerufen?«
»Ach, es war nichts weiter.«
»Schaust du dir am Wochenende das Fußballspiel an?«
Ein Schulterzucken.

Sie kommen nicht weiter? Wahrscheinlich haben Sie mehr Interesse an einem Gespräch als Ihr Kind. Bevor Sie eine richtige Unterhaltung anfangen können, muß Ihr Kind physisch, mental und emotional da sein. Fehlt es an einer dieser drei Zutaten, besteht keine Gesprächsbereitschaft von seiner Seite, und Sie sollten die Zurückhaltung akzeptieren. Das Verständnis, das Sie in diesem Moment zeigen, wird sich später auszahlen, wenn Ihr Kind sich Ihnen unverkrampft mitteilt. In der Zwischenzeit sollten Sie sich mit dieser äußerst irritierenden und beängstigenden Verhaltensweise abfinden: dem Schweigen Ihrer Tochter oder Ihres Sohnes.

Sie haben Angst, hinter diesem Schweigen könnte stecken,

daß Ihr Sohn mit Drogen handelt oder Ihre Tochter schwanger ist? Vermutlich liegen Sie falsch, denn Schweigen ist ein normaler, ganz natürlicher Mechanismus, den Kinder in verschiedenen Stadien ihrer Entwicklung einsetzen. Oft müssen sie sich aus Gründen, die nur sie selbst kennen, in ihr Schneckenhaus zurückziehen.

»Versuchen Sie nicht, Detektiv zu spielen und nach irgendwelchen verborgenen Absichten zu suchen, wenn Ihr Kind Ihnen weniger Aufmerksamkeit schenkt als Ihrer Meinung nach normal ist«, erklärte der Schulleiter einer weiterführenden Schule. »Machen Sie sich eher Gedanken darüber, daß Sie durch zu intensives Nachforschen irgendwo eindringen, wo Sie nicht willkommen sind. Vermeiden Sie respektloses Einmischen, das fast ausschließlich auf Neugier beruht.«

Eine Mutter erläuterte die Technik ihrer Tochter, unerwünschten Gesprächen aus dem Weg zu gehen, wenn sie nicht in der Stimmung dazu war. Wenn Lisa als kleines Mädchen aus irgendeinem Grund schmollte und mit niemandem reden wollte, ließ sie ihre Kuscheltiere für sich sprechen:

»Lisa hatte einen Teddybären, den sie als ihre Schwester bezeichnete. Wenn ich in ihr Zimmer kam, um mit ihr zu reden, hielt sie sich den Bären vors Gesicht und sagte: ›Meine Schwester redet heute mit niemandem.‹ Ich machte bei dem Spiel mit und fragte: ›Warum will deine Schwester heute nicht reden?‹ Normalerweise antwortete sie: ›Meine Schwester will eben nicht‹, oder ›Weil meine Schwester sauer auf dich ist.‹ Ich sagte dann, das sei in Ordnung, und fragte, was sie wütend gemacht habe. Manchmal kamen wir auf diese Weise ins Gespräch, manchmal nicht. Aber ich drängte sie niemals.«

Nur wenn Kinder sich völlig sicher fühlen, werden sie einen Blick aus ihrem Schneckenhaus wagen. Aber auch in diesen Situationen sollten Sie nicht gleich Gewehr bei Fuß stehen und versuchen, Ihr Kind nun vollständig aus der Reserve zu locken.

Kinder müssen sich ohne Einmischung der Eltern in ihre eigene Welt zurückziehen dürfen.

Wenn Ihr Kind andererseits länger als normal schweigt und Sie das Gefühl haben, daß es wirklich an der Zeit sei, wieder auf Tuchfühlung zu gehen, können Sie es mit einer anderen Strategie unserer Experten versuchen: mit *angewandter Psychologie*. Statt Neugier zu zeigen, halten Sie sich zurück. Zeigen Sie eher *weniger* Interesse. Kinder zur falschen Zeit zu etwas zu drängen, ist in etwa so erfolgreich wie der Versuch, einen kleinen Hund anzulocken. Welpen sind nervös und wissen nicht, wie sie sich verhalten sollen. Statt zu Ihnen zu kommen, wenn sie gerufen werden, laufen sie in die andere Richtung. Aber wenn Sie sich hinsetzen und nichts tun – nicht pfeifen, klatschen, die Hand ausstrecken oder komische Schmatzgeräusche machen –, kommen sie schließlich schnüffelnd auf Sie zu. Warum? Weil Sie *kein* Interesse zeigen.

Verständigung ermöglichen

Was können Sie tun, damit Ihr Kind gerne zu Ihnen kommt und mit Ihnen über seine Probleme spricht? Zeigen Sie die *richtige Einstellung*. Durch Ihr äußeres Verhalten drücken Sie die Gefühle in Ihrem Innern aus. Gesichtsausdruck, Körperhaltung und Tonfall sind Hinweise, ohne die Ihr Kind nur raten kann, ob Sie zu einem Gespräch bereit sind oder nicht. Mit lustloser, zurückhaltender Stimme gesprochen, wirken die Worte »Ich liebe dich« kaum ernst gemeint. Doch wenn eine Mutter mit geöffneten Armen auf ihr Kind zugeht, mit glänzenden Augen freudig lächelt, zeigt sie ihrem Kind sofort, wieviel es ihr bedeutet – ohne daß sie einen Ton sagt.

Damit Ihre Botschaften ernst klingen, sollten Sie Gespräche verschieben, wenn Sie an diesem Tag schlecht gelaunt oder mit anderen Dingen beschäftigt sind. Einfach nur zu sagen: »Das ist toll, mein Schatz« oder »Da bin ich aber froh«, klingt nicht überzeugend. Sie müssen wirklich froh *sein*. Sie müssen das Gesagte wirklich *fühlen* und es *ausdrücken*. Ihre Freude sollte so groß wie die Ihres Kindes sein. Versuchen Sie, sich für einen Augenblick in Ihr Kind hineinzuversetzen und das Leben aus seiner Perspektive zu betrachten.

Doch bevor Sie sich ausdrücken können, müssen Sie *verfügbar* sein – dies ist der nächste Schritt, um Verständigung möglich zu machen. Nehmen Sie sich also die Zeit, um mit Ihrem Kind zu reden, und seien Sie bereit, auch unbequeme Themen zu diskutieren. Zu diesen beiden Punkten hatten unsere Experten viel zu sagen.

Zur Verfügung stehen

An den meisten Tagen spielen sich morgens vielleicht auch bei Ihnen folgende Szenen ab: Die Kaffeemaschine läuft, der Bote hat gerade die Tageszeitung gebracht. Ihnen gehen Einzelheiten einer anstehenden Geschäftsverhandlung durch den Kopf, während Ihr vierjähriger Sohn Sie schweigend beim Rasieren beobachtet. Er weiß, daß dies nicht der geeignete Augenblick ist, um mit Papa zu reden. Schnitt. Nächste Szene: Die Zeitung liegt ausgebreitet vor Ihnen, Sie schlingen Ihren Toast herunter, schütten den Kaffee in sich hinein und überfliegen die Nachrichten. Ihr Sohn hat wieder keine Chance. Wenn Sie mit dem Wagen davonbrausen, beobachtet Ihr Kind Sie schweigend vom Wohnzimmerfenster aus. Das, was es Ihnen mitteilten wollte, wird undeutlicher, genauso wie die Umrisse Ihres Wagens, der in der Ferne verschwindet.

Als wir das obige fiktive Beispiel mit einem Vater durchsprachen, entdeckten wir, daß seine Lösung für dieses Problem der Verfügbarkeit für andere im Grunde ganz einfach ist.

»Trinken Sie Ihren Kaffee, frühstücken Sie, lesen Sie die Zeitung, reden Sie mit Ihrer Frau, streicheln Sie den Hund, rufen

Sie im Büro an und hören Sie Ihrem Kind zu – und zwar alles gleichzeitig! Sie meinen, das klingt unmöglich? So schlimm ist es auch wieder nicht. Und darum geht es schließlich in der Kindererziehung. Niemand hat behauptet, daß es leicht sein würde, niemand hat behauptet, daß sich das Leben durch Kinder nicht verändern würde. Dieses Opfer muß man eben bringen – wenn man es überhaupt als Opfer bezeichnen kann.«

Ein anderer Vater berichtete, wie seine Kinder im Laufe der Zeit einen immer größeren Teil seiner Zeit beanspruchten.

»Wenn Kinder sehr klein sind, brauchen sie normalerweise nur körperliche Zuwendung und viel Bestätigung von seiten der Eltern. Sie müssen wissen, daß sie geliebt werden. Später brauchen sie mehr Anerkennung und einen guten Resonanzboden. Und genau das ist das Problem vieler Eltern. Sie machen den ganzen Lärm, während ihre Kinder nicht die Möglichkeit haben, sich Gehör zu verschaffen. Wenn man seinen Kindern nicht zuhört, fühlen sie sich beiseite geschoben. Man muß ihren Bedürfnissen Aufmerksamkeit schenken, sonst pflanzt man Unmut in ihnen, was später zu zahllosen Problemen führen kann.«

Kleine Kinder brauchen keine intellektuellen Gespräche, die alles bis ins kleinste Detail beleuchten. Sie brauchen nur das Gefühl, daß ihre Eltern da sind und sich wegen der Niederlage ihrer Spielzeugarmee oder der Erkältung ihrer Puppe Sorgen machen. Ein wenig Mitgefühl ist sehr beruhigend. Doch wenn Vater oder Mutter nicht verfügbar sind oder – schlimmer noch - kein *Interesse* zeigen, spüren kleine Kinder, daß sie ihren vielbeschäftigten Eltern nichts bedeuten oder sogar eine Last für sie sind.

Die größte Gefahr bei mangelndem Interesse der Eltern besteht darin, daß Kinder manchmal gerne über Dinge reden würden, die wirklich wichtig *sind.* Kinder verlassen sich darauf, daß ihre Eltern ihnen zuhören. Was passiert also, wenn sie nicht auf ein Gespräch mit ihnen eingestellt sind? An wen können sich die Kinder dann wenden? Das Beispiel eines Achtjährigen, der unter Alpträumen litt, soll dies verdeutlichen. Seine Mutter berichtete, daß sie die Botschaft zunächst nicht empfing und die Hinweise auf eine ernste, zugrundeliegende Störung nicht wahrnahm.

»Zuerst tat ich Fabians Berichte über ›Teufel-Träume‹ mit einem Schulterzucken ab, weil ich sie erstens nicht fördern wollte und zweitens dachte, es handle sich nur um eine vorübergehende Sache. Ich nahm seine Geschichte einfach nicht ernst und ignorierte sie sogar für eine Weile. Doch nach ein paar Tagen erkannte ich, daß es da um mehr ging. Jeden Abend, nachdem ich ihn zugedeckt hatte, setzte ich mich eine Weile zu ihm und versuchte, ihn langsam und vorsichtig zum Reden zu bringen. Ich achtete darauf, daß ich nicht zu schnell vorging, und sagte immer wieder: ›Weißt du, Fabian, du kannst mir jederzeit alles erzählen, wenn du möchtest. Wenn dich etwas bedrückt, möchte ich dir helfen, damit fertigzuwerden. Dazu sind Mütter schließlich da. Aber wenn du nicht reden möchtest, ist das auch in Ordnung.‹ Es dauerte einige Abende, bis er sich an unser alltägliches Ritual gewöhnt hatte, und schließlich erzählte er, daß ein älterer Junge ihn in der Nähe des Schulhofs belästigt habe, und daß der Teufel in seinen Träumen in Wirklichkeit dieser Junge sei. Ich entschied mich, einen Psychologen einzuschalten, und die folgende Therapie half ihm, mit dem Vorfall fertigzuwerden.«

Eine Schülerin, mit der wir sprachen, erklärte uns, wie wichtig es für Kinder sei, daß die Eltern zur Stelle sind, wenn etwas passiert. Sie beschrieb ihre Erleichterung, als sich endlich jemand die Zeit nahm, ihr zuzuhören. Doch bevor es dazu kam, hatte sie sich bereits in eine Panik hineingesteigert.

»Als ich in den Kindergarten kam, hatte ich gleich zu Anfang ein schreckliches Erlebnis. Die Tochter unserer Nachbarn sollte mich eigentlich in den Kindergarten bringen. Doch als wir aus dem Bus stiegen, ließ sie mich einfach stehen! Ich hatte

schreckliche Angst und heulte los. Am nächsten Tag wollte ich nicht in den Kindergarten gehen, aber ich sagte nicht warum, und meine Eltern wußten nichts von dem Vorfall. Sie dachten wahrscheinlich, daß es ganz normale Umstellungsprobleme seien. Aber ich hatte schrecklich Angst, daß man mich wieder stehenlassen würde. Ich wollte auf keinen Fall mehr in diesen Bus steigen! Als der Bus vorfuhr, hielt ich mich so stark an den Griffen des Küchenschranks fest, daß sie abbrachen, als mein Vater versuchte, mich wegzuzerren. Gott sei Dank erkannte er, daß da wohl ein größeres Problem vorlag, und zwang mich nicht, in den Bus einzusteigen. Als er mich mit dem Auto zum Kindergarten fuhr, erzählte ich ihm, was sich am Vortag zugetragen hatte.«

Sich Zeit für Gespräche nehmen

Kinder sind klug. Wenn man wirklich keine Zeit für ein Gespräch hat, weil man beispielsweise wegen eines Zahnarzttermins in Eile ist, zeigen sie Verständnis. Ein Elternpaar berichtete, wie es eine einfache Technik zur Handhabung dieses Problems von den eigenen Eltern übernommen hatte.

»Wenn Tina – als sie noch sehr klein war – uns in einem Moment etwas mitteilen wollte, in dem wir eigentlich keine Zeit hatten, uns mit ihr zu unterhalten, ließen wir sie ein wenig reden – ›Nur soviel‹, wie wir immer sagten. [Die Mutter macht eine Geste mit Daumen und Zeigefinger.] Sie mußte also nicht alles für sich behalten, sondern sie durfte uns das Wichtigste sagen, so daß sie sich gleich besser fühlte. Dann erklärten wir ihr, daß wir später mit ihr darüber reden würden, wenn wir mehr Zeit hätten. Das akzeptierte sie und war froh, daß sie ihr Problem erst einmal losgeworden war. Meistens kam sie dann gar nicht mehr darauf zu sprechen.«

Wie wir bei Fabians Mutter gesehen haben, ist das ruhige abendliche Ritual beim Zubettgehen bei kleineren Kindern die ideale Zeit, ihnen ungeteilte Aufmerksamkeit zuteil werden zu lassen. Da sie meistens weniger schwierige Probleme als Jugendliche haben, brauchen sie vielleicht nur ein paar Minuten, um ihren Eltern ihr Herz auszuschütten. Eine vielbeschäftigte Rechtsanwältin, mit der wir sprachen, verließ sich hauptsächlich auf diese abendlichen Gespräche, bis ihre Kinder etwa acht Jahre alt waren. Sie legte sich zu ihren Kindern, schaltete das Licht aus, blieb eine Weile bei ihnen und hörte sich an, was sie bewegte. Diese Zeit war fürs *Zuhören* reserviert, nicht fürs *Reden.*

»Zuerst bat ich meine Kinder, mir etwas Gutes vom heutigen Tag zu berichten. Sie erzählten mir dann Erlebnisse aus dem Schulalltag oder berichteten, was sie nachmittags bei ihren Freunden gemacht hatten. Wenn sie fertig waren, bat ich sie, von negativen Dingen zu berichten. Ich drängte sie nicht besonders, von Problemen zu erzählen, aber ich war der Meinung, daß eine Gleichbehandlung von guten und schlechten Dingen eher dazu führen würde, daß sie von möglicherweise vorhandenem Kummer erzählten, und oft funktionierte das auch. Ohne zu besorgt zu klingen, sprach ich mit ihnen mit demselben Interesse darüber wie über die positiven Erlebnisse. Egal, um was für ein Problem es sich handelte – es fiel ihnen abends immer viel leichter, darüber zu sprechen. Vielleicht lag es daran, daß alles dunkel und still war und wir uns dabei nicht ansehen konnten. Offensichtlich hatte meine Methode Erfolg, denn jedesmal wenn ich dachte, daß ich unser abendliches Ritual einmal auslassen könnte, wurde ich immer schnell daran erinnert: ›Mama, wann kommst du nach oben?‹«

Unterredungen mit Jugendlichen dauern länger, weil ihre Probleme schwieriger sind. Außerdem dürfen solche Gespräche *nicht* unterbrochen werden. Versuchen Sie nicht, Gipfeltreffen abzuhalten, während sie an der Spüle stehen, vor dem Fernseher sitzen, wenn das Telefon klingelt oder wenn andere Geschwister ebenfalls Ihre Aufmerksamkeit wollen – in diesen Fällen ist ein solches Unterfangen zum Scheitern verurteilt. Legen Sie die Zeit für solche Gespräche vorher fest. Planen Sie einen gemeinsamen Marktbesuch, gehen Sie zusammen einkaufen, falten Sie die Wäsche gemeinsam, besuchen Sie Sportveranstaltungen oder ähnliches zusammen, so daß ältere Kinder sich darauf freuen können, Sie einmal ganz für sich alleine zu haben. Noch wichtiger ist, daß das Kind im Verlauf der Woche seine Ideen heranreifen lassen kann. Wenn Sie sich dann die geplante Zeit nehmen, weiß es, daß Sie ihm zuhören werden, und ist entsprechend vorbereitet.

Ein Vater verabredete sich einmal im Monat mit seiner Tochter zum Essen, als diese ein Teenager war. Er war felsenfest davon überzeugt, daß diese besonderen Verabredungen für ihre spätere Entwicklung von größter Bedeutung waren. Als wir uns mit ihm unterhielten, berichtete er uns voller Stolz, daß sie kürzlich aus über zweihundert Bewerbern für eine leitende Stellung in einer großen Computerfirma ausgewählt worden sei.

»Als Katharina fünfzehn war, führten wir die gemeinsamen monatlichen Restaurantbesuche ein. Sie zog sich schick an, ich trug Anzug und Krawatte, und dann besuchten wir die besten Restaurants – sie hatte die freie Wahl. Es war unser Ausgehabend. Nur Katharina und ich. Manchmal hatte sie nichts Besonderes auf dem Herzen, und wir unterhielten uns einfach nur so. Aber sie wußte, daß wir – komme, was da wolle – ausgehen würden, und wenn sie irgend etwas auf dem Herzen hatte – was normalerweise der Fall war –, schenkte ich ihr meine ungeteilte Aufmerksamkeit.«

Ein anderer Vater hatte ebenfalls einen guten Weg gefunden, um die richtige Atmosphäre für eine Aussprache zu schaffen:

»Wenn ich meinem dickköpfigen Sohn etwas klarmachen wollte, fuhr ich mit ihm im Auto spazieren. Aber er setzte sich immer nach hinten, damit wir uns nicht ansehen mußten. Ich glaube, daß er sich dort anonymer und nicht so eingeschüchtert fühlte. Während der Fahrt unterhielten wir uns. Wenn ich ihn in anderen Situationen wegen eines Problems direkt ansprach,

reagierte er immer mit Verschlossenheit, doch auf dem Rücksitz des Wagens ließ er seinen Gefühlen freien Lauf.«

Denken Sie bei der Planung und dem zeitlichen Ablauf wichtiger, offener Gespräche an folgende Dinge:

- *Beide* Parteien müssen gewillt sein, miteinander zu reden.
- *Beide* Parteien müssen ruhig und gelassen sein. Wut beeinträchtigt den Gerechtigkeitssinn der Eltern und drängt Kinder in die Defensive.
- Sorgen Sie dafür, daß das Gespräch ohne Unterbrechungen, Ablenkungen und ohne Eile stattfindet. Das Abendessen beispielsweise ist der *schlechteste* (aber leider auch der häufigste) Zeitpunkt, um wichtige Diskussionen zu beginnen.
- Vereinbaren Sie einen Gesprächstermin mit Ihren Kindern und *halten Sie sich daran* wie an einen Geschäftstermin, denn er ist genauso wichtig.

Unbequeme Themen angehen

Drogen. Sex. Es sind nicht die Kinder, sondern die Eltern, die zögern, diese Themen auf den Tisch zu bringen. Warum? Weil sie ängstlich oder gehemmt sind. »Was wissen meine Kinder bereits über Sex? Haben sie mit Drogen experimentiert? Hoffentlich sagen sie es mir nicht – ich will es gar nicht wissen!« Eine Mutter meinte:

»Wir leben am Ende des 20. Jahrhunderts. Ob es uns gefällt oder nicht – unsere Kinder wissen Bescheid: Sie wissen mehr über Drogen als ihre Eltern, und was ihr Wissen über Sex angeht, so holen sie rasch auf. Stecken Sie ruhig Ihren Kopf in den Sand, aber wenn Sie schlau sind, nehmen Sie ein Periskop mit!«

Ein Vater erklärte:

»Man kann nicht dagegen ankämpfen, und man kann seine

Kinder nicht ins Kloster schicken. Es ist also besser, sie auf das, was sie in der realen Welt erwartet, vorzubereiten. Sex ist nichts Schmutziges oder Ekelhaftes, aber häufig werden sie es als solches vermittelt bekommen. Man sollte den anderen also zuvorkommen und den eigenen Kindern erklären, was auf sie zukommt. Schließlich sind Eltern bessere Lehrer als die anderen Kinder auf dem Spielplatz. Fassen Sie sich ein Herz und nehmen Sie diese schwierigen Themen in Angriff.«

Eine Mutter sprach für mehrere andere Eltern, als sie ihre Einstellung zur Sexualerziehung folgendermaßen erklärte:

»Als ich meinen Sohn Thomas aufklärte, betrachtete ich es als ›einen Dienst an der Gemeinschaft‹. Als wir über das Thema Sex sprachen, wußte ich, daß er tausend verschiedene Geschichten von unterschiedlichen Kindern gehört hatte. Ich dachte mir, daß mindestens ein Kind richtig Bescheid wissen sollte, und ging das Thema ohne Scheu an.«

Wenn Ihre Kinder bereits in der Pubertät sind oder kurz davor stehen, sollten sie in bezug auf Geschlechtskrankheiten, Schwangerschaft und ähnliches Bescheid wissen. Schließlich sind sie aufgrund der Bedrohung durch AIDS tödlichen Gefahren ausgesetzt. Schon Sechsjährige verstehen, worum es bei der Fortpflanzung geht. Die Sexualität ist ein natürlicher und wunderbarer Teil des Lebens, und Sie sollten das Thema entsprechend behandeln. Wenn Sie sich hingegen bei Gesprächen über Sexualität unwohl fühlen, kann Ihr Kind ja nur mißtrauisch werden – und verwirrt reagieren.

Wir werden Sex und andere heikle Themen in Kapitel sechs detaillierter behandeln. In diesem Kapitel lautet die wichtigste Botschaft unserer Eltern:

> Egal, wie unangenehm schwierige Themen für Sie sind – sie *müssen* angegangen werden.

Auch wenn es sich um schwierige Themen handelt, darf man die wichtigen Fragen, mit denen Kinder konfrontiert werden, nicht der zufälligen Klärung durch andere überlassen.

Techniken fürs Zuhören und Reden

- Warten Sie, bis sich die Dinge etwas beruhigt haben, bevor Sie ein Kind, das leidet oder sich mißverstanden fühlt, ansprechen. Bitten Sie es um eine Erklärung des Problems und zeigen Sie ihm, daß Sie gewillt sind zuzuhören – ohne Unterbrechungen. Jetzt ist nicht der richtige Augenblick, um Fragen zu stellen, vielmehr geht es darum, *auf Emotionen zu reagieren.* Fragen Sie also nicht, was Ihr Kind bedrückt, sondern stellen Sie nur sachlich fest, daß es irgendwie traurig wirkt.
- Erklären Sie Ihrem Kind von vornherein, daß Sie das, was es Ihnen sagen will, nicht falsch interpretieren wollen. Sie könnten beispielsweise sagen: »Ich weiß nicht so recht, was dich bedrückt, aber ich möchte mir anhören, was du zu sagen hast. Dann werden wir darüber reden, damit ich dich auch tatsächlich verstehe.« Treffen Sie keine falschen Annahmen und ziehen Sie keine voreiligen Schlüsse.
- Achten Sie darauf, daß sich in Ihrer Familie kein Druck aufbaut. Alle sollten die Möglichkeit erhalten, für sich zu sprechen. Manchmal kann dies merkwürdige Formen annehmen, wie eine Mutter berichtete. Doch ihre Methode funktionierte, und in ihrer Familie herrschte jeweils einen Monat lang Ruhe.

»Bei drei Söhnen kam es immer wieder einmal zu Streitigkeiten, ob es mir nun gefiel oder nicht. Und wie sie sich stritten! Eines Tages kam ich auf die Idee, einmal im Monat eine Party für Verrückte abzuhalten. Das hieß, daß wir an einem Abend im Monat völlig verrückt spielten, indem wir uns alle mit Töpfen und Pfannen bewaffneten und sie mit Holzlöffeln bear-

beiteten, während wir dabei aus vollster Kehle schrien! Martin hatte eine Trommel und eine alte Trompete, so daß man sich die Phonstärke ungefähr vorstellen kann. Manchmal fragte ich mich, was unsere Nachbarn wohl dachten. Unsere Kinder freuten sich jeden Monat auf diese Party, und sie hatten jede Menge Energie, die sie loswerden wollten. Probleme, mit denen sie sich möglicherweise herumschlugen, spielten dann keine Rolle mehr.«

Man sollte Kinder lieber dazu ermutigen, sich ihre Probleme von der Seele zu reden, statt zu versuchen, sie für sie zu lösen: Die meisten kindlichen Probleme lassen sich sowieso nicht »lösen« – sie sind einfach Teil der Kindheit und Jugend. Unsere Eltern hielten an einem entspannten Kommunikationsstil fest, der auf dem Grundsatz *weniger ist mehr* beruhte. Hier sind einige Ratschläge, die sie aus ihrer Praxis übermitteln wollen:

- Warten Sie, bis Kinder Fragen stellen, bevor Sie Lösungen für »Probleme« anbieten.
- Seien Sie eher bereit, Botschaften zu *empfangen,* statt sie auszusenden. Der Autor Leo Buscaglia meinte: »Menschen, die meinen, alles zu wissen, haben keine Möglichkeit herauszufinden, daß das nicht so ist.«
- Hüten Sie sich davor, überängstlich zu wirken, wenn Sie reden, und geben Sie Ihrem Kind nicht das Gefühl, daß Ihnen das Gespräch wichtiger sei als das Kind. Zeigen Sie Interesse, aber hängen Sie nicht an jedem Wort, als handle es sich um einen Hinweis auf tiefe und dunkle Geheimnisse, denn das trifft sicherlich nicht zu.
- Gehen Sie die Sache entspannt an. Je lockerer Sie sind, desto zugänglicher wirken Sie. Eine ausgeglichene, gelassene Einstellung zeigt Ihrem Kind, daß sie bereit sind zuzuhören, so daß es immer zu Ihnen kommen wird, wenn es etwas auf dem Herzen hat.

Zuhören und Reagieren

Unsere Experten ermutigten ihre Kinder dazu, ihr Herz auszuschütten, indem sie sich an die folgenden sechs »Grundregeln beim Zuhören« hielten. Beachten Sie dabei, wie sich ihr Verhalten vom nichtverbalen, passiven Zuhören – das Kinder zum Reden bringt – zu einer aktiveren Teilnahme hin verschiebt, nachdem die Kinder etwas zugänglicher geworden sind.

Körperhaltung

Um zu zeigen, daß Sie bereit sind, auf Ihr Kind einzugehen, statt mit ihm zu streiten, sollten Sie sich mit ihm auf eine physische Ebene begeben. Bauen Sie sich nicht drohend vor ihrem Kind auf, sondern setzen oder knien Sie sich hin, so daß Sie sich *unterhalb* Ihres Kindes befinden. »Wenn Ihre Tochter auf dem Bett sitzt, setzen Sie sich auf den Fußboden«, erklärte ein Psychologe, mit dem sich ein Vater unterhalten hatte. »Ihre *körperliche* Haltung und eine offene *geistige* Einstellung zeigen Ihren Willen, ein Gespräch zu führen, in dem Sie nicht die Oberhand behalten wollen.«

Seien Sie aufmerksam

Zuhören kann eine Kunst sein, und wie jede Kunst muß man sie in der Praxis üben, um sie zu meistern. *Stimmen* Sie sich auf Ihr Kind *ein* und *konzentrieren* Sie sich auf das, was es sagt, als handle es sich um eine wichtige Rede in einem Seminar. Für jemanden, der seine innersten Gedanken mitteilen will, ist nichts beunruhigender als ein Gesprächspartner, der nur mit halbem Ohr hinhört. Ein Vater, leitender Mitarbeiter eines Großunternehmens, meinte: »Denken Sie an eine Cocktailparty, auf der Sie sich mit jemandem unterhalten, der ständig den Blick von Ihnen abwendet, um sich im Raum umzusehen. Hat man dann nicht das Gefühl, er suche nach einem anderen Gesprächspartner?«

Bewahren Sie eine offene Einstellung

Stellen Sie Ihre eigene Meinung zurück und befassen Sie sich ernsthaft mit den Ansichten Ihres Kindes. Kritische Beurteilungen töten die Kommunikation ab. Ermutigen Sie Ihr Kind, eigene Überzeugungen zu vertreten, selbst wenn diese sich stark von den Ihren unterscheiden; später bietet sich noch genug Zeit, Ihr Kind wieder auf den richtigen Weg zu lenken. Für den Augenblick ermöglichen Sie es Ihrem Kind auszureden, ohne durch kritische Anmerkungen unterbrochen zu werden.

Hören Sie ruhig zu

Wenn Sie Ihr Kind nicht unterbrechen, wird es von einer oberflächlichen »Aufwärm«-Phase zu einer tieferen, intensiveren Ebene übergehen und seine wahren Gefühle offenbaren. Durch ruhiges Zuhören helfen Sie ihm, diese Ebene zu erreichen, indem Sie folgende nichtverbale Botschaften aussenden: »*Du* kannst entscheiden, was du mir mitteilen möchtest.« »Deine Gefühle sind mir wichtig.« Eine solche Einstellung unterscheidet sich grundlegend von den dominanten Gesprächspositionen der folgenden Art: »*Ich bin* dein Vater/deine Mutter, und *du bist* das Kind und solltest mir deshalb zuhören. Ich kenne die Antwort auf alle Probleme!«

Ruhig zuzuhören bedeutet jedoch nicht, daß man sich überhaupt nicht äußert. Reagieren Sie mit einem einfachen Kopfnicken, einem Lächeln oder einem hin und wieder geäußerten »Mmh«. So erkennt Ihr Kind, daß sie zuhören, – und spricht weiter. Im weiteren Verlauf des Gesprächs werden sich seine Probleme herausschälen. Jetzt ist der Zeitpunkt gekommen, an dem Sie aktiver werden und sich am Gespräch beteiligen können.

Nehmen Sie am Gespräch teil

Jetzt können Sie beim Zuhören aktiver werden, indem Sie Ihr Kind durch kurze Bemerkungen oder Nachfragen dazu bringen, sich mehr zu öffnen. Setzen Sie dabei *offene* Fragen ein –

keine Fragen, auf die mit einem Ja oder Nein geantwortet werden kann: »Wie war es heute in der Schule?« statt »Gab es heute in der Schule ein Problem?« Bleiben Sie locker und bemühen Sie sich, nicht übereifrig zu wirken. Ihr Kind ist zu Ihnen gekommen, um sich Ihnen anzuvertrauen. Es ist offen zu Ihnen und verletzbar. Wenn Sie ihm zeigen wollen, daß es sich auf sicherem Terrain befindet, sollten Sie zurückhaltend sein, auch wenn es sich um ein heißes Thema handelt. Tun Sie das Gegenteil von dem, was Ihnen Ihr Gefühl sagt. Ein Vater meinte:

»Anstelle von Erstaunen zeigen Sie lieber nüchternes, ruhiges Interesse. Statt wütend zu reagieren, bewahren Sie Haltung. Lassen Sie Ihre Kinder nicht merken, daß das, was sie Ihnen sagen, Sie in Wut versetzt, es sei denn, Sie wollen weitere Gespräche mit Ihren Kindern ein für allemal unterbinden. Janine erzählte mir viele Geschichten von sich und ihren Freunden, die mich innerlich zum Kochen brachten, aber ich wußte, daß eine bewertende Haltung, gerade wenn sie meine Hilfe brauchte, nur zu Verschlossenheit führen würde. Ich habe immer auf Anzeichen dafür geachtet und sie vorsichtig dazu gebracht weiterzureden, um dem jeweiligen Problem auf den Grund zu kommen, aber ich habe sie niemals gedrängt.«

Tina wurde mit 14 Jahren in der Folkloregruppe ihrer Schule zur besten Tänzerin gewählt, eine Ehre, die einige unerwünschte Probleme mit sich brachte. Die folgende Geschichte zeigt, wie gut ihre Mutter mit einer schwierigen, intimen Beichte zurechtkam.

»Ich wußte, daß es zum Knall kommen würde. Mir war klar, daß die Aufmerksamkeit, die Tina und ihren Freundinnen von den älteren Jungen entgegengebracht wurde, ein potentielles Pulverfaß war. An einem Samstagmorgen, nach einer Fete auf einem Bauernhof, kam Tina kreidebleich die Treppe herunter. Sie hatte keinen Kater, denn sie trank keinen Alkohol. Ich machte uns eine Tasse Tee, und nachdem sie eine Weile um den heißen Brei herumgeredet hatte, stellte ich einige vorsichtige

Fragen, weil sie offensichtlich einen kleinen Anstoß brauchte. Schließlich erzählte sie mir, daß mehrere Pärchen sich im Verlauf der Fete auf diverse Zimmer zurückgezogen hatten. Sie berichtete: ›Als alle in ihren Zimmern verschwunden waren, geriet die ganze Sache außer Kontrolle.‹ Plötzlich hatte ich ein flaues Gefühl im Magen und wurde genauso blaß wie meine Tochter, aber ich drängte sie nicht dazu weiterzuerzählen. Ich nickte einfach nur und überließ ihr das Tempo. Sie starrte auf ihre kalte Tasse Tee und wagte nicht, mich anzusehen. Obwohl ich mir große Sorgen machte, was möglicherweise geschehen war, versuchte ich nicht, sie auszuhorchen, sondern sagte: ›Es ist alles in Ordnung, Tina. Ich bin froh, daß du reden wolltest.‹ Schließlich gab sie freiwillig zu, daß man ›ziemlich weit gegangen‹, aber daß ›nichts passiert sei‹. Als sie dies sagte, atmete ich langsam aus und erzählte ihr, daß mir in ihrem Alter genau dasselbe passiert war. Sie hätten sehen sollen, wie ihr Gesicht wieder Farbe annahm.«

Feedback

Um sicherzugehen, daß Sie die Gefühle Ihres Kindes tatsächlich verstehen, wiederholen Sie *mit eigenen Worten*, was Ihr Kind gesagt hat. Möglicherweise sind Sie überrascht, wie weit Sie mit Ihrer Interpretation von der Wahrheit entfernt sind. Vielleicht kann Ihr Kind seine Gefühle nicht klar ausdrücken oder es deutet nur an, was es nicht direkt sagen kann. Nehmen Sie Hinweise, die helfen, falsche Interpretationen zu vermeiden, auf, aber denken Sie immer daran, daß es eben nur *Hinweise* sind. Veranstalten Sie kein *Rätselraten*. Wenn Ihr Kind beispielsweise sagt: »Ich werde diesen Aufsatz nie rechtzeitig fertigkriegen«, könnten Sie sagen: »Du stehst unter Zeitdruck und bist dir nicht sicher, ob du einen guten Aufsatz schreiben kannst, richtig?« Es geht hier um Feedback, nicht um gute Ratschläge.

Ruhiges Feedback läßt ein Gefühl von Fürsorge und Partnerschaft entstehen.

Überprüfen Sie, ob Sie das Gesagte verstehen, indem Sie einfache Fragen stellen: »Ich glaube, du meinst... Habe ich recht?« Fragen Sie einfach. An dieser Stelle ist es nicht nur angebracht, sich in das Gespräch einzuschalten, sondern sogar notwendig.

Speziell kleinere Kinder brauchen die Rückversicherung, daß sie verstanden wurden. Vermeiden Sie es, Schwierigkeiten einfach auszubügeln oder Lösungen anzubieten. Der Luftballon, der zerplatzt ist, war etwas Besonderes für Ihren kleinen Sohn. Wenn Sie sagen, daß Sie ihm einen neuen besorgen, werden seine *Gefühle* von Verlust nicht anerkannt. *Erkennen* Sie diese Gefühle *an,* indem Sie etwa sagen: »Ich weiß, wie sehr dir der rote Ballon gefallen hat. Sicherlich bist du sehr traurig, weil er zerplatzt ist.« Dies zeigt Ihrem Kind, daß Sie seine Gefühle verstehen und daß sie Ihnen zudem wichtig sind.

Die eigene Botschaft weitergeben

Wenn die von uns befragten Eltern ihren Kindern selbst etwas mitteilen wollten, wählten sie meist nicht den Weg der Anweisung oder Anschuldigung, denn Befehle wie »Du gehst auf der Stelle ins Bett!« oder Drohungen wie «Du wirst nie wieder auf eine Fete gehen, wenn du noch einmal zu spät nach Hause kommst!« fördern nur den *Widerstand* der Kinder, statt sie dazu zu bringen, ihren Eltern zuzuhören.

Statt ihr Kind anzugreifen, äußern Sie Ihre »Sorge« in der Ich-Form, so daß es erfährt, welche Auswirkungen seine Handlungen auf Sie haben. Bei dieser Form der Kommunikation geht es nicht darum, *Stärke zu beweisen.* Durch Ihre Körperhaltung haben Sie sich bereits auf eine Ebene mit Ihrem Kind begeben, und Botschaften in der ersten Person bringen Sie auch intellektuell auf eine Ebene. Gute Manager nutzen diese Art der gleichberechtigten Interaktion, um ihre Angestellten zu *stärken*, statt sie zu *überwältigen.*

Botschaften, die Ihre »Sorge« ausdrücken, wirken, wenn Sie folgende, von unseren Eltern regelmäßig eingesetzte Tips ausprobieren:

- Ändern Sie unerwünschtes Verhalten, indem Sie ruhige, *nicht anklagende* Worte verwenden, die das Ihren Anweisungen zugrundeliegende Prinzip *erklären*. Das folgende Beispiel einer Mutter verdeutlicht dies:

»Einmal wollte [die siebenjährige] Patrizia den Abfall nicht zur Mülltonne bringen. Ich mußte nur sagen: ›Wenn der Mülleimer nicht geleert wird, wird der Müll bald in der ganzen Küche verstreut sein, und dann müssen wir saubermachen. Ich würde in dieser Zeit lieber einen leckeren Nachtisch zubereiten.‹ Ich drohte ihr nicht mit ›Konsequenzen‹, sondern fand eine Möglichkeit, ihr Verhalten zu ändern, ohne sie zu beschämen. Manchmal muß man Kindern eben erklären, warum man etwas tut, bevor sie es verstehen.«

- Machen Sie klar, welche Auswirkungen das Verhalten Ihres Kindes für Sie hat. Frau Lang, eine Steuerberaterin, die von zu Hause aus arbeitete, zeigte uns anhand eines Beispiels, wie sie sich ihrem sechsjährigen Sohn mitteilte:

»Als Tobias sechs Jahre alt wurde, entwickelte er ein großes Interesse für die Tiere in einem nahegelegenen Park; er meinte, es sei seine Pflicht, jeden Tag in den Park zu gehen und sie zu füttern. Aber drei Uhr nachmittags war für mich eine sehr ungünstige Zeit. Sofort nach der Rückkehr aus der Schule versuchte er, mich zu überreden, und ich gab ihm immer eine freundliche Antwort, indem ich sagte: ›Wenn ich ständig unterbrochen werde, schaffe ich meine Arbeit nicht, und dann kann ich gar nicht mit dir in den Park gehen. Je weniger ich unterbrochen werde, desto schneller kann ich meine Arbeit erledigen und desto früher können wir in den Park gehen.‹ Ich sagte nie, wie sehr er mich nervte, sondern zeigte ihm, welche Auswirkungen sein Verhalten hatte, ohne es direkt auszusprechen. Ich glaube, die Tatsache, daß ich ihm zeigte, welche ***Auswirkungen*** *es für mich hatte, änderte die Sache. Meistens akzeptierte er es und beschäftigte sich mit seinen Spielsachen, bis ich fertig war und mit ihm hinausgehen konnte.«*

Kompromisse eingehen und Zusammenarbeiten

Unsere Eltern setzten regelmäßig zwei weitere Kommunikationstechniken ein: Kompromiß und Zusammenarbeit.

Kompromiß

Die Eltern, mit denen wir uns unterhielten, gaben den Forderungen ihrer Kinder zum größten Teil nicht nach. Aber es gibt Gelegenheiten – und zwar ganz spezifische –, wo es klüger ist, in einer kleineren Sache nachzugeben, um einen Konflikt zu vermeiden. Dies zeigt, daß Sie flexibel und gewillt sind, sich mit den Ansichten Ihres Kindes auseinanderzusetzen. Wenn Sie hin und wieder kleine Zugeständnisse machen, bedeutet dies viel für Kinder, die sich normalerweise nach ihren Eltern richten müssen. Ein Vater, von Beruf Rechtsanwalt, sagte:

»Wenn Sie und Ihr Kind völlig gegensätzlicher Ansicht sind, ist es gut, sich irgendwo in der Mitte zu treffen und einen Kompromiß einzugehen. Wenn beide Seiten ein wenig Rücksicht auf die Wünsche des anderen nehmen, werden Sie wahrscheinlich eine Lösung für das Problem finden, mit der beide zufrieden sind. Und wenn es keine weltbewegende Sache ist, wo liegt dann das Problem? Sie haben kaum Macht abgegeben, und Ihr Kind hat einen großen Sieg errungen.«

Zusammenarbeit

Wenn Sie in eine Sackgasse geraten und ein Problem nicht lösen können, sollten Sie gemeinsam an einer Lösung arbeiten, die für beide Seiten vorteilhaft ist. Gehen Sie dabei folgendermaßen vor:

- Sprechen Sie ruhig über das Problem, und gewähren Sie allen Betroffenen genug Zeit, sich zu äußern.
- Setzen Sie die bereits angesprochenen »Feedback«-Techniken ein. Jeder der Beteiligten wiederholt mit eigenen Worten,

was er *seiner Meinung nach* gehört hat. Vielleicht trifft ja keine der vorgetragenen Einschätzungen so richtig den Kern der Sache.

- Als nächstes können Sie schriftlich mehrere Vorschläge für mögliche Lösungen auflisten, anschließend ihre Notizen vergleichen und darüber abstimmen, welche wohl funktionieren werden. Da Sie *gemeinsam* eine Entscheidung getroffen haben, die im Interesse aller liegt, wird Ihr Kind das Gefühl haben, einen Beitrag geleistet zu haben, und sich gestärkt fühlen. Die Chance, daß es sich an seinen eigenen Lösungsvorschlag hält, ist in diesem Fall viel größer!

Zum Abschluß noch ein paar Tips von unseren Experten, die sich für den Aufbau einer guten Kommunikation als sehr wirksam erwiesen:

- Vermeiden Sie zweideutige oder zu lange Botschaften, denn diese verwirren und langweilen nur. Kurze Mitteilungen, die aus wenigen Sätzen bestehen, zeigen größere Wirkung, und Ihr Kind wird Ihnen mehr Aufmerksamkeit schenken. Achten Sie auf Reaktionen, die Langeweile verraten (Ihr Kind spielt beispielsweise mit seinem Haar oder sieht sich desinteressiert im Raum um).
- Genau wie bei einem wichtigen Telefonanruf planen Sie Ihre Worte, *bevor* Sie sich äußern. Bereiten Sie sich vor und spielen Sie das Ganze gegebenenfalls im Geist einmal durch. Befassen Sie sich nur mit einem Thema.
- Vermeiden Sie gemischte Botschaften wie: »Du bist ein großes Mädchen und darfst bei Claudia übernachten«, gefolgt von: »Ruf uns an, bevor du zu Bett gehst.« Ist Ihre Tochter nun ein großes Mädchen oder nicht?
- Drücken Sie sich klar und deutlich aus. Wenn Ihr Kind erraten muß, was Sie meinen, nutzt es – besonders in der Pubertät – Ihre unklare Ausdrucksweise möglicherweise aus. In diesem Alter legen Kinder oft vage Äußerungen zu ihrem eigenen Vorteil aus. Wenn Sie Ihren Wagen abends zu einer »vernünftigen« Uhrzeit zurückerwarten, ist es besser, einen »genauen« Zeitpunkt zu vereinbaren. Andernfalls warten Sie möglicherweise noch bei Tagesanbruch.

Wie stellen Sie fest, daß sich Ihre Verständigung und Kommunikation verbessert haben? Nun, erwarten Sie keine direkte Aussage wie: »Danke, Mama, jetzt kommunizieren wir wirklich miteinander!« Sie dürfen jedoch eine bessere Beziehung zu Ihrem Kind erwarten. Es wird Sie sicherlich mehr mögen, da Sie ihm auf diese Weise bei seinen Vorbereitungen auf das Leben in der Welt der Erwachsenen sehr geholfen haben.

Der vielleicht beste Rat überhaupt stammt von Bruno Bettelheim. Als er in den vierziger Jahren an der Universität von Chicago eine Schule für gestörte Kinder leitete, wurde ihm klar, daß man die Probleme der eigenen Kinder am besten versteht, wenn man an die eigene Kindheit zurückdenkt. Er gab folgenden Rat: »Denken Sie an Ihre eigenen Erfahrungen. Dort liegen alle Antworten.«

2.

Förderung der Kreativität und intellektuellen Fähigkeiten

»Kann ich Ihnen irgendwie helfen?« fragte die Frau mißtrauisch den jungen Mann mit der wilden Frisur, der an ihrer Tür geklingelt hatte.

»Entschuldigen Sie, bitte. Ich suche Nummer einhundertachtundzwanzig. Wahrscheinlich habe ich mich in der Tür geirrt.«

»Dies ist Nummer einhundertfünfundzwanzig. Hundertachtundzwanzig ist dort drüben«, erwiderte sie und zeigte auf das Haus.

»Ach ja, natürlich«, erklärte der verwirrte Mann und stapfte davon.

Es war nicht das erste Mal, daß er an der falschen Tür geklingelt hatte; schon im Gymnasium hatte er eine gewisse Neigung zur Geistesabwesenheit gezeigt. Sein Verhalten dort war so merkwürdig gewesen, daß ein Arzt bei ihm einen »Nervenzusammenbruch« diagnostizierte und ihn von der Schule verwies. Seine Lehrer bezeichneten ihn als »langsamen Denker, der ungesellig und ständig in dumme Träume versunken ist«, und sein eigener Vater schämte sich, weil er sich in der Schule nur so schwer zurechtfand. Wer war dieser traumversunkene arme Kerl, dem die Menschen in seiner Umgebung nur mit Kopfschütteln begegneten? Es war Albert Einstein, ein Mann, der schon damals nicht in das normale Schema paßte – wie auch später nicht, als er als der größte Denker seiner Zeit Anerkennung fand.

Das Problem mit dem Erziehungssystem

Viele würden sagen, daß »das System« selbst die Wurzel der Erziehungsprobleme unserer Zeit ist. Für brillante, innovative Denker wie Einstein sind Konventionen, etwa das mechanische Erlernen der drei Grundfächer Lesen, Schreiben, Rechnen, nicht besonders interessant. Tatsächlich war Einstein bekannt für seine schlechten Rechenfähigkeiten. Die Stärke derartiger Menschen liegt darin, Konzepte zu entwerfen und mit mehreren Antworten aufzuwarten, statt eine vorgefertigte Meinung aus dem Lehrbuch auswendig aufzusagen. Doch »das Lehrbuch« wird von den meisten Lehrern immer noch dem kreativen Einsatz des Geistes vorgezogen. Selten wissen Lehrer den Einfallsreichtum von Schülern und Schülerinnen, die unzählige Möglichkeiten für das Lösen von Problemen sehen, zu schätzen. Sie haben sich eben auf richtige Antworten und das Bestehen von standardisierten Tests festgelegt

Doch blindes Aufnehmen, Auswendiglernen und die Anwendung bestimmter Gesetze, nur um Tests zu bestehen, bedeutet nicht, daß ein Kind tatsächlich klug ist! Warum nicht? Weil solche Kinder nicht *denken,* sondern reagieren. »Wir stopfen Schüler mit Daten voll«, meint Richard Paul, Direktor des *Center for Critical Thinking* in Kalifornien. »Doch das Wesen der Erziehung besteht eigentlich darin, Informationen so einzusetzen, daß neue Situationen und Fragen bewältigt werden können. Das wird von uns vernachlässigt.«

> Lehrer und Lehrerinnen sollten sich auf das Verstehen von Prozessen und nicht nur auf die richtigen Antworten konzentrieren.

In diesem zweiten Kapitel werden wir uns mit der Bedeutung des kreativen und kritischen Denkens befassen und definieren, was Intelligenz wirklich ist – und was nicht: nämlich eine Zahl in einem IQ-Test. Sie werden erfahren, wie Eltern den Intelligenzquotienten ihrer Kinder stark beeinflussen können, indem sie ihnen bei der Entwicklung ihrer sprachlichen und mathematischen Fähigkeiten helfen, wobei sie sich zunächst auf die wichtigste Fähigkeit konzentrieren: das Lesen. Sie werden auch erfahren, wie die von uns befragten Eltern ihre Kinder durch die Schulzeit begleiteten und ihnen halfen, ein ausgezeichnetes Organisationstalent zu entwickeln, was für ihren akademischen Erfolg eine wichtige Rolle spielte. Sie werden außerdem feststellen, daß unsere Experten ihren Kindern *halfen,* statt bestimmte Dinge von ihnen zu *verlangen.* Sie forderten von ihren Kindern nicht, durch ein Übermaß an außerschulischen Aktivitäten, Kursen und kulturellen Veranstaltungen »klug zu werden«, denn dadurch hätten sie weniger Zeit für ihre Freunde gehabt. Die Folge eines solchen Leistungsdrucks ist häufig Rebellion und Ablehnung gegenüber den Eltern – und wir meinen: mit Recht.

Kreatives und kritisches Denken

Leider hatten wir nicht die Möglichkeit, Einsteins Eltern zu befragen und wissen nicht, was für verrückte Ideen er möglicherweise als Kind hatte. Doch wir nehmen an, daß er bereits in jungen Jahren von seinen Eltern stark intellektuell stimuliert wurde, um die wesentlichen kritischen Denkfähigkeiten zu meistern – Fähigkeiten, die man in den Lehrplänen der Schulen nur selten findet. Es kommt also auf Sie als Eltern an, diese Fertigkeiten an Ihre Kinder weiterzugeben.

Unsere Gespräche mit Eltern bewiesen, daß es dazu nie zu spät ist. Genau wie Menschen in den verschiedensten Altersgruppen Gesang, Tanz, Golfspielen oder Fliegen erlernen können, sind Schülerinnen und Schüler in der Lage, ihre Lese- und Lerngewohnheiten zu ändern und ihre geistige Flexibilität zu erhöhen. Natürlich lassen sich diese Fähigkeiten am besten in den ersten Lebensjahren entwickeln, aber es läßt sich während der gesamten Schulzeit viel erreichen. Eine Mutter sprach für viele Eltern, mit denen wir uns unterhielten, als sie uns berichtete, wie ihr Sohn mit vierzehn Jahren seine etwas gleichgültige Einstellung zur Schule völlig änderte und sich einem neuen Freundeskreis anschloß, der motiviert war, zu lernen.

»Martin nahm die Schule einfach nicht ernst. In der Grundschule waren seine Noten nicht schlecht gewesen, aber als er auf die Gesamtschule kam und sich für Mädchen, Sport und Motorräder zu interessieren begann, hing er mit den falschen Leuten rum. Die Jungs waren eigentlich ziemlich harmlos, aber sie hatten keine Arbeitsmoral. Sie interessierten sich nur für Freizeit und Vergnügen. Wir richteten uns immer nach folgender Maxime: ›Du kannst zu uns kommen, wenn du bereit dazu bist. Wir sind immer da, um dir zu helfen. Wir können dich nicht von deinen Freunden fernhalten, aber wenn es so weiter geht, wirst du später im Leben keine großen Wahlmöglichkeiten haben.‹ Ich schrieb Martin sogar etwas in der Art in einem Brief, und mit diesem Brief in der Hand kam er zwei Jahre später zu mir und sagte: ›Ich bin bereit.‹ Am nächsten Tag rief ich seinen Vertrauenslehrer an, und wir vereinbarten einen Termin, um zu besprechen, was wir zur Verbesserung seiner Noten tun konnten. Als wir das Büro des Lehrers verließen, sagte Martin zu mir: ›Ich will nicht auf dem Bau arbeiten müssen, ich will mein Abitur machen.‹«

Ihre Kinder werden im Verlauf ihres Lebens immer wieder mit neuen Situationen konfrontiert werden, in denen sie *kreativ* und *kritisch* denken müssen. In diesem Kapitel erfahren Sie, wie unsere Experten ihren Kindern geholfen haben, sich auf diese Herausforderungen vorzubereiten, indem sie in der häuslichen Atmosphäre Kreativität förderten. Diese Kinder durften ganz frei ungewöhnliche, verrückte Ideen äußern, ja, sie wurden dazu sogar ermutigt. Die Eltern halfen ihren Kindern, verborgene geistige Kräfte zu entdecken und über das in der Schule gelehrte einfache Denken hinauszugehen. Sie zeigten ihnen, wie man wie Einstein die Welt auf neue, innovative, *kritische* Weise betrachten kann. Eltern, die sich an diese Grundsätze halten, geben nicht allzuviel auf das Kontrollieren von Leistungen, vorgefaßte Meinungen oder das, was als falsch bzw. richtig gilt. Sie ermutigen zu ungewöhnlicher Originalität und Spontaneität und unterstützen die Kreativität ihrer Kinder.

Ein Kunstlehrer sagte uns folgendes zur Entwicklung von Kreativität:

»Kinder tanzen, singen, zeichnen, spielen Instrumente – durch diese Aktivitäten drücken sie ungezwungen ihre Phantasie aus, die sie so reichlich besitzen. Die Freude an der Kreativität entspringt der Tatsache, daß etwas Einzigartiges, Ursprüngliches geschaffen wird – ohne Bedingungen oder Regeln. In diesem Bereich leisten Kinder mehr, wenn sie ***nicht*** *angeleitet und geführt werden. Auf keinen Fall sollten ihre Kreationen bewertet werden. Eigentlich sollten auch die Lehrer selbst verstärkt den Dingen nachgehen, die ihnen schlicht Freude bereiten.«*

Kinder, die korrigiert werden, während sie gerade versuchen, Wege zu finden, um sich auszudrücken, bekommen das Gefühl, daß sie in die falsche Richtung gedacht haben und geben ihre Versuche auf.

> In einer Umgebung, in der neue Ideen willkommen sind und nicht kritisiert werden, lernen Kinder, kreativ und kritisch zu denken.

Kreatives Denken ist jedoch nur die eine Seite der Medaille. Die Kinder, mit denen wir uns beschäftigten, lernten, ihre Kreativität mit *Kritik*fähigkeit zu verbinden, so daß sie Ideen konzipieren, analysieren und in Frage stellen konnten, sowie Informationen nicht einfach unhinterfragt annahmen. Statt Ideen einfach als gegeben hinzunehmen, überprüften sie sie zuerst kritisch, um dann ihre eigenen Schlußfolgerungen zu ziehen und daraus ihr Handeln abzuleiten.

Was ist Intelligenz?

Wir werden zeigen, daß der Mythos, nach dem Intelligenz angeboren ist, sowie die unglückselige Vorstellung, daß man mit bestimmten unveränderlichen Gaben geboren wird, jeder Grundlage entbehren. Jahrzehntelang haben Psychologen die Beziehung zwischen ererbter Intelligenz und Umwelt in bezug auf den Intelligenzquotienten, d.h. die Frage »Natur kontra Erziehung«, diskutiert. Wir haben jedoch viele Beweise gesammelt, die eindeutig zeigen, wie stark Eltern die kognitiven Fähigkeiten ihrer Kinder beeinflussen können.

Die Schüler, mit denen wir uns befaßten, hatten alle einen überdurchschnittlichen Intelligenzquotienten. Einige von ihnen lernten in den ersten Schuljahren nicht besonders schnell, viele hatten in mehreren Fächern Schwierigkeiten. Doch zum Schluß gelangten sie alle an das gewünschte Ziel, weil ihre Eltern an ihrem intellektuellen Wachstum *teilnahmen.*

> Eltern können die Intelligenz ihrer Kinder direkt beeinflussen – durch die Stimulierung von Gesichts-, Gehör- und Tastsinn.

Intelligenz bedeutet *nicht,* eine bestimmte Punktzahl in einem Intelligenztest zu erzielen. Der Begriff »Intelligenzquotient« ist ein Abfallprodukt des ursprünglich von Alfred Binet entwickelten Intelligenztests. Binet war vom Erziehungsministerium beauftragt worden, eine Technik zu finden, anhand derer man Kinder, die im Unterricht Hilfe brauchten, identifizieren konnte. Es ging also ursprünglich nicht um das Messen von Intelligenz. Mit dem Test wurden Leistungen bei der Lösung akademischer Aufgaben im Vergleich zu Standardleistungen bei Kindern einer ähnlichen Altersgruppe bewertet. Doch mit der Zeit mißdeutete man den Test als Möglichkeit, »Intelligenz« mittels einer einfachen Zahl zu bestimmen – eine Zahl, die *nach oben korrigiert werden kann,* wenn ein Kind lernt, »besser« zu denken!

Dr. Robert J. Sternberger, Professor für Psychologie an der Yale-Universität, fand heraus, daß die Beziehung zwischen ererbter Intelligenz und der Leistung im Leben mehr mit der *Anwendung* geistiger Fähigkeiten und der Gabe zu tun hat, in der Konfrontation mit neuen Herausforderungen neuartige Lösungsmöglichkeiten zu finden. So muß beispielsweise ein Urlauber, der England zum ersten Mal besucht, die Fähre verläßt und sich mit seinem Wagen in den britischen Linksverkehr einreiht, sein Denken sofort modifizieren, um die neue Situation zu handhaben. Dabei erweitert er seine Intelligenz.

Auf ähnliche Weise halfen unsere Eltern ihren Kindern, sich auf immer schwerere kognitive Aufgaben vorzubereiten, indem sie sich auf die Stärken und Fähigkeiten konzentrierten, die ihre Kinder in allen Lebensphasen zeigten. Es folgen einige Ratschläge, die auch für andere Eltern hilfreich sein können:

- Beobachten Sie die Persönlichkeit Ihres Kindes und die verschiedenen Arten von Intelligenz, die es zeigt. Vielleicht ist Ihr Kind sehr detailorientiert und lernt am besten in einer ruhigen, organisierten Umgebung. Vielleicht sieht es bei Problemen aber eher das Gesamtbild, so daß es am besten in einem großen Zimmer zusammen mit seinen Freunden lernt. Versuchen Sie nicht, Ihr Kind nach festen, vorgefaßten Vorstellungen zu lenken, nur weil es Ihrer Auffassung nach eine ganz bestimmte Persönlichkeit haben *sollte*.
- Suchen Sie innovative Möglichkeiten, das Interesse Ihres Kindes zu steigern, wenn es um die Auseinandersetzung mit Herausforderungen und neuen Lernsituationen geht. Ein junger Mann nahm eine große Herausforderung an, die seinen Geist zur Höchstform auflaufen ließ. Seine Mutter berichtete:

»Jan baute sich selbst eine Stereoanlage – bestehend aus Empfänger, Verstärker, Lautsprecher – aus einem Bausatz zusammen, den sein älterer Bruder ihm in einer Elektronikzeitschrift gezeigt hatte. Thomas interessierte sich für Jazzmusik und Ste-

reoanlagen und hatte sich auch selbst eine Anlage gebaut, und jetzt tat Jan es ihm nach. Aber es war eine unglaubliche Arbeit! Ich glaube, er hat etwa sechs Monate gebraucht. Aber es hat sich gelohnt – nicht wahr, Jan?« Jan, der bei dem Gespräch anwesend war, antwortet: »Als ich die Anlage schließlich anstellte, nachdem ich Tausende kleiner bunter Drähte verlötet hatte, passierte rein gar nichts. Kein Ton. Ich suchte nach dem lockeren Draht, versuchte es erneut, und endlich erklang John Coltranes Musik wie aus einer gekauften Anlage. Es war toll.«

- Sorgen Sie für eine stabile und stimulierende Umgebung, die eine stete Entwicklung fördert. Eltern der »Yuppie«-Generation werden von den Medien immer wieder kritisiert, weil sie sich zu sehr für »Erfolg« interessieren und ihren Kinder beibringen, »klug zu sein«. Unsere Eltern, von denen die meisten keinesfalls wie Yuppies aussahen, waren da ganz anderer Meinung.

»Man darf nicht faul herumsitzen, sondern man muß ***etwas tun****, wenn man Kinder erzieht. Man muß beweglich sein und sich mit den Kindern beschäftigen. Man darf sie nicht einfach nur zur Schule schicken und erwarten, daß sie als Genies nach Hause kommen. Man muß sie zu Hause vorbereiten, und wir haben dazu alle verfügbaren Hilfsmittel wie Zeitschriften, Bücher, Spiele usw. genutzt. Man muß derartige Hilfsmittel suchen und sie einsetzen, wenn man kluge Kinder haben will.«*

- Erwarten Sie (entsprechend seiner Fähigkeiten) immer ein bißchen mehr von Ihrem Kind, sei es im Bereich Lesen, Musik, Geschicklichkeitsspiele usw. Wenn es ein Stadium gemeistert hat, gehen Sie zum nächsten über.

Wenn man in der »Behaglichkeitszone« bleibt, wird das Denkvermögen nicht erweitert.

»Zu einem Weihnachtsfest schenkten wir Christiane ein ›Labyrinth‹ – eines dieser Spiele, bei dem man die Platte mit den Löchern in verschiedene Richtungen bewegen kann. Man soll die kleine Kugel von einem Ende zum anderen bringen, ohne daß sie in einem der Löcher verschwindet, was ziemlich schwer ist. Nun, Christiane brauchte mehrere Wochen, bis sie das Spiel gemeistert hatte. Sie beschäftigte sich die ganze Zeit damit. Eines Tages schaffte sie es schließlich, und ihr Vater sagte: ›Wie wäre es, wenn du es jetzt andersherum versuchst?‹ Ich beobachtete ihre Reaktion. Sie schaute auf das Spiel, blickte zu ihm auf und sagte: ›Kein Problem‹, und führte das Spiel rückwärts durch! Sie liebte derartige Herausforderungen – wahrscheinlich weil ihr Vater sie immer weiterdrängte, wenn sie sich auf ihren Lorbeeren ausruhen wollte. Schließlich war sie so geschickt, daß sie die Kugel vorwärts und *rückwärts perfekt über das Spielfeld lenken konnte. Versuchen Sie es ruhig einmal – Sie werden feststellen, wie schwierig es ist, überhaupt am ersten Loch vorbeizukommen.«*

- *Glauben* Sie daran, daß Sie die intellektuellen Fähigkeiten Ihres Kindes verbessern können, indem Sie ihm entsprechende Anregungen, die seinen Geist fordern, geben. Dazu müssen Sie sich allerdings von den falschen Auffassungen hinsichtlich ererbter Intelligenz befreien und der folgenden Aussage vertrauen – sie zählt zu den wichtigsten in diesem Buch:

> Eine angemessene intellektuelle Stimulierung hat direkte Auswirkungen auf die Entwicklung und das Wachstum des kindlichen Gehirns.

In dem folgenden Abschnitt werden Sie erfahren, welch wichtige Aufgabe Sie bei der Entwicklung der intellektuellen Fähigkeiten Ihres Kindes leisten. Um dies zu verstehen, wollen wir uns kurz mit der Funktionsweise des Gehirns befassen. Es ist wie beim Schachspiel – wenn man die Stärke der einzelnen Figuren genau kennt, spielt man besser, und das Spiel wird viel interessanter.

Das Gehirn

Im Innern des Gehirns verbindet ein System von elektrischen Leitungen ähnlich wie Telefonleitungen mehrere 100 Milliarden Nervenzellen (Neuronen) und ermöglicht es ihnen, miteinander zu »sprechen«. Botschaften laufen in den Dendriten, d.h. in den Verästelungen der Nervenzellen ein und werden dann an andere Zellen weitergeleitet. Wenn Sie etwas Unangenehmes berühren, kommunizieren Millionen von Zellen auf der Stelle miteinander und senden die Botschaft »Iih!« an Sie, so daß Sie Ihre Hand sofort zurückziehen. Wenn Sie ein schwieriges Violinkonzert spielen, werden Millionen anderer Zellen aktiv, um das Stück aus dem Gedächtnis abzurufen und um genau die Stellen auf dem Griffbrett zu lokalisieren, die gedrückt werden müssen.

Die rechte Seite des Gehirns registriert eine Situation, um sich einen allgemeinen Überblick zu verschaffen, während die linke Seite die von der rechten Seite aufgenommenen Daten organisiert und berechnet. Sie können Ihrem Kind durch geistige Stimulation helfen, die beiden Hirnhälften miteinander zu verbinden.

Die berühmte Hirnforscherin Dr. Marion Diamon von der Berkeley-Universität in Kalifornien entdeckte durch ihre Untersuchungen an Ratten, daß die Nervenzellen, die die Hirnrinde bilden, tatsächlich *durch Erfahrung verändert* werden können, d.h. die Struktur selbst kann geändert werden. »Jeder Teil der Nervenzelle, die wir gemessen haben, zeigt in einer stimulierenden Umgebung eine Reaktionsänderung«, erklärte Diamon. In einer solchen Umgebung, in der Ratten mit anderen Ratten interagierten, auf Schaukeln und in Laufrädern spielten, entwickelte sich das Gehirn der Ratten weiter und wurde effizienter, da durch die Stimulation mehr neue Verbindungen zwischen den Neuronen erzeugt wurden. Der Schlüssel zu dieser Hirnentwicklung war eine *aktive* anstelle einer passiven Umgebung. (Denken Sie beim nächsten Mal daran, wenn Ihr Kind faul vor dem Fernseher herumhängt, statt selbst etwas zu bauen, zu basteln oder ein Buch zu lesen.)

Hierbei handelt es sich also um einen sehr wichtigen Punkt: Das Gehirn Ihres Kindes wird sich entwickeln, wenn es aktiv auf neue Situationen und Herausforderungen reagieren muß, die von Ihnen zur Verfügung gestellt werden.

> Der Prozeß des *Denkens* erweitert den Geist und übt die Fähigkeit, Probleme zu lösen.

Wenn ein Baby versucht, ein von der Decke hängendes Mobile zu berühren, oder wenn ein Kleinkind Formen unterscheidet und entdeckt, daß das Klötzchen in das quadratische Loch paßt, bilden sich neue Pfade, um die Übertragungen, die zur Lösung von Problemen notwendig sind, zu ermöglichen. Wenn aber kein Mobile oder keine Klötzchen vorhanden sind, gibt es keine Herausforderung, so daß sich das Gehirn auch nicht weiterentwickeln kann.

Da das Gehirn als Reaktion auf die Stimulation wächst, ist eine angereicherte Umgebung für die Steigerung der geistigen Kapazität Ihres Kindes von größter Bedeutung. Ein weiterer wichtiger Faktor ist der Zeitpunkt, zu dem neue Stimulationen angeboten werden: Kinder durchlaufen beispielsweise Phasen, in denen im Vergleich zu anderen Abschnitten ihrer Entwicklung die Empfangsbereitschaft größer ist. Zu stärkeren Wachstumsaktivitäten kommt es normalerweise im Alter von 3-10 Monaten, von 2-4 Jahren, 6-8 Jahren, 10-12 Jahren (bei Mädchen) und 14-16 Jahren (bei Jungen). In diesen Altersstufen entwickeln sich mehr neurale Netze und Verbindungen in der Hirnrinde. Gerade in dieser Zeit sollte man also neue Reize und Erfahrungsmöglichkeiten anbieten.

Woran erkennen Sie, daß die Zeit reif ist? Sie werden Hinweise finden, die auf eine Bereitschaft Ihres Kindes für anspruchsvollere Herausforderungen hindeuten. Vielleicht stellt es neue Fragen oder entwickelt bei einem bestimmten Thema eine andere, komplexere Neigung, die Dinge anzugehen. In diesem Fall wissen Sie, daß sich neue neurale Verbindungen gebildet haben. Ihr Kind ist bereit. Stillen Sie seine Neugier mit neuen Herausforderungen. Aber Vorsicht! Genau wie eine zu geringe Stimulierung beim Lernen negative Folgen haben kann, führt eine zu *starke Stimulierung* zu noch größeren Schäden.

Probleme entstehen, wenn Eltern ihre Kinder zwingen, schwierige Dinge frühzeitig zu lernen, oder wenn sie ungeduldig darauf drängen, daß sie die ersten Worte sprechen, noch bevor die nächste Wachstumsphase stattgefunden hat und Gehirn sowie Rachen- und Mundmuskulatur sich ausreichend entwickelt haben. Wenn Eltern versuchen, Kinder dazu zu zwingen, in Informationen, die über ihren Horizont hinausgehen, einen Sinn zu sehen, oder sie in langweiligen und ermüdenden Unterrichtsstunden zu stark beanspruchen, wird das Kind seinen Lerneifer verlieren oder sich jeder weiterführenden Wissensvermittlung gegenüber ablehnend zeigen. Es wird sich völlig in sich zurückziehen. Bei manchen Kindern entwickeln sich sogar körperliche Streßsymptome, weil sie sich unter den Druck gesetzt fühlen, nur noch Leistung zu zeigen anstatt wirklich etwas zu lernen.

Unsere Eltern hatten herausgefunden, daß man den richtigen Zeitpunkt am besten abpaßt, indem man das Kind beobachtet, aber ihm selbst die *Führung* überläßt und nicht umgekehrt. Jedes Kind lernt anders. Respektieren Sie die Individualität Ihres Kindes, und richten Sie sich in bezug darauf, welche »Aktivitäten« Sie einführen sollten, nach seinen Bedürfnissen und Fähigkeiten; Ihr Kind wird es Sie wissen lassen, wenn es genug hat. Der Vertrauenslehrer eines Gymnasiums berichtete uns:

»Eltern sollten ihre Kinder zu neuen Aktivitäten wie Konzert-, Museums- und Ausstellungsbesuche anregen, wenn die Zeit dafür reif scheint. Führen Sie Musik, Kunst, Tanz und alles andere nicht zu früh ein. Durch eine Kunstgalerie zu schlendern

ist eine Sache, aber man sollte nicht versuchen, einem Fünfjährigen den Impressionismus verständlich zu machen. Für solche Themen braucht man eine gewisse Reife, um sie begreifen zu können. Wenn Sie zu früh damit beginnen, wird sich das Kind langweilen, so daß es sich für immer von der Kunst abwendet. Es ist besser zu warten, bis das Kind sich vernünftig äußern kann. Wenn es dann Interesse an einem bestimmten Bereich zeigt, können Sie dieses Interesse durch weitere Anregungen fördern und unterstützen. Sie sollten daran denken, daß Kinder ein großes Bedürfnis haben, spontan zu sein und sich nach der eigenen Lerngeschwindigkeit zu richten. Dies sollten Sie ihnen nicht verweigern.«

Ihr Kind könnte ein Wunderkind sein, das bereits mit fünf Jahren ein ganzes Brahms-Konzert spielen kann, vielleicht möchte es bis zum achten Lebensjahr aber auch nur in Bäumen herumklettern. Ihre Aufgabe besteht darin, ihm beide Möglichkeiten offenzuhalten, damit es selbst eine Entscheidung treffen kann.

Intelligenz fördern

Wenn sich jemand im aktuellen Tagesgeschehen, in der Politik, in den Geisteswissenschaften oder in Bereichen, die unter den Begriff »Allgemeinwissen« fallen, nicht auskennt, schließt er sich von dem intellektuelleren Teil der Gesellschaft aus und schränkt seine Möglichkeiten in allen Lebensbereichen ein. Bewirbt der Betroffene sich bei einem angesehenen Unternehmen um eine Arbeitsstelle, wird das Einstellungsgespräch nicht sehr lange dauern, wenn er nur Produkt oder Dienstleistung des Unternehmens kennt.

> Begrenztes Allgemeinwissen bedeutet, nur begrenzte Erfolgsaussichten zu haben.

Menschen nehmen auf die verschiedensten Weisen Tatsachen auf und erweitern ihre Kenntnisse, so beispielsweise durch räumliche und zwischenmenschliche Erfahrungen oder durch Empfindungen von Bewegungsabläufen am eigenen Körper (kinästhetische Erfahrungen). Die Eltern, die wir befragten, befaßten sich jedoch hauptsächlich mit zwei grundlegenden Wissensbereichen: mit dem *linguistischen* und dem *mathematischen*. Doch bevor wir auf diese spezifischen Bereiche näher eingehen, wollen wir sehen, wie sie ihre Kinder darauf vorbereiteten, sich Wissen anzueignen.

Bevor ein Kind beim Volleyball richtig aufschlagen kann, muß es lernen, hoch zu springen und den Ball weit über das Feld zu bringen. Dazu muß es *üben*. Um das beste aus einem Ausflug zu machen, muß es in der Lage sein, zu *beobachten* und das Gesehene zu *behalten*, andernfalls ist eine solche Unternehmung nur kurzlebige Unterhaltung. Helfen Sie Ihrem Kind, bereits früh ein grundlegendes Maß an intellektueller Kompetenz zu erreichen, so daß es in Lernsituationen Informationen und Erfahrungen ohne Frustration aufnehmen kann. Der erste Schritt für Kinder in diesem Prozeß ist fraglos, sich früh die Fähigkeit zu lesen anzueignen.

Die Lesefähigkeit

Da das Lesen der Anfang und wahrscheinlich auch das wichtigste Element der intellektuellen Entwicklung ist, spielte das Kultivieren dieser Fähigkeit für die von uns befragten Eltern bereits früh im Leben ihrer Kinder eine große Rolle. Sie erkannten, daß in den ersten Lebensjahren eines Kindes die Grundlagen für die Lesegewohnheiten in seinem späteren Leben gelegt werden.

Eine Studie über die Lesegewohnheiten von Fünftkläßlern ergab, daß Kinder, die besonders gut lesen konnten, *viermal* soviel Zeit mit dem Lesen verbrachten als andere Kinder. Die besten Schülerinnen, die bei Klassenarbeiten zu den besten zehn Prozent gehörten, lasen zwanzig Minuten pro Tag außerhalb des Klassenzimmers, während Schüler, die nur zu den besten fünfzig Prozent zählten, nur sechs Minuten pro Tag außerhalb der Schule lasen.

Durch welchen Hauptfaktor wurden die besten Schüler beeinflußt? Es waren die Lesegewohnheiten der Eltern, was nicht weiter überraschen dürfte. Auch hier haben Sie wieder Vorbildfunktion. Ihr Kind sollte lieber einem Bücherwurm nacheifern statt jemandem, der ständig vor dem Fernseher hockt.

Da unsere Eltern erkannten, daß das Lesen von besonderer Bedeutung für die intellektuelle Entwicklung ihrer Kinder war, hatten sie zu diesem Punkt viel zu sagen. Die folgenden Beispiele zeigen, wie sie bei ihren Kindern eine tiefverwurzelte Liebe zu Büchern förderten, die – wie es eine Mutter ausdrückte – »der wichtigste Schlüssel für den Erfolg meiner Tochter in allen Bereichen war«.

- Um sicherzugehen, daß Lesen eine Erfahrung ist, die für Kleinkinder Überraschungen birgt und Spaß macht, lesen Sie mit dramatischer Stimme und viel Begeisterung vor, damit die Geschichte aufregend klingt.

»Einem aufregenden Krimi, einer faszinierenden Biographie oder einem unerschrockenen Reisebericht kann das Fernsehen nicht das Wasser reichen«, meinte ein Lehrer. »Kinder, die früh lesen lernen, ziehen diese Aktivität fast allen anderen vor, wenn sie älter werden.«

- Wenn Kinder selbst zu lesen beginnen, sollten sie dazu ermutigt werden, über das Gelesene zu reden, so daß sie Literatur schätzen lernen. Stellen Sie Fragen zu den Charakteren, zur Handlung, zum Thema und Zweck der Geschichte und fassen Sie die Ideen Ihres Kindes mit eigenen Worten zusammen, so daß es die verborgenen Absichten des Autors besser erfassen kann. Dies ist genau das kritische Denken, das Lehrer und Lehrerinnen an weiterführenden Schulen oder an der Universität später fordern werden. Ein Vater, der selbst an einem Gymnasium unterrichtet, ging noch einen Schritt weiter.

»Wenn ich Barbara eine gute Geschichte vorgelesen hatte, fragte ich sie, was sie für besonders wichtig hielt. Dann bat ich sie, sich eine eigene Geschichte auszudenken, zu der wir gemeinsam eine einfache Handlung erfanden. Als wir mit diesen kreativen Schreibübungen begannen, war sie erst sechs Jahre alt, und ihre Geschichten waren nicht länger als eine halbe Seite. Doch sie lernte, was hinter der Literatur steckt, was sie bedeutet. Diese frühen Schreibübungen trugen sicherlich dazu bei, daß sie später in der Schule so gute Aufsätze schrieb.«

- Wenn Ihr Kind auf einer Stufe ein gewisses Niveau erreicht hat, entwickeln Sie seine analytischen Fähigkeiten weiter, indem Sie für neues herausforderndes Lesematerial sorgen, mit dem Sie wieder ein wenig über sein Auffassungsvermögen hinausgehen. So wird es gezwungen, weiter zu denken und Fragen zu stellen, so daß das Lesen zu einer Erfahrung wird, die den Intellekt ständig erweitert.
- Lesen Sie gemeinsam in der Familie und sprechen Sie anschließend darüber, ob das Gelesene aufregend, traurig oder in irgendeiner anderen Weise bewegend war. Lesen Sie den anderen die besten Passagen vor; kritisieren Sie den Schreibstil und die Botschaften des Autors. Weisen Sie auf gelungene Formulierungen hin. Reden Sie über Aussagen und Symbole, die in guter Literatur verborgen sind. Eine Mutter berichtete von den eigenen Erfahrungen in der Schule mit einem ungewöhnlichen Lehrer, den jeder zu bekommen hoffte, wenn zu Anfang des Schuljahres die Klassenverteilung bekanntgegeben wurde.

»Niemand vergaß Herrn Franke so leicht. Er war unberechenbar. An seinen Unterricht erinnere ich mich besonders gerne. Einmal verbrachte er eine ganze Unterrichtsstunde damit, die Bedeutung des kurzen einleitenden Satzes von Moby Dick zu erläutern. Wer wäre darauf gekommen, daß man für die Interpretation dieses Satzes eine ganze Unterrichtsstunde aufwenden konnte? Wir sind mit unseren Kindern bei unseren Lesestunden zu Hause ähnlich verfahren. Ich habe nichts dagegen,

nur so aus Spaß zu lesen, aber wenn wir uns überlegten, welches Ziel der Autor verfolgte oder warum er das Buch überhaupt geschrieben hatte, kam es immer zu lebhaften Diskussionen. Literatur ist faszinierend, und wir haben die Erfahrung gemacht, daß wir durch diese Gespräche viel mehr aus unseren Büchern herausholen konnten.«

- Ihr Kind sollte sehen, daß Sie sich mit ganz unterschiedlichem Lesestoff zu den verschiedensten Themen beschäftigen. Wenn Sie Zeitungen, Zeitschriften und Bücher laut vorlesen, wird Ihr Kind sicher bestimmte Themengebiete interessanter als andere finden. Verfolgen Sie diese dann weiter. Besorgen Sie sich weitere Artikel und Bücher dazu, aber kündigen Sie sie nicht offiziell an, da Ihr Kind sonst das Gefühl hat, manipuliert zu werden, und schnell das Interesse verliert. Lassen Sie diese weiterführende Literatur einfach herumliegen – Ihr Kind wird sie finden.
- Neben der Schule ist die Bücherei die wichtigste Institution im Leben Ihres Kindes. Damit Ihr Kind dies zu schätzen weiß, sollten Sie Büchereibesuche als Privileg, nicht als Verpflichtung behandeln. Wir unterhielten uns mit einem Vater (ein Arzt und eifriger Leser) in seinem mit Holzpaneelen versehenen Lesezimmer, in dem die Bücherregale vom Boden bis zur Decke reichten. Er benutzte eine alte Bibliotheksleiter auf Rollen, um an die oberen Reihen zu gelangen. Er war der Meinung, daß Eltern das Thema Lesen und Bücherei sehr vorsichtig angehen sollten, um ihren Kindern nicht die Lust zu nehmen.

»Machen Sie Büchereibesuche zu einem Geschenk für Ihre Kinder. Es sollte eine besondere Auszeichnung sein und Spaß machen. Es geht hier in erster Linie um ein Geschenk, *nicht um* Pflicht. *Geben Sie dem Ganzen eine völlig andere Wendung, indem Sie beispielsweise sagen: ›Zuerst muß ich meine Einkäufe erledigen, danach* können *wir in die Bücherei gehen.‹ Das hört sich ganz anders an als: ›Wenn du deine Pflichtstunde in der Bücherei hinter dich gebracht hast, gehen wir einkaufen.‹ Se-*

hen Sie den Unterschied? Wenn Sie diese Sache richtig anpacken – und das müssen Sie tun, wenn Sie bei Ihrem Kind Wert auf eine gute Allgemeinbildung legen –, dann werden Sie feststellen, daß Kinder von sich aus die Bücherei besuchen wollen, statt von ihr eingeschüchtert zu sein.«

- Schon im jungen Alter können Kinder sich den Büchereibesuch zur Gewohnheit machen. Eine Mutter nahm ihre Tochter Corinna im Alter von *achtzehn Monaten* bereits *zweimal pro Woche* mit! Das Ergebnis? Das Mädchen hielt später die Abschiedsrede ihrer Abiturklasse, sie wurde eine herausragende Studentin und ist insgesamt eine großartige Tochter, die in ihrer Kinderheit nie ohne ein Buch zu sehen war.

»Ich lese schrecklich gern – einfach alles«, berichtete Corinna. »Mehr kann ich eigentlich nicht dazu sagen. Wenn ich nicht gleichzeitig drei bis vier Bücher lese, fehlt mir etwas. Wahrscheinlich ist es darauf zurückzuführen, daß ich praktisch in der Bücherei groß geworden bin.«

Ihre Mutter erzählte uns, daß Corinna in der Kinderbücherei an den Vorlesenachmittagen teilnahm, was ihre Liebe zu Büchern förderte. Sie hielt dies für eine Einrichtung, die auch für andere Eltern empfehlenswert sei.

- Gestatten Sie es Ihrem Kind, sich eigene Bücher zu kaufen (manchmal gibt auch die Bücherei Bücher aus alten Beständen preiswert ab), oder schlagen Sie vor, daß es eine Zeitschrift zu einem interessanten Thema abonniert. Natürlich haben diese Dinge einen noch größeren Wert, wenn sich das Kind an den Kosten beteiligt. Schon die Vorfreude auf jede neue Ausgabe ist das Geld wert. In vielen Schulen werden Bücherbasare veranstaltet. Frau Markus berichtete uns, daß ihr Sohn Daniel sich mit sieben Jahren noch nicht so recht fürs Lesen interessierte. Doch als in der Schule ein Bücherbasar veranstaltet wurde, ermunterte sie ihn hinzugehen, da er noch nie daran teilgenommen hatte. Dieser Nachmittag erwies sich als Wendepunkt in seinem Leben. Folgendes geschah:

»Daniel interessierte sich eigentlich nicht sehr fürs Lesen, aber er liebte Fußball. Als in seiner Schule ein Bücherbasar veranstaltet wurde, sagte ich, er könne sich ein Buch aussuchen. Ich gab ihm zwei Mark, aber auf dem Bücherbasar sah er ein Fußballbuch über zwei seiner Lieblingsspieler, das drei Mark kostete. Also rief er mich auf meiner Arbeitsstelle an und fragte, ob er mehr Geld haben könne. Zum ersten Mal war er wegen eines Buches richtig aufgeregt. Seitdem kaufte ich ihm Bücher zu bestimmten Themen – und über bestimmte Leute –, für die er sich interessierte, und so entwickelte er sich zu einer richtigen Leseratte.«

- Kinder müssen lesen *wollen.* Unterstützen Sie diesen Wunsch wieder mit ein wenig angewandter Psychologie. *Belohnen* Sie sie nicht fürs Lesen. Dieser häufig gemachte Fehler gibt ihnen das Gefühl, daß es sich beim Lesen um eine Aufgabe handelt, die es zu erfüllen gilt. Statt dessen *gestatten* Sie ihnen, mehr zu lesen, wenn sie ihre anderen Aufgaben erledigt haben. Wie unser Arzt sagte, sollte das Lesen ein wertvolles Geschenk sein und nicht eine Pflicht. Eine Mutter, mit der wir sprachen, hielt sich ebenfalls an diese Maxime.

»Am Wochenende sagte ich immer zu den Kindern: ›Da heute Freitagabend ist und ihr morgen keine Schule habt, dürft ihr eine halbe Stunde länger aufbleiben und lesen, wenn ihr versprecht, um neun Uhr das Licht auszumachen.‹ Ich wußte, daß sie nach neun Uhr mit der Taschenlampe weiterlesen würden. Haben Sie jemals ›Die drei Fragezeichen‹ gelesen? Es ist nicht leicht, Bücher aus dieser Reihe wieder aus der Hand zu legen. Ich spreche aus Erfahrung. Als ich früher ›Die fünf Freunde‹ las, war das nicht anders! Was dies betraf, war ich also nicht so hart zu ihnen und legte sogar immer ein paar Extrabatterien in

den Nachttisch. Beim Lesen nahmen wir es mit der Strenge nicht so genau.«

- Damit sich Ihr Kind zu einer Leseratte entwickeln kann, sollte sein Zimmer entsprechend möbliert sein. Frau Fröhlich brachte Bücherregale an der Wand an und ermutigte ihre Tochter, sich eine eigene Bücherei aufzubauen, was sie auch tat. Als wir Frau Fröhlich besuchten, war sie gerade dabei, einen Bücherflohmarkt bei sich in der Garage zu organisieren, um die von ihrer Tochter über die Jahre gesammelten Bücher zu verkaufen. Hunderte von Taschenbüchern zu den verschiedensten Themen stapelten sich auf dem Boden. Als wir Frau Fröhlich fragten, warum einige Bücher noch wie neu aussahen, während andere Eselsohren aufwiesen, erklärte sie:

»Die neu aussehenden Bücher sind die, die Melanie nur ein- oder zweimal gelesen hat. Die meisten Bücher dort drüben [sie wies auf etwa zwölf Kisten] hat sie immer wieder gelesen. Wenn ihr ein Buch gefiel, las sie es, las dann ein paar andere, und las dann das erste wieder. Das tat sie sogar mit richtig dicken Wälzern.«

Wie Frau Fröhlich später in unserem Gespräch erklärte, spielt es keine Rolle, ob ein Kind denselben Krimi oder dasselbe Sportbuch immer wieder liest, weil sich seine Interessen schließlich ändern werden, so daß es dann eine andere Auswahl trifft. Wichtig ist nur, daß es sich fürs Lesen interessiert. Das Lesen wird zu einer Gewohnheit, die große Auswirkungen auf die Schulerziehung und sein Leben haben wird. Wenn die Freunde Ihres Kindes dieselben Bücher lesen, um so besser. Sie werden miteinander über die Geschichten diskutieren und Themen besprechen, durch die ihre kritische Denkfähigkeit geschärft wird.

Grundlegende Voraussetzungen für das Lernen

Frühe Leseerfahrungen legen die Grundlage für intellektuelles Wachstum und die Entwicklung wesentlicher Fähigkeiten. Allen guten kreativen und kritischen Denkern sind folgende Merkmale eigen:

1. Sie können *beobachten,* was in einer Situation vor sich geht.
2. Sie können *Ideen vergleichen und einander gegenüberstellen,* um ihre Beziehung zueinander zu begreifen.
3. Sie können *Kategorien erstellen* und Informationen logisch speichern.
4. Sie können *Informationen systematisch sammeln* und die entsprechenden Daten *jederzeit erneut aufrufen.*
5. Sie können sachdienliche Fragen stellen, um die *Situation* zu *bewerten* und aus den Tatsachen *Schlüsse* zu *ziehen.*
6. Sie können *zu intelligenten Schlußfolgerungen kommen.*

Um Ihrem Kind bei der Entwicklung dieser Eigenschaften zu helfen, müssen mehrere Voraussetzungen erfüllt sein. Wir wollen uns zunächst anschauen, was Eltern in jedem Fall vermeiden sollten, und dann zu der Liste der Möglichkeiten übergehen, die unsere wahren Experten sehen, um Kinder zu unterstützen.

- Nehmen Sie Erziehungsrichtlinien nicht zu ernst. Richten Sie sich nicht danach, wie Erziehung Ihrer Meinung nach aussehen *sollte,* sondern überlassen Sie Ihrem Kind die *Führung.* Es wird Ihnen zeigen, welche Aktivitäten und Erfahrungen es braucht.
- Überschütten Sie Ihr Kind nicht mit Fakten. Geben Sie ihm Zeit, »über das Denken nachzudenken«. Wenn das Ziel von Eltern darin besteht, »Superboys« und »Supergirls« heranzuziehen, mit denen sie vor Freunden und Bekannten angeben können, erweisen sie ihren Kindern einen sehr schlechten Dienst.
- Belehren Sie Ihr Kind nicht ständig. Helfen Sie ihm nicht

gleich, die Lösung eines Problems zu finden, wenn es einmal nicht weiterkommt. Helfen Sie ihm, *unabhängige* Denkfähigkeiten zu entwickeln, so daß es *nicht* ständig Ihren Rat braucht. Zeigen Sie Ihrem Kind, wie man lernt zu lernen, indem Sie es ermutigen, eigene Lösungen zu finden.

»Katrin war etwa achtzehn Monate alt. Wir waren im Garten, und sie hielt ihren Plüschaffen Schlummi im Arm. Ich sagte: ›Wir wollen eine Spazierfahrt mit Schlummi machen‹, und setzte ihn in das Spielzeugfach unter dem Sitz ihres Dreirads. Als sie ihn genug herumgefahren hatte, beobachtete ich, wie sie versuchte, den Affen wieder herauszuholen. Sie arbeitete mit aller Kraft an dem Schnappschloß, konnte es aber nicht öffnen. Meinen Sie, sie hätte um Hilfe gebeten? Nein. Sie versuchte es weiter, während wir sie beobachteten. Sie **wollte** *keine Hilfe. Und siehe da – nach fünf Minuten des Herumprobierens gelang es ihr, das Schloß zu öffnen und Schlummi herauszuholen.«*

- Schützen Sie Ihr Kind nicht davor, auch einmal zu versagen. Heißen Sie Fehler gut, und erklären Sie Ihrem Kind, daß falsche Antworten und falsche Lösungen ein gutes Anzeichen für seine Weiterentwicklung und seine Beschäftigung mit neuen, schwierigeren Herausforderungen sind. Es ist die einzige Möglichkeit, klüger zu werden.

Kinder haben eine unersättliche Neugier, die ihnen hilft, die Welt, die sie umgibt, begreifen zu lernen. Sie würden eigentlich lieber lernen als spielen. Nutzen Sie diesen Wunsch!

Eltern können eine ganze Menge tun, um die Grundlage für effektives Lernen zu schaffen.

- Sorgen Sie für eine häusliche Umgebung, die das Lernen fördert. Zeigen Sie selbst Interesse an neuen Informationen.
- Achten Sie auf Anzeichen, die zeigen, wann Ihr Kind bereit ist, Neues zu lernen. Lernfähigkeiten werden in einer bestimmten Reihenfolge erworben, und Kinder können eine höhere Fähigkeit erst dann erlernen, wenn sie die vorherge-

hende erworben haben. Ihr Kind wird Ihnen signalisieren, ob der von Ihnen präsentierte Stoff zu schwer ist, so daß es sein Interesse verliert, oder aber ob es – genau umgekehrt – für weitere Herausforderungen offen ist. Wenn Ihr Kind bereit ist weiterzugehen, seien Sie ruhig ein wenig fordernder. Kinder sind wie Schwämme und nehmen Wissen am besten dann auf, wenn man sie in eine Vielfalt von Aktivitäten und Erfahrungen eintauchen läßt.

- Zerlegen Sie Aufgaben in Schritte, die sich bequem handhaben lassen, und gehen Sie dann zu größeren Herausforderungen über. Ihr Kind sollte seine Zeit auf jeden Fall nicht in der bereits erwähnten »Behaglichkeitszone« vertrödeln.

»Jan wurde von seinem Vater beim Modellbauen regelrecht angetrieben. Mit sieben oder acht Jahren baute unser Sohn mit ziemlicher Regelmäßigkeit einfache Modelle, Flugzeuge und kleine Segelboote, ziemlich einfache Sachen. Dann kaufte sein Vater ihm das sehr komplizierte, große Modell eines alten Segelschiffs – die ›Pinto‹ oder ›Santa Maria‹, ausgestattet mit Segeln und Tauwerk. Es war ein ziemlich kompliziertes Modell, doch Jan baute es in etwa drei Monaten zusammen. Ich weiß nicht, ob dies etwas mit der nächsten Sache zu tun hat – als er etwa zwölf Jahre alt war, ließ er sich die Pläne zum Bau eines Wasserflugzeugs schicken, ein Modell mit Motor, das man tatsächlich benutzen kann. Er leistete großartige Arbeit – mit ein wenig Hilfe von seinem Vater. Aber ich kann mich nicht daran erinnern, daß er das Ding je geflogen hat. Ich glaube, der Bau war ihm viel wichtiger.«

- Diskutieren Sie intellektuell anspruchsvolle Themen. Selbst die Politik ist für ein siebenjähriges Kind interessant, wenn man das Thema richtig angeht.

»Als die nächsten Wahlen anstanden, erklärte ich meiner Tochter das Wahlverfahren. Ich zeigte ihr, wie ein Wahlschein aussieht und erklärte ihr einige Wahlkampfthemen. Als ich ins Wahllokal fuhr, nahm ich sie mit, so daß sie sich dort umsehen

konnte. Sie war richtig fasziniert von den Wahlkabinen und dem ganzen Drumherum. Am Abend schauten wir uns die Ergebnisse [der Wahl] im Fernseher an. Sie fragte: ›Wann sehen wir deine Stimme, Papa?‹ Was sagt man zu einer Siebenjährigen, wenn sie eine solche Frage stellt? Als eine der Digitalanzeigen an der großen Tafel mehr Stimmen anzeigte, rief ich: ›Da ist sie! Hast du sie gesehen?‹ Aber sie glaubte mir nicht.«

Jeder Ausflug kann in eine bewußtseinserweiternde Erfahrung umgewandelt werden. Wenn Sie draußen in der Natur spazierengehen, können Sie beispielsweise über relevante Themen wie Naturschätze oder wildlebende Tiere reden. Schneiden Sie politische Fragen wie den Umweltschutz an, die Beziehung zwischen Energiesparen und Umweltverschmutzung oder die Wirkung, die der Mensch regional und global auf die Umwelt hat.

- Sprechen Sie die fünf Sinne an, um die Beobachtungsgabe von Kindern zu stärken. Eine Mutter berichtete uns folgendes:

»Ich bat Laura, ihre Augen zu schließen und die Welt um sich herum mit dem Gehör in sich aufzunehmen. Dann bat ich sie, das Gehörte zu beschreiben: Menschen, die husteten, Martinshörner in der Ferne, raschelnde Blätter, zwitschernde Vögel. Wenn ich ein Bad genommen und anschließend ein Körperöl verwendet hatte, sollte sie raten, ob es sich um Lavendel, Sandelholz, Jasmin oder etwas anderes handelte. Sie liebte diese Spiele.«

- Variieren Sie die Themen und Lehrmethoden. Aquarien und Museen sind wichtig, aber Sie sollten Ihrem Kind eine Vielfalt an Erfahrungen bieten, indem Sie ungewöhnliche oder kulturell unterschiedliche Orte mit ihm besuchen. Besuchen Sie Krankenhäuser, Altersheime, andere Gotteshäuser, Werften, botanische Gärten, Friedhöfe, Restaurants, die die Küchen anderer Länder anbieten. Die Liste ließe sich beliebig fortsetzen. Besuchen Sie die ganze Welt – vielleicht müssen Sie Ihren Wohnort dazu nicht einmal verlassen.

> Die Intelligenz von Kindern entspricht genau ihren Möglichkeiten, neue Dinge zu erlernen.

Diese Grundelemente der intellektuellen Entwicklung im Hinterkopf, wollen wir zu den beiden Bereichen des Intellekts übergehen, auf die sich die von uns befragten Eltern am stärksten konzentrierten: die sprachlichen und mathematischen Fähigkeiten.

Sprachliche Fähigkeiten

Bei den sprachlichen Fähigkeiten geht es darum, Dinge mündlich und schriftlich ausdrücken zu können. Bei Babys und Kleinkindern wird dieser Intelligenzbereich entwickelt, wenn man in langsamen, kurzen, vollständigen Sätzen mit ihnen spricht oder ihnen etwas vorliest. Dabei ist eine klare Aussprache wichtig. Durch die Entwicklung der Neuronen im Gehirn bringen Kindern dann die ausgesprochenen Wörter mit den Dingen in Verbindung, die Sie ihnen beim Sprechen zeigen. Schrittweise erlangen sie größere verbale Kompetenz, wenn Sie ihnen immer mehr Wörter und kurze Sätze entlocken. Die »Vorrichtungen zum Spracherwerb« in ihrem Gehirn werden durch diese *soziale Interaktion* – die Grundlage jeglicher Sprachentwicklung – aktiviert.

Hier finden Sie verschiedene Methoden, die unsere Eltern eingesetzt haben, um ihre Kinder bei der Verbesserung ihrer sprachlichen Fähigkeiten zu unterstützen:

- Die kognitiven Funktionen kleiner Kinder wachsen, indem sie sprechen üben. Ermutigen Sie Ihr Kind daher, laut zu sprechen und zu erklären, was es sieht und denkt, während es mit einer neuen Sache beschäftigt ist. Wenn es schweigend spielt oder liest, erfahren Sie nicht, ob die von Ihnen vorgeschlagenen Spiele oder Bilderbücher zu schwierig oder zu abstrakt sind oder aber ob es die neuen Ideen begreift und in sich aufnimmt.

- Beim Besuch von Galerien, Museen, Konzerten, Schauspielen und ähnlichen Veranstaltungen sollten Sie passives Beobachten vermeiden. Regen Sie Ihr Kind zu Vergleichen an. Weisen Sie auf den Unterschied zwischen verschiedenen Holzblasinstrumenten oder auf die Ähnlichkeit zwischen Finken und Flamingos hin.
- Stellen Sie Fragen, die zum Nachdenken anregen und auf die man keine zu einfachen Antworten findet. Im Museum könnten Sie beispielsweise fragen: »Wie schaffen die Pinguine es wohl, ohne Kleidung auf dem Eis zu leben? Was würdest du mitnehmen, wenn du sie besuchen würdest?« Im Aquarium fragen Sie: »Warum haben die Haie und Delphine Rückenflossen?« Eine Frage im Planetarium könnte lauten: »Wohin gehen die Sterne tagsüber?«
- Halten Sie ältere Kinder dazu an, Sprache spezifisch einzusetzen und keine weitgefaßten Verallgemeinerungen zu gebrauchen, für die nicht viel Nachdenken erforderlich ist. Wenn Sie Ihr Kind auffordern, sich klar auszudrücken, stärken Sie seine linguistischen und analytischen Denkfähigkeiten. Ein Vater empfahl:

»Sie könnten Ihre Kinder zu einem Spiel anregen, bei dem sie sich vorstellen sollen, mit anderen Menschen die Rolle zu tauschen. Wie wäre es, als Obdachlose zu leben oder jemanden aus einem brennenden Haus zu retten oder aber in einer Klasse voll lärmender Kinder zu unterrichten? Die Kinder werden angehalten, ihre neue Identität genau zu beschreiben, so daß die Mitspieler begreifen, wen sie im Moment gerade vor sich haben.«

- Bei Ihren alltäglichen Aktivitäten bieten sich unzählige Möglichkeiten, die verbalen Fähigkeiten eines Kindes zu stimulieren. Eine Mutter berichtete, wie sie den Besuch des Supermarktes nutzte, um die linguistischen Fähigkeiten ihrer sechsjährigen Tochter Franziska früh zu schulen.

»Normalerweise bat ich Franziska, ein Brot oder eine Flasche Milch in den Einkaufswagen zu legen, während wir durch den Laden gingen. Wenn Sie Eltern beim Einkaufen beobachten, werden Sie feststellen, daß sie die Einkaufsliste in der Hand halten und nicht die Kinder. Eine Freundin schlug vor, ich solle Franziska die Liste geben, so daß sie *die Artikel vorlesen konnte. Zuerst gelang es ihr nicht besonders gut, aber das machte nichts. Sie war stolz, daß sie die Liste halten durfte. Immer wieder kam sie zu mir gerannt, zeigte auf bestimmte Artikel auf der Liste und fragte mich, was es sei, bevor sie das Gewünschte holte. Ich glaube, es war eine großartige Methode, ihr das Lesen beizubringen – oder ihr zu zeigen, daß sie lernen konnte. Kinder setzen gerne ihren Kopf ein, wenn es Spaß macht.«*

Andere Aktivitäten, die helfen, die linguistische Intelligenz kleiner Kinder zu entwickeln, sind folgende: Entwerfen Sie zusammen eine Familienzeitung, die Sie zu Weihnachten an Verwandte schicken, lassen Sie Ihr Kind an einen Brieffreund schreiben, schenken Sie ihm ein Tagebuch, regen Sie es dazu an, sich Geschichten auszudenken und sie zu spielen, Tänze zu choreographieren, Lieder zu komponieren und zu singen, schwere Wörter zu üben, kleine Gedichte zu reimen und sie auswendig zu lernen und sich Dinge ins Gedächtnis zurückzurufen.

Bei älteren Kindern setzten unsere Eltern Aktivitäten ein, für die mehr Urteilskraft und Denkvermögen erforderlich waren. Viele hielten Humor für eine ausgezeichnete Lernhilfe, weil er Kindern zeigt, daß man eine Sache von mehr als nur einer Seite betrachten kann. Das Nachdenken über Wortspiele und Witze erfordert ein abstraktes Denkvermögen, das den Geist fordert. Viele Familien, die wir kennenlernten, befaßten sich mit »Denksportaufgaben«, die speziell bei einer Familie Teil des Wochenendprogramms waren.

»Sie können sich nicht vorstellen, wie wir uns auf diese Spiele am Wochenende freuten«, erzählte uns ein Abiturient. »Wir spielten alles mögliche: Scrabble, Trivial Pursuit, lösten komplizierte Kreuzworträtsel. Solange ich zurückdenken kann, haben wir kaum ein Wochenende darauf verzichtet.«

Andere Familien, mit denen wir uns unterhielten, spielten dieselben Spiele, lösten Rätsel, beschäftigten sich mit Backgammon, Schach und Kartenspielen. Bei all diesen Spielen müssen assoziierende, logische Schlußfolgerungen gezogen werden, durch die die geistige Beweglichkeit entwickelt wird.

Mathematische Fähigkeiten

Die logisch-mathematische Intelligenz ist für das logische Denken verantwortlich: Sie ist die Grundlage aller Wissenschaften. Sie ermöglicht es dem Menschen, die abstrakten Beziehungen in der physischen Welt und in der Welt der Logik zu untersuchen, und sie ermöglicht das begriffliche Denken. Computerprozesse, wissenschaftliche Experimente und Theorien, mathematische Berechnungen – für all diese Dinge ist logisch-mathematisches Denken erforderlich. Es ist offensichtlich wichtig, daß Ihr Kind diesen Teil seines Intellekts voll entwickelt.

Ein Vater, von Beruf Steuerberater, hielt die logisch-mathematische Intelligenz für äußerst wichtig.

»Die Prozentrechnung zählt zu den Grundelementen der Mathematik, und sie ist ein wichtiger Teil unseres Alltags. Wenn Sie beispielsweise ein Haus kaufen wollen und der Makler Ihnen erklärt, daß er 3,3 Prozent des Kaufpreises von DM 400.000 als Courtage erhält, sollten Sie in der Lage sein, schnell auszurechnen ob seine Dienstleistung die DM 13.200 wert ist! Dieses Wissen ist wichtig, um kluge Entscheidungen zu treffen.«

Bevor Kinder die Beziehungen zwischen Zahlen verstehen, entwickeln sie diesen Teil ihres Intellekts, indem sie andere Muster in der Umgebung, beispielsweise das Muster eines Schottenkaros oder die Ähnlichkeit zwischen zwei Kumuluswolken am Himmel oder zwischen den Blättern eines Baums, beobachten. Um ein zerrissenes Blatt Papier aus den einzelnen Fetzen wieder zusammenzusetzen oder die feinen Unterschiede zwischen Autos und Lastwagen zu vergleichen und einander gegenüberzustellen, bedarf es geistiger Arbeit, die die Beobachtungsgabe verbessert.

> Die Grundlage der intellektuellen Entwicklung besteht in dem Zusammensetzen von Informationsstückchen.

Mit zunehmendem Alter lernen Kinder mehr über die abstrakten oder konzeptionellen Aspekte von Abläufen, so beispielsweise über die jeweiligen Muster oder Schritte, die dem Treffen einer Entscheidung zugrunde liegen. Wenn ein Kind weiß, welche Fragen man beim Kauf eines Videospiels, das man sich immerhin mit dem ersten selbstverdienten Geld erwirbt, bedenken sollte, und es alle Möglichkeiten, die sich in dieser Situation stellen, erwägt, kann es dieselben Grundsätze beim Kauf eines Fahrrads und später eines Autos oder Hauses einsetzen. Es muß nicht neu lernen, wie man jeden einzelnen Kauf analysiert, weil es über die logisch-mathematische *Denk*fähigkeit verfügt.

Mit dem Erlernen der Mathematik verhält es sich ähnlich. Nach einfachen Additions- und Subtraktionsaufgaben gehen Kinder zur Prozentrechnung über und dann zur abstrakten Algebra und Geometrie. Kinder müssen nicht die Zahlen an sich verstehen, sondern die *Beziehungen zwischen* den Zahlen. An dieser Stelle sind wieder die Eltern gefragt. Wenn Sie nicht auf das *Konzept* der Multiplikation hinweisen, wird das Üben von Multiplikationstabellen nichts weiter sein als eine Übung, um Mathearbeiten zu bewältigen – das Problem, mit dem wir uns zu Anfang dieses Kapitels auseinandergesetzt haben.

Ihr Kind muß lernen, mathematisch zu *denken* und dieses *Denkvermögen* anstelle des *rein mechanischen Auswendiglernens* einzusetzen. Das folgende Problem, von dem uns ein Vater – ein Ladenbesitzer – berichtete, zeigt, welche Probleme Menschen mit dem mathematischen Denken haben:

»Wenn man einen Artikel für DM 100 zurückbringt und den Betrag auf einen Artikel von DM 200 angerechnet haben möchte, muß der Verkäufer dann zuerst die DM 100 plus Mehrwertsteuer gutschreiben und diesen Betrag von der neuen Summe abziehen, oder sollte er nur DM 100 von den DM 200 abziehen und die Steuer auf den Differenzbetrag aufschlagen? Die meisten meiner Verkäufer sind bei dieser Frage aufgeschmissen – genau wie meine Kunden, die alle ihre eigene Vorstellung davon haben, was nun richtig ist.«

Manche Menschen können diese Art von Denkproblem leicht, andere können sie überhaupt nicht lösen, weil zur Lösung des Problems nicht einfach eine mathematische Gleichung abgerufen werden kann. Dazu bedarf es mathematischen *Denkens*, das Sie Ihrem Kind zu Hause beibringen sollten, da es in den Schulen nur selten gelehrt wird. (Die Antwort auf die Frage oben lautet übrigens: Es ist egal – bei beiden Rechenwegen erhält man dasselbe Ergebnis.)

Die folgenden Beispiele zeigen verschiedene Möglichkeiten, wie Eltern ihren Kindern mathematische Beziehungen vermitteln können. Gelegenheiten bieten sich überall.

An einem Sonntag stellte Herr Böhme, ein großer Tennisfan, fest, was für eine ausgezeichnete Lernhilfe ein Tennisspiel für seinen siebenjährigen Sohn Thomas darstellte.

»Ich schaute mir ein Spiel zwischen Sampras und Agassi an und hatte meinen Favoriten lautstark unterstützt. Als ich mir einige Schnitten gemacht hatte und ins Wohnzimmer zurückkam, sah ich, daß mein Sohn Thomas genau das machte, was ich immer tat: Er rechnete aus, wie viele Punkte die beiden Spieler noch erzielen mußten, um zu gewinnen. Ich kann mich

an den Spielstand bei diesem speziellen Match nicht mehr erinnern, aber Thomas saß mit seinen sieben Jahren da und rechnete, wieviel Punkte dem führenden Spieler noch zum Set- und Matchgewinn fehlten. Vor lauter Bewunderung für die Rechenfähigkeiten meines Sohnes vergaß ich sogar, in mein Brot zu beißen. Ich erkannte, daß Kinder ziemlich komplizierte Dinge lernen können, wenn sie sich wirklich für eine Sache interessieren.«

Geld und Mathematik gehören zusammen, vor allem wenn es sich um selbstverdientes Geld handelt. Im folgenden Beispiel lernten die beiden Söhne von Frau Neumann (zwischen ihnen lag ein Altersunterschied von einem Jahr, und beide hatte man uns für unsere Studie empfohlen) nicht nur, wie man Geld zusammenzählt, sondern auch, daß harte Arbeit hilft, Ziele zu erreichen.

»Fabian und Tobias trugen beide mit sieben, acht Jahren Zeitschriften aus. Sie benutzten dazu ihre alten Fahrräder. Als sie sich beide zu Weihnachten ein Rennrad wünschten, stimmten wir zu, erklärten aber, daß sie ihr selbstverdientes Geld dazugeben müßten. Wir boten an, uns mit fünfzig Prozent zu beteiligen. Plötzlich entwickelten sich meine Kinder zu regelrechten Rechengenies. Immer wenn sie für ihre Arbeit bezahlt worden waren, breiteten sie die Münzen auf ihren Betten aus, und wir rechneten alles zusammen. In ihren Notizbüchern notierten sie sich, wieviel Geld sie bereits zusammen hatten. Ich ließ sie jedesmal die jeweilige Summe vom Preis der Fahrräder abziehen, so *daß die ganze Sache eine tolle Übung für ihre Rechenkünste und ihre Geduld war. Als sie zu Weihnachten schließlich die Fahrräder bekamen, hatten sie sich zu kleinen Bankiers entwickelt. Sie wußten* genau, *was eine Mark wert war.«*

Eine andere Mutter fand heraus, daß sie ihrem fünfjährigen Sohn eine komplizierte Zahl am besten beibringen konnte, indem sie den musikalischen Teil seines Intellekts nutzte. Lieder und Rhythmen dringen viel leichter ins Unbewußte ein als für das Kind nicht nachvollziehbare Fakten.

»Als Norbert fünf Jahre alt war und noch den Kindergarten besuchte, hatte die Erzieherin dort den Kindern beigebracht, sich den eigenen Namen, die Adresse und Telefonnummer zu merken, falls sie einmal verlorengehen sollten. Norbert wußte alles auswendig, aber mit der Postleitzahl hatte er seine Probleme, schließlich ist das eine ziemlich komplizierte Zahl für ein kleines Kind. Meistens erinnerte er sich an die einzelnen Zahlen, brachte sie aber nicht in die richtige Reihenfolge. Also dachten wir uns ein kleines Lied über die Postleitzahl aus. [Singt das Lied vor.] Innerhalb kürzester Zeit – ich glaube, er brauchte nur einen Nachmittag –, konnte Norbert die Zahl aufsagen. Er konnte sich leichter an sie erinnern, weil wir eine Melodie für sie gefunden hatten.«

Schule und Studium

Damit Ihr Kind in der Schule gute Leistungen zeigen kann, sollten Sie sich engagieren und auch was die Schulausbildung betrifft Verantwortung übernehmen.

- Spielen Sie eine aktive Rolle im Elternbeirat und in der örtlichen Politik. Dazu reicht es nicht aus, ein paar Versammlungen zu besuchen. Treten Sie beispielsweise politischen Aktionsgruppen für den Bereich Schule bei. Ein Vater meinte:

»Fragen Sie den örtlichen Landtagsabgeordneten, wie er zu schulischen Fragen wie beispielsweise Lehrermangel und Lehrpläne steht. Meine Nachbarin beklagte sich jedesmal über reparaturbedürftige Schuleinrichtungen, veraltetes Lehrmaterial in der Schule, die verkürzten Öffnungszeiten der Stadtbücherei. Jeder kann Menschen in einflußreichen Positionen passiv zuhören, aber Eltern, die sich ein besseres Leben für ihre Kin-

der wünschen, müssen sich äußern, damit sie bei wichtigen Problemen nicht übergangen werden.«

- Sprechen Sie mit Lehrern und Schulleiterinnen über Ihre Sorgen hinsichtlich der Lehrpläne und der Schulpolitik. Wenn die Schulpolitik nicht fortschrittlich ist, sollten Sie auf eine Verbesserung drängen.
- Lernen Sie die Lehrer und Lehrerinnen Ihrer Kinder kennen. Informieren Sie sich über ihren Unterrichtsstil und das, was von Ihrem Kind erwartet wird. Bekommt es die nötige Aufmerksamkeit? Wo liegen seine Schwächen, wo seine Stärken? Wie könnte es sich verbessern? Bevor die ersten Arbeiten geschrieben und andere Projekte durchgeführt werden, fragen Sie den Lehrer kurz, was erwartet wird und wie sich Ihr Kind am besten darauf vorbereiten kann. Genau wie unsere Experten zählen Sie damit sicherlich zu den wenigen Eltern, die soviel Interesse zeigen.

»Die Klassenlehrerin von Lukas erzählte mir, daß ich und ein paar andere Eltern die einzigen seien, denen die Aufgaben der Kinder in der Schule wichtig waren. ›Sie sind anders als die meisten Eltern‹, sagte sie mir einmal. Ich wußte, daß diese Lehrerin sich über unser Interesse freute.«

Ein Vertrauenslehrer, mit dem wir sprachen, hatte Ähnliches zu berichten:

»Es sind die Mädchen und Jungen, deren Eltern sich für die Schule interessieren, denen von den Lehrern mehr Aufmerksamkeit geschenkt wird, wenn die Zeit knapp ist, und die Zeit ist immer *knapp.«*

- Wenn Ihr Kind Hilfe braucht in dem einen oder anderen Fach, dann zögern Sie nicht, diese zu gewähren. Die Eltern, mit denen wir sprachen, gingen bei Schwierigkeiten mit dem Lernstoff sehr vorsichtig zu Werk. Sie versuchten nicht, ihre Kinder selbst zu unterrichten, da sie im Prinzip nicht qualifiziert genug dafür waren. Weit wichtiger war jedoch, daß die Sache den Kindern schon unangenehm genug war, und sie das Problem nicht eingehender mit ihren Eltern angehen wollten.

»Wenn Ihre Kinder Hilfe brauchen – und bei den meisten ist das irgendwann einmal der Fall –, sollten Sie möglichst schnell eine Nachhilfelehrerin suchen. Machen Sie sich nicht vor, daß alles von alleine ins Lot kommen wird, denn das stimmt nicht. Susanne wollte nicht, daß wir ihre Schwierigkeiten sahen, also haben wir uns ihre Fehler auch nicht angesehen. Statt dessen suchten wir eine ältere Schülerin, die ihr Nachhilfeunterricht erteilen konnte. Sofort wich der Druck von Susanne, und sie zeigte gleich bessere Leistungen. Es hat keinen Zweck, ein Kind abends beim Essen zu besserer Leistung zu ermahnen – das ist nur frustrierend! Es geht vielmehr darum, sein Selbstwertgefühl zu steigern, so daß es selbst aus seinem Leistungstief herauskommt, ohne sich schämen zu müssen.«

- Sorgen Sie dafür, daß Ihr Kind ein *ausgeglichenes* Leben führt. Die Schule ist nicht seine einzige Aufgabe, es sollte auch Zeit zum *Leben* haben. Schulische Anstrengungen sollten durch andere Aktivitäten ausgeglichen werden. Eine gewisse Zeit sollte für das Lernen aufgewendet werden, aber es muß auch genug Zeit für Entspannung, Sport, eine Laienspielgruppe, Mitarbeit bei der Schülerzeitung, Tanz oder andere Hobbys vorhanden sein.

»Zwanghaftes Lernen paßt genausowenig zu einem ausgeglichenen Lebensstil, wie rein mechanisches Lernen zur Förderung der Denkfähigkeit. Eine Überbewertung der Noten jagt den Mädchen und Jungen nur Angst ein. Sie stehen unter Streß und begreifen nicht, worum es beim Erziehungsprozeß eigentlich geht.«

Ziele setzen und planen

Es wurden schon Hunderte von Büchern über das Zeitmanagement geschrieben und das aus gutem Grund: Es ist unmöglich, ohne ein gewisses Maß an *Organisation* seine Arbeit gut zu bewältigen. Unsere Eltern empfahlen folgende Dinge, um Kindern die nötigen Organisationsfähigkeiten beizubringen:

- Helfen Sie Ihrem Kind, sich Ziele zu setzen. Ohne klares Ziel gibt es keine Möglichkeit, den entsprechenden Weg zu wählen. Sprechen Sie mit Ihrem Kind über seine Träume und Bestrebungen, und unterstützen Sie seine *realistischen* Ideen. Bei einigen mag es sich um kurzfristig angestrebte Ziele handeln, so etwa die Aufnahme in das Karateteam, bei anderen eher um langfristig geplante Projekte, wie beispielsweise die Frage, welche Universität es später besuchen soll. Solche Diskussionen lassen Visionen entstehen, die das Leben zum spannenden Abenteuer werden lassen. Doch halten Sie sich an die Warnung eines Vaters, der den Bestrebungen seines Sohnes Zügel anlegen mußte:

»Sprechen Sie mit Ihrem Kind auch offen über seine Grenzen. Im Leben kann nicht jeder Mensch in jedem Bereich ein Star sein. Wenn Ihr Kind Probleme mit der Geometrie hat, wie es bei Sven der Fall war, ist die höhere Mathematik wahrscheinlich nicht das geeignete Wahlfach in der Schule. Ein Referat über ›Krieg und Frieden‹ klingt vielleicht gut, aber wenn Ihr Kind nicht besonders gerne liest, wird es diese Aufgabe nie bewältigen. Helfen Sie Ihren Kindern, sich Ziele zu setzen, die auch tatsächlich erreichbar sind. Wenn sie zu hochgesteckt sind, läßt das Interesse nach, und das Ganze artet in Streß aus.«

- Stellen Sie Ihrem Kind weiterreichende Fragen zu seinen Zielen. Finden Sie heraus, auf was es hinaus will und wodurch es motiviert wird. Stellen Sie dabei auch die grundlegende Frage nach dem Warum: »Warum möchtest du an diesem

Projekt teilnehmen?« »Hat irgend jemand deine Entscheidung beeinflußt?« »Hast du mit deiner Lehrerin darüber geredet?« »Hast du überlegt, wieviel Zeit du dafür aufwenden mußt?«

- Um sich nicht zu verzetteln, geben Sie Ihrem Kind das grundlegendste Werkzeug für das Zeitmanagement überhaupt: einen Kalender. Die meisten Schüler, die wir trafen, verwendeten große Tischkalender oder eine Jahresübersicht für die Wand mit viel Platz für Notizen. Schulprojekte waren jedoch darin nicht die einzigen Einträge.
- Schützen Sie Ihr Kind vor der größten Gefahr überhaupt: vor der Zeitverschwendung. Ihr Kind hat möglicherweise die besten Absichten, aber Ablenkungen, nachlassendes Interesse und mangelndes Durchhaltevermögen bringen es auf halbem Weg vom Erreichen des Ziels ab, egal, ob es sich um eine einfache Aufgabe oder ein großes Projekt handelt. Das heißt, daß Sie regelmäßig in sein Zimmer schauen sollten, um zu sehen, wie es vorankommt – wobei wir davon ausgehen, daß es sich überhaupt mit der Aufgabe beschäftigt.
- Überprüfen Sie die Zeitmenge, die sich Ihr Kind für Schulprojekte zugestanden hat, bevor es mit ihnen beginnt. Es sollte sich um eine realistische Schätzung halten. Raten Sie ihm, noch einmal 25 Prozent der Zeitmenge dazuzugeben, um auf Nummer Sicher zu gehen.

  Eine Mutter sprach mit ihrem Kommentar vielen Eltern aus dem Herzen:

»Bei langfristigen Schulaufgaben sollten Kinder mindestens einen Puffer von einem Tag zwischen der Fertigstellung und dem Fälligkeitstag haben. Zwei Tage sind noch besser, weil man immer noch Ideen in letzter Minute hat, und es sollte genug Zeit vorhanden sein, um sie einzuarbeiten. Außerdem lassen Kinder sich manchmal durch andere Dinge ablenken und halten ihren Plan nicht ein. Darauf mußten wir am meisten achten: Daß sie sich an ihren Zeitplan hielten, damit sie zum Schluß nicht in Zeitnot gerieten.«

3.

Die Kunst, Grenzen aufzuzeigen

Ihr Kind, das im Kindergartenalter ist, streikt und weigert sich trotzig, der ganz vernünftigen Forderung, sich an den Frühstückstisch zu setzen, nachzukommen. Wie würden Sie in diesem Fall verfahren? Würden Sie die Kommunikationsfertigkeiten aus Kapitel eins einsetzen? Vielleicht. Aber wenn Ihnen diese nicht weiterhelfen und Sie unbedingt zur Arbeit müssen? Wann würden Sie auf die sanfteren Techniken verzichten und beispielsweise drohen, daß es heute nach dem Abendessen keinen Nachtisch geben wird? Kein *Sandmännchen* mehr? Vielleicht ein Klaps? Oder aber ein Schreien, das einem das Blut in den Adern gefrieren läßt? Das folgende Beispiel zeigt, wie Frau Schwarz eine bessere Möglichkeit fand, mit der Dickköpfigkeit ihres zweijährigen Sohnes umzugehen.

»Bernd machte eine Zeit durch, in der er sich weigerte, sich für die Kinderkrippe fertig zu machen. Ich zog ihn an, und er zog sich wieder aus. Es war ein ewiges Hin und Her. Ich konnte mir sein Verhalten einfach nicht erklären. Nichts funktionierte. Er hatte mich fest im Griff, und es passierte immer dann, wenn ich in Eile war, weil ich ins Büro mußte. Dann dämmerte es mir. ›Wenn er sich partout nicht anziehen will, warum dann einen Krieg mit ihm veranstalten‹, dachte ich bei mir. ›Soll er doch nackt zur Kinderkrippe gehen.‹ Und genau das setzte ich in die Tat um. Als Bernd seinen Trick bei der nächsten Gelegenheit ausprobierte, nahm ich ihn bei der Hand und fuhr ihn, so wie er war, zur Kinderkrippe – splitterfasernackt! Dort angekommen sagte ich: ›Auf Wiedersehen, Bernd, bis heute nachmittag. Du mußt jetzt aussteigen. Viel Spaß mit den ande-

ren Kindern.‹ Keine Reaktion – die Autotür öffnete sich nicht. ›Ich muß mich beeilen. Du solltest lieber aussteigen, sonst kommst du auch noch zu spät.‹ Bevor ich bis drei zählen konnte, wühlte Bernd in dem Kleiderbeutel herum, der neben ihm auf dem Rücksitz stand.«

Damit war das Problem gelöst und eine Sache klargestellt: Keine Autofahrten mehr ohne Kleidung. Durch eine Maßnahme, die als »logische Konsequenz« bezeichnet werden kann, hatte Frau Schwarz' den Kampf schließlich gewonnen und ihrem Sohn gleichzeitig etwas beigebracht. An anderer Stelle in diesem Kapitel werden wir einige Beispiele für »natürliche Konsequenzen« sehen, zu denen es ohne das Eingreifen der Eltern kommt.

Vergleichen Sie Frau Schwarz' modernen Erziehungsstil mit den starren, unkreativen Methoden zu Beginn des 20. Jahrhunderts, als die Kinder in vielen Familien abends mit abgetragener, aber sauberer Kleidung, zurückgekämmtem Haar und frisch gewaschenen Gesichtern aufrecht am Eßtisch saßen und auf ihr Essen warteten. Sie antworteten höflich mit »Ja, Papa«, wenn ihr Vater sie etwas fragte. Niemand stützte die Ellbogen auf dem Tisch auf, und es war mucksmäuschenstill. Wenn ein Kind es wagte, über den Tisch nach der Kartoffelschüssel zu langen, bezahlte es dafür, indem es sich einen Schlag mit dem Holzlöffel auf die Fingerknöchel einfing. Und wenn die Kinder sich wirklich einmal daneben benahmen – was selten genug der Fall war –, gab es noch die Bestrafung mit dem Stock, der immer in greifbarer Nähe stand.

Was ist seitdem passiert? Gutes und Schlechtes. Zum einen sehen Eltern viele Dinge nicht mehr so eng. Heute wird selbst ein kleines Kind als vollwertiger Mensch betrachtet. Doch manche Familien sind ins andere Extrem verfallen und schwören jeglicher Form von Bestrafung oder Grenzziehung ab. Das Leben ist ein Spaß! Die meisten Eltern haben sich im Vergleich zu ihren Vorfahren um 180 Grad gedreht und geben ihren Kindern heute zu viel – zuviel Freiheit, zuviel Geld, einfach zuviel von allem –, während sie gleichzeitig die Traditionen mißachten, die Familienmitglieder früher zusammenschweißten.

Was trifft die Kinder also schwerer – der strenge Erziehungsstil der zwanziger Jahre oder die Liberalität der neunziger? Wir stellten fest, daß beide Methoden für unsere Experten nicht akzeptabel waren. Statt dessen fanden sie einen goldenen Mittelweg, der den Kindern beträchtliche *Freiheiten* innerhalb bestimmter *Richtlinien* ließ – zwei wichtige Mittel, um Kindern das Selbstvertrauen zu geben, das sie später als Erwachsene brauchen.

In diesem Kapitel werden wir sehen, daß für unsere Experten statt Zwängen und Konformität Kreativität, Selbstvertrauen, Kompetenz und vor allen Dingen *Zufriedenheit* an erster Stelle standen. Besonderen Wert legten sie auf *Selbstsicherheit* anstelle von *Unterwürfigkeit*, wobei sie darauf achteten, daß zu freizügige oder einschränkende Erziehungsstile vermieden wurden. Ihr Hauptwerkzeug waren vernünftige, gescheite Erziehungsmaßnahmen, die *beständig* und *beherzt* eingesetzt wurden.

Warum »beherzt«? Auf diese Frage gehen wir im ersten Teil dieses Kapitels ein, das mit einer kurzen, aber wichtigen Übersicht darüber beginnt, welche Motive Eltern bewegen, Kinder zu bekommen, und wie sich diese Motive auf ihre Erziehungsfähigkeit auswirken. Anschließend befassen wir uns mit den Erziehungsstilen unserer Experten und der Frage, warum sie gerade diese Methoden gewählt haben. Sie werden sehen, daß sie Regeln festlegten und Grenzen setzten und ihre Kinder dann innerhalb dieser Grenzen *leben* ließen, ohne ständig zu helfen, zu reden, Ratschläge zu geben oder zu sehr zu beschützen. Doch wenn die Kinder diese Grenzen und das Vertrauen der Eltern verletzten, mußten sie sich mit bestimmten Konsequenzen abfinden, die die Eltern ohne zu zögern und ohne zu debattieren oder sich auf einen Handel einzulassen einleiteten.

Eines der häufigsten Verhaltensprobleme, speziell unter jüngeren Kindern, sind Verhaltensformen, mit denen die Kinder Aufmerksamkeit erregen wollten. Die Lösungen, die Eltern in diesen Fällen fanden, geben Ihnen eine Vorstellung davon, wie man mit ähnlichen Problemen umgehen kann. Das Kapitel

schließt mit einer Untersuchung des einen Aspekts in der Kindererziehung, der für viele Eltern vielleicht das größte Problem darstellt: das *zu starke Bemuttern der Kinder.* Die folgenden Beispiele zeigen, daß Bestrafungsmaßnahmen (falls diese notwendig waren) auf liebevolle, nicht autoritäre Weise durchgeführt wurden.
Die Maßnahmen unserer Eltern, ihre Kinder darauf hinzuweisen, daß sie eine bestimmte Grenze überschritten hatten, wiesen immer zwei wichtige Elemente auf: 1. ein Gefühl von Gerechtigkeit und Fairneß und 2. eine unbestreitbare Logik, die selbst ein kleines Kind verstehen konnte. Eine Mutter erklärte diese Logik und sagte uns auch, was Kindererziehung für sie bedeutet.

»Die Grundlage meiner Erziehungsmaßnahmen bei meinen Kindern läßt sich auf folgenden Punkt bringen: ›Unser Verhältnis zueinander ist wichtiger als das Verhalten.‹ Damit meine ich, daß es sich nicht lohnt, wegen all der unwichtigen, irrationalen, verrückten Dinge, die Kinder so tun, wütend zu werden. Kinder tun solche Dinge nicht absichtlich oder um ihre Eltern zu ärgern und ihnen zu zeigen, daß sie nicht auf sie hören müssen. Auf solches Verhalten stößt man, wenn Eltern meinen, sie müßten immer recht haben. Man sollte solche Dinge ruhig etwas lockerer sehen, Ruhe bewahren und daran denken, daß das Wichtigste die Liebe in den gegenseitigen Beziehungen der Familienmitglieder ist. Diese Liebe ist wichtiger und letztlich effektiver als jeder Polizeistaat, den man erschaffen könnte!«

Mit diesen klugen Worten im Ohr wollen wir mit den elterlichen Motiven für den Wunsch nach Kindern beginnen und kurz erkunden, was möglicherweise das allergrößte Hindernis für eine gute Kindererziehung ist: die *Angst.*

Angst, die Liebe der Kinder zu verlieren

Viele Eltern haben Angst, die Liebe ihrer Kinder zu verlieren. Der Grund, der Eltern überhaupt erst dazu bringt, sich Kinder zu wünschen, hindert sie oft daran, die richtigen Erziehungsmaßnahmen zu ergreifen. Wenn Eltern das tief verwurzelte Bedürfnis haben, die Liebe, die sie von den eigenen Eltern nie erhalten haben, zu bewahren, eine schlechte Ehe am Leben zu erhalten oder ihren Partner daran zu hindern, daß er sie verläßt, wird der Wille, den Menschen in der Familie eindeutig und konsequent Grenzen aufzuzeigen, gefährlich schwach ausgebildet sein. Wenn Eltern Angst haben, notwendige, aber unpopuläre Entscheidungen zu treffen, weil diese ihre Kinder aus der Fassung bringen oder sie verletzen könnten, werden sie die halbherzigen Regeln, die sie aufgestellt haben, ständig übertreten lassen und damit letztlich genau das Gegenteil von dem erreichen, was sie eigentlich wollten.

Wenn man den Launen und Forderungen rebellischer Kinder nachgibt, vermint man gewissermaßen den eigenen Hafen. Und wenn man schließlich auf eine Mine trifft und sinkt, wer kreist wohl in Erwartung unter Wasser? *Kinder* spüren genau wie Haie die Unsicherheit der Eltern und greifen instinktiv an, um dies auszunutzen, weil sie wissen, daß ihr ungebührliches Verhalten nicht bestraft werden wird. Von allen elterlichen Fehlern ist dies der häufigste – und schädlichste.

Eine Mutter – Frau König – berichtete, welche äußerst effektive Erziehungsmaßnahme sie einsetzte:

»Ich war es leid, Denise im Kaufhaus ständig zu ermahnen, in meiner Nähe zu bleiben. Sie war damals etwa drei Jahre alt, wollte ständig ihre Umgebung erforschen und nicht auf mich hören. Aus diesem Grund versuchte ich es schließlich mit einem neuen Trick. Ich ließ sie gewähren, ohne sie ständig zu ermahnen, in meiner Nähe zu bleiben. Meiner Meinung nach war das die einzige Möglichkeit, sie zu lehren, warum sie bei mir bleiben sollte. Ich legte es darauf an, daß sie plötzlich ganz allein dastand! Sie haben richtig gehört. Ich

empfehle diese Methode allen Eltern, weil sie als einzige funktionierte. Nachdem ich sie ein letztes Mal ermahnt hatte, ließ ich sie loslaufen, und es dauerte nicht lange, bis sie merkte, daß sie mich verloren hatte. Ich konnte sie beobachten, aber sie konnte mich nicht sehen. Plötzlich schrie sie wie am Spieß! Doch ich rannte nicht gleich los, um sie zu retten. Ich ließ sie ein wenig zappeln und ging dann zu ihr. Ich mußte nur sagen: ›Siehst du?‹«

Wenn Sie glauben, daß Sie mit Ängsten zu kämpfen haben, die Sie daran hindern, die richtigen Maßnahmen zu ergreifen, sobald diese angebracht sind, sollten Sie folgende Regel an Ihrem Spiegel befestigen. Sie ist eine der wichtigsten in diesem Buch.

Allen Forderungen eines Kindes nachzugeben ist *kein* Akt der Liebe.

Zig Ziglar drückte es so aus: »Wenn Sie bei Ihrem Kind einen ›Beliebtheitswettbewerb‹ gewinnen wollen, sind Sie in Schwierigkeiten.«

Erziehungsstile

Wir wollen eine Sache sofort klarstellen: *Festigkeit* ist nicht mit *Bösartigkeit* gleichzusetzen und führt nicht zu Liebesverlust – eine Angst, von der viele Eltern heimgesucht werden. Ganz im Gegenteil: Faire und verständnisvolle Führung hat viel mehr mit Respekt zu tun, weil viele Kinder tief in ihrem Innern im Grunde *mehr*, nicht weniger Führung wollen, um ein Gefühl von Sicherheit zu haben, auch wenn sie es kaum zugeben werden. Die Eltern in unserer Untersuchung kamen zu dem Ergebnis, daß ihre Kinder entspannter waren und ein besseres Benehmen an den Tag legten, wenn die Eltern sich in ihrer Erziehung an feste Regeln hielten und nicht den Forderungen der Kinder nachgaben.

Von den drei grundlegenden Erziehungsstilen – liberal, autoritär (also streng) und autoritativ (vernünftig und respektvoll) – ist der liberale der vorherrschende. Warum das so ist? Vielleicht, weil man dafür die geringste Mühe aufwenden muß, vielleicht, weil er Eltern das falsche Sicherheitsgefühl gibt, daß ihre Kinder sie immer lieben werden. Egal, welcher Grund zutrifft – sie sollten diese Methode auf jeden Fall vermeiden.

> Je weniger sinnvolle und angemessene Maßnahmen ein Kind empfängt, um seine Grenzen begreifen zu lernen, desto wahrscheinlicher ist es, daß es lieblos und ohne Respekt heranwächst.

Die andere Seite einer negativen Erziehung ist der strenge, autoritäre Stil. Man könnte darüber streiten, was schlimmer ist. Doch wenn Sie je die Gelegenheit hatten, einen herrschsüchtigen Vater in Aktion zu sehen, wissen Sie, wie schrecklich und erniedrigend dies sein kann – vor allem gegenüber einem kleinen Kind, das keinen anderen Menschen hat als dieses schreiende Ungeheuer, das es verzweifelt zu lieben versucht.

Die Mutter im Supermarkt, die ihrem Kind auf die Frage, warum es den Schokoriegel nicht haben könne, fauchend antwortet: »Weil ich es *gesagt* habe!«, wendet eine *autoritäre* Erziehungsmethode an, die nicht funktioniert. Sie ist diktatorisch und bietet völlig unzureichende Antworten. Das Kind könnte zu sich sagen: »Also, wenn *das* der einzige Grund ist, mache ich nicht mit – es ergibt einfach keinen Sinn.« Und damit hat es völlig recht.

Unfaire, unlogische Schikane kann dazu führen, daß Kinder mit zunehmendem Alter Autorität überhaupt in Frage stellen, was zu allen möglichen Problemen führt. Militaristische, strenge Erziehungsmaßnahmen lassen Kinder nicht nur intellektuell verarmen, sondern führen auch dazu, daß sie auf das Leben völlig unvorbereitet sind. Kinder tragen von dieser Art irrationaler Erziehung tiefe Narben davon, und obwohl sie noch sehr jung sind, werden sie sich immer daran erinnern, wie unfair sie behandelt wurden.

Der folgende Punkt wurde im Verlauf der Gespräche der von uns befragten Eltern immer schärfer und klarer herausgearbeitet.

> Kinder entwickeln Entscheidungsfähigkeit nur dann, wenn sie mit ihren Eltern interagieren dürfen.

Frau Albrecht, eine kluge, *autoritative* Mutter, tat folgendes, als ihr fünfjähriger Sohn ständig um Süßigkeiten bettelte. Mit einem komischen, zahnlosen Grinsen sagte sie: »Du kriegst keine Bonbons, weil man davon schlechte Zähne bekommt. Soll ich dir's zeigen?« Als er nickte, fuhr sie mit ihm zur Bücherei, wo sie sich ein Buch über Kieferchirurgie ansahen und speziell die Photos von Karies-Patienten betrachteten. Die Mutter beschrieb den Besuch so:

»Als Thomas versuchte, das Buch zuzumachen, sagte ich: ›Oh nein, mein Freund. Du wolltest hierher kommen, und jetzt siehst du dir an, was Bonbons den Zähnen antun. Willst du Zahnfleischbluten und kaputte Zähne bekommen?‹ Ich wußte, daß er etwas gelernt hatte, denn auf dem Nachhauseweg brach er sein langes Schweigen mit folgender Frage: ›Und wie sieht es mit Eiskrem aus?‹«

Eine andere Mutter erzählte uns eine Geschichte, bei der es um die Versorgung einer Katze ging, und belegte damit ihre ausgezeichneten autoritativen Fähigkeiten. Ihre dreizehnjährige Tochter wurde vor die Wahl gestellt, die Verantwortung für ihre Katze zu übernehmen oder dasselbe Schicksal wie das Tier zu erleiden:

»Es machte eigentlich keine große Mühe, aber ich hatte es satt, unsere Katze ständig zu füttern, denn das war eigentlich Petras Aufgabe. An einem Abend erklärte ich ihr, daß ich diese Aufgabe nicht mehr übernehmen würde. ›Dies ist meine letzte Warnung. Wenn du wieder meinst, daß Tiger ruhig hungern kann, bekommst du ebenfalls nichts zu essen, damit du weißt, was für ein Gefühl das ist.‹ Natürlich ging meine Warnung in das eine Ohr hinein und zum anderen wieder hinaus. Als Petra sich also am nächsten Abend wieder an den Tisch setzte, ohne die Katze gefüttert zu haben, ›vergaß‹ ich, ihren Teller zu füllen. Ich gab allen anderen etwas zu essen, aber ich überging sie. Keine Diskussion – und kein Essen. Sie verdrehte die Augen, als ob es **meine** *Schuld sei, stand auf und gab etwas Trockenfutter in Tigers Futternapf – unsere Katze haßt Trockenfutter – und setzte sich wieder an den Tisch. ›Tut mir leid, Petra‹, sagte ich. ›Tiger hätte eigentlich vor zwei Stunden gefüttert werden müssen, also bekommst du heute abend ebenfalls nichts.‹«*

Frau Kühne war davon überzeugt, daß ihre Stegreifmethode so erfolgreich war, weil sie ihrer Tochter damit keine Schuldgefühle gab und sie zudem vorgewarnt hatte. Sie fügte hinzu, daß sie nicht gezögert hätte, die Katze wegzugeben, wenn Petra von nun an ihre Aufgaben nicht erfüllt hätte. Hätte es für die Beteiligten (einschließlich der mageren Katze) eine bessere Lösung geben können?

Regeln und Freiheiten

Wir wissen jetzt, welcher Erziehungsstil funktioniert, und wollen uns nun mit der Struktur des Gesamtsystems befassen, innerhalb dessen dieser Stil angewandt wird. Wie in einem Unternehmen müssen klar definierte Regeln aufgestellt werden, die die Grenzen des akzeptablen Verhaltens umreißen. Damit diese Regeln fair und effektiv sind, müssen sie eindeutig formuliert und von den Mitgliedern des Unternehmens akzeptiert werden.

Unseren Eltern gelang dies, indem sie 1. vorausahnten, was wahrscheinlich passieren würde, 2. *vorher* ihre Reaktionen planten, 3. sich mit ihren Kindern zusammensetzten, um diese Regeln, Grenzen und Konsequenzen bei Nichteinhaltung zu diskutieren und 4. die Zustimmung der Kinder zu allen Punkten einholten.

Denken Sie an den Kommentar dieses Vaters, wenn wir uns mit Regeln und Freiheiten beschäftigen:

»Unser langfristiges Ziel bestand nicht darin, für immer die Kontrolle über unsere Kinder zu behalten. Es ging uns vielmehr darum, diese Kontrolle langsam aufgeben zu können, wenn die Kinder älter würden und je mehr sie für sich selbst die Verantwortung übernehmen könnten.«

Wenn ihre Kinder begannen, die Freiheiten auszunutzen, was unausweichlich immer wieder der Fall war, wurden die alten Regelungen wieder reaktiviert, und sie galten solange als unumstößlich, bis die Eltern das Gefühl hatten, nun wieder neue Freiheiten einführen zu können. Regeln und Ge- bzw. Verbote wirken am besten, wenn sie klar, präzise und einfach sind und wenn ihre Zahl möglichst gering gehalten wird. Wenn gegen die Regeln verstoßen wird, lassen die klar umrissenen Konsequenzen keinen Raum für Diskussionen. Ein Elternpaar beispielsweise machte einfach seine Ankündigung wahr: Es verkürzte das Privileg, am Abend länger aufzubleiben, um jeweils zehn Minuten.

»Wenn eins unserer Kinder etwas angestellt hatte, mußte es eine Woche lang jeden Abend zehn Minuten früher ins Bett gehen. Wenn es erneut gegen die Regeln verstieß, waren weitere zehn Minuten fällig. Für kleine Kinder bedeutet es ein großes Privileg, abends aufbleiben zu dürfen. Wenn sie eine halbe Stunde früher als alle anderen ins Bett müssen, ist das eine ziemlich harte Strafe für sie.«

Unsere Eltern dachten sich solche Strafmaßnahmen für ihre

Kinder nicht einfach aus, sondern bestimmten sie vorher und diskutierten sie offen im Kreis der Familie. Dies ist ein wichtiger Bestandteil jedes Erziehungsprogramms, bleibt jedoch meistens nur dem »Krisenmanagement« vorbehalten.

Familienzusammenkünfte

Wenn Eltern sich wegen bestimmter Erziehungsmaßnahmen streiten und unsicher sind, was in einer bestimmten Situation getan werden sollte, könnte das Kind leicht zu dem Schluß kommen, daß sein Verhalten vielleicht doch nicht so schlimm war. Wenn die Eltern sich schließlich zu einer Anweisung durchringen (was oft genug nicht passiert), zeigt diese viel weniger Wirkung, weil das Kind Zeuge der elterlichen Unentschlossenheit war. Wenn die Eltern sich nicht sicher sind, wie soll ihr Kind dann wissen, woran es ist? Vermeiden Sie dieses Problem, indem Sie Ihre Handlungsweisen *vorausplanen* und sie dann im Kreis der Familie offen diskutieren.

Obwohl Sie möglicherweise die Proteste Ihrer Kinder hinsichtlich der dargelegten Regeln und Vorschriften nicht akzeptieren werden, sollten sie Ihnen als wichtiger Teil dieser Zusammenkünfte willkommen sein. Bei diesen Familientreffen – also *vor* dem Fall der Regelverletzung – sind Debatten, Diskussionen, Argumentationen, vielleicht sogar ein wenig Feilschen bei kleineren Dingen akzeptabel. Diese Dinge sind *nicht* mehr akzeptabel, wenn es schließlich zum Verstoß kommt! Beteiligen Sie Ihre Kinder an den Diskussionen, damit sie ihre Gefühle und Ideen äußern können. Dies ist das Wesen einer fairen, autoritativen Erziehung, die auf Respekt und Interaktion und nicht auf militärischen Befehlen beruht.

Die Beteiligung der Kinder an diesen Diskussionen hat einen weiteren Vorteil: Sie haben die Regeln klar *verstanden* und ihnen *zugestimmt*, so daß sie später nicht kneifen können, wenn sie die Grenze, bei deren Festlegung sie selbst mitgewirkt haben, überschreiten.

Regelmäßig geplante Familienzusammenkünfte ähneln den

»speziellen Zeiten zum Reden«, die wir im ersten Kapitel dargelegt haben. Die Kinder haben Zeit, sich vorzubereiten, und Zugang zu einem verläßlichen, geplanten Forum, um entweder Enttäuschungen loszuwerden oder aber sich zusammen mit den anderen zu freuen. Diese Zusammenkünfte bieten Ihnen und den Kindern zudem die Möglichkeit, Abstand vom Alltagsleben zu nehmen und eine Pause einzulegen, was besonders für kleine Kinder wichtig ist, die normalerweise ständig in Bewegung und auf Erforschungen und Abenteuer aus sind. Sie wollen ihre Geschichten über das Eichhörnchen, das sie im Baum gesehen haben, oder über die neu entdeckte Baumhöhle loswerden. Sie freuen sich auf die vorausgeplanten Zusammenkünfte, und die ganze Familie kann auf eine Weise miteinander kommunizieren, wie es im Alltagsleben nicht möglich ist.

Die Zusammenkünfte, von denen unsere Eltern erzählten, hatten unterschiedliche Formen, aber hinsichtlich der folgenden Grundsätze bestand Einigkeit:

- Familienzusammenkünfte dürfen nicht zur Schadensbegrenzung dienen, nachdem es zu einer Krise gekommen ist; sie dienen vielmehr zu ihrer *Verhinderung*.
- Halten Sie die Zusammenkünfte mindestens einmal pro Monat ab, soweit es keine besonderen, immer wieder auftretenden Probleme gibt, die größere Aufmerksamkeit verdienen.
- Wenn die Kinder klein sind, sollten derartige Diskussionen nicht länger als dreißig Minuten dauern. Bei älteren Kindern kann die Zeit auf eine Stunde ausgedehnt werden.
- Gestatten Sie es Ihren Kindern, das Treffen zu eröffnen, sich Probleme und Kummer von der Seele zu reden und Vorschläge zu machen.
- Diskutieren Sie Probleme aus der Vergangenheit, bevor sie neue auf den Tisch bringen.
- Üben Sie bei keinem Thema Zensur aus.
- Geben Sie allen Beteiligten abwechselnd die Möglichkeit, das Wort zu ergreifen und unterbrechen Sie einander nicht.
- Holen Sie sich die Zustimmung der Kinder zu allen Regeln ein.

Ein Elternpaar entdeckte, daß solche Zusammenkünfte einen weiteren großen Vorteil mit sich bringen: Allein die Tatsache, daß sie stattfinden werden, sorgt dafür, daß Probleme abgewendet werden.

»Wir haben die Erfahrung gemacht, daß es genügte, unter der Woche freundlich an die bevorstehende Zusammenkunft zu erinnern, um zu verhindern, daß Regeln ständig überschritten wurden. Kinder, die am liebsten in einem Mauseloch verschwinden würden, können sich eben nicht unsichtbar machen, wenn sie am Tisch sitzen und erklären müssen, warum sie eine bestimmte Regel gebrochen haben. Wenn Kati zu spät nach Hause kam oder ihre Aufgaben im Haushalt nicht erledigt hatte, mußte ich nur sagen: ›Wir unterhalten uns bei der Besprechung darüber.‹ Dann machte sie sich Gedanken, denn sie wußte, daß wir die Sache auf den Tisch bringen, darüber reden und das Problem analysieren würden. Kinder hoffen, daß solche Probleme irgendwie auf magische Weise verschwinden, was auch der Fall ist, wenn man sich nicht zusammen an einen Tisch setzt und diese Dinge miteinander bespricht. Bei unseren regelmäßigen Zusammenkünften haben wir viele Schwierigkeiten geklärt. Ich kann diese Methode allen Eltern nur empfehlen, aber es ist wichtig, daß man sie tatsächlich regelmäßig durchführt.«

Familienzusammenkünfte sind kein Allheilmittel, das sofort dazu führt, daß Regeln eingehalten werden. Doch unsere Eltern waren der Meinung, daß das Festhalten an den folgenden sechs Grundsätzen dazu führte, daß ihre Erziehungsmaßnahmen fair und äußerst wirkungsvoll waren.

- Legen Sie einige wichtige Regeln anstelle von vielen allgemein gehaltenen fest.
- Umreißen Sie die Regeln genau und halten Sie sie schriftlich fest, damit es bei Übertretungen keine Diskussion darüber geben kann, wie sie ausgelegt werden sollten.

- Streichen Sie den Satz »Wenn das noch einmal passiert« aus Ihrem Wortschatz.
- Führen Sie statt dessen ein: »Jeder muß Verantwortung für seine Aktionen übernehmen.«
- Setzen Sie die Regeln konsequent und selbstbewußt durch.
- Strafen Sie schweigend durch Aktionen – nicht durch Warnungen, Drohungen oder Diskussionen.

Herr Schultz hielt sich genau an diese Regeln, als er die »Fünf-Uhr-Regel« anwandte, die vorher von allen Familienmitgliedern bei ihrer Zusammenkunft abgesegnet worden war. Seine Frau berichtete uns, was sich zugetragen hatte.

»Michael war etwa fünf Jahre alt und hatte gerade mit seinen Legosteinen gespielt. Danach ging er mit seinen Freunden nach draußen, ließ aber das Spielzeug auf dem Boden verstreut im Kinderzimmer herumliegen. Das war nicht weiter schlimm, aber als sein Vater ihn um Viertel vor fünf rief, um ihn daran zu erinnern, daß er sein Zimmer aufräumen müsse, ignorierte Michael ihn. Mein Mann nahm also um Punkt fünf Uhr eine Plastiktüte und sammelte die Spielsachen ein, so wie wir es vereinbart hatten. Als Michael schließlich rein kam, war von den Legos nicht mehr viel zu sehen. Als mein Mann auf den Dachboden ging, um das Spielzeug dort zu verstecken, wurde Michael hysterisch. Er weinte und bettelte, aber es nutzte alles nichts. Sein Vater sagte kein Wort, und die Sache wurde ohne weitere Diskussion zum Abschluß gebracht.«

Herr Schultz hatte keine Angst, daß er Michaels Liebe verlieren oder seinem Sohn weh tun würde. Er wußte, daß er seinem Sohn mit dieser Maßnahme letztendlich half. Deshalb führte er sie konsequent durch, egal, wie sehr sich sein Sohn auch dagegen wehrte. Ein anderer Vater unterstrich die Philosophie von Herrn Schultz mit einem Zitat, das er gelesen hatte:

»Kinder, die man in jungen Jahren nicht konsequent, liebevoll und fest erzieht, werden von einer weniger freundlichen, furcht-

erregenden Welt erzogen, wenn sie älter sind. Egal, ob sie sich um eine Stelle bewerben oder versuchen, sich soziale Netze aufzubauen – wenn sie nie erwachsen geworden sind, werden sie nicht überleben.«

Der folgende Tip war nach Meinung unserer Eltern für erfolgreiche Familienzusammenkünfte und die Elternrolle im allgemeinen ebenfalls wichtig:

> Versuchen Sie, die Ansichten ihrer Kinder zu verstehen, so daß sie sich *bestärkt* und nicht *beherrscht* fühlen.

Eine Mutter bezeichnete diese Philosophie als »gelebte Demokratie«. Ihrer Meinung nach haben Kinder das Grundrecht, ihre Ansichten zur rechten Zeit zu äußern, weil sie dadurch an Selbstsicherheit gewinnen. Ein Mitspracherecht in bezug auf ihr Leben ist ein wesentlicher Bestandteil davon.

Eine andere Mutter, Frau Richter, hatte die Erfahrung gemacht, daß sie sich immer der Aufmerksamkeit ihrer Tochter Anne sicher sein konnte, wenn sie ein neues Thema mit folgenden Worten einleitete: »Ich weiß nicht, ob du schon alt genug bist, darüber zu reden…« Anne, die während unseres Gesprächs anwesend war, erklärte uns, warum diese Methode funktionierte.

»Natürlich erweckte meine Mutter meine Neugier, wenn sie ein Gespräch mit diesen Worten einleitete. Das meiner Meinung nach Wichtigste war jedoch, daß ich mich respektiert fühlte. Offenbar vertraute meine Mutter mir, daß ich mit dem jeweiligen Problem umgehen konnte. Ich fühlte mich reif, wenn meine Mutter so mit mir sprach. Sie behandelte mich als Erwachsene, und das bedeutete mir viel. Was sie anschließend sagte, nachdem sie das Gespräch so eingeleitet hatte, drang zu mir vor, weil wir uns auf der gleichen Ebene befanden. Es hatte viel mit Vertrauen zu tun.«

Regeln haben eine weitere Schlüsselfunktion, die jedoch oft nicht erkannt wird: Sie *steigern* die Freiheit und Seelenruhe von Kindern, weil sie in einer sich entfaltenden, komplexen Welt als Wegweiser dienen. Ohne solche paradoxerweise befreienden Einschränkungen sind sich Kinder ihres Standorts genausowenig sicher wie Reisende, die während der Rush-hour ohne Straßenkarte in einer fremden Stadt herumirren.

Grenzen setzen

Obwohl Kinder wissen, daß sie bei den Familienzusammenkünften für ihre Fehler geradestehen müssen, können sie die Grenzen dennoch bis aufs Äußerste strapazieren. Ihre Aufgabe als Eltern besteht darin, nicht nachzugeben – dies ist eins der grundlegenden »Erfolgs«geheimnisse unserer Experten.

Wenn Kinder feilschen, schmollen, ihre Position verteidigen und dabei die Ihre lächerlich machen, sollten Sie Verständnis für diese Reaktionen aufbringen, aber das Spiel nicht mitspielen. Bleiben Sie hartnäckig und halten Sie an den festgelegten Grenzen fest! Kinder versuchen, sich durchzusetzen und verhalten sich dabei oft wie junge Hunde: Egal, was Sie getan haben, um Ihren Hund im Garten zu halten – er wird eine Möglichkeit finden, sich unter dem Zaun einen Fluchtweg zu graben, um dann zufrieden mit sich an der Haustür aufzutauchen.

Herr Peterson erklärt, wie er einen solchen Sieg verhinderte, als seine siebzehnjährige Tochter Alexa ihn im Büro anrief, was ihm bereits verdächtig vorkam, da dies für sie sehr ungewöhnlich war. Sie wußte, daß er viel zu tun hatte und nicht lange mit ihr reden konnte, und erzählte ihm schnell eine Menge unzusammenhängender, verwirrender Details über eine Fahrt, die sie im nächsten Monat von Düsseldorf nach München unternehmen wollte. Sie drängte ihn förmlich, seine Einwilligung zu geben, was sich später als Masche herausstellte, um ihrem Vater nicht alle Einzelheiten ihres Vorhabens erzählen zu müssen.

»Als ich an diesem Tag beim Abendessen zu Hause saß, hatte ich unser Gespräch bereits vergessen, und Alexa erwähnte es auch nicht mehr. Es hatte sich offensichtlich erledigt – bis zu jenem Tag einen Monat später, als sie gerade mit dem Rucksack zur Tür hinausspazieren wollte! ›Hast du vor zu verreisen?‹ fragte ich. ›Ach, du weißt doch, daß ich nach München fahre‹, erwiderte sie. ›Wir haben doch über die Fahrt gesprochen.‹ ›Daran kann ich mich eigentlich nicht erinnern‹, antwortete ich. ›Könntest du mir das Ganze etwas näher erklären?‹ Es stellte sich heraus, daß sie mit einer Freundin, die gerade den Führerschein gemacht hatte, gut vierhundertfünfzig Kilometer weit fahren wollte, um eine **Fete** *zu besuchen. Was für eine großartige Idee! Sie wollte am Samstag abend losfahren und rechtzeitig am Montag morgen zum Unterricht zurück sein. Diese ›unwichtigen‹ Details hatte sie praktischerweise ausgelassen. ›Clever eingefädelt, Alexa‹, erklärte ich, ›aber du wirst nicht fahren.‹ Sie hatte unsere Grenzen auf die Probe gestellt und dabei verloren.«*

Es folgen einige zusätzliche Tips, die unsere Experten einsetzten, um dafür zu sorgen, daß die Vernunft über rebellisches Verhalten siegte.

- Vermeiden Sie unangemessene oder unnötige Bestrafungsmaßnahmen. Wir hörten von einem zehnjährigen Jungen, der den *ganzen Sommer* über nicht mit den Nachbarkindern spielen durfte, weil er versehentlich bei ihnen mit einem Fußball das Fenster im Eßzimmer eingeschlagen hatte (die Nachbarn selbst hatten wegen der Sache kein Aufhebens gemacht). Derartige unangemessene Strafmaßnahmen können zu Feindseligkeit führen.
- Ergreifen Sie Maßnahmen, die dem »Vergehen« angemessen sind. Sie sollten gerechtfertigt und gut durchführbar sein. Wenn Sie Ihr Kind zu einem Monat Hausarrest verurteilen, wissen Sie genau wie der »Gefangene« selbst, daß sie beide nicht solange durchhalten werden. Frau Berger, erfahrene Managerin in einem Großunternehmen, wußte, wie sie

ihrem damals zweijährigen Sohn die Freude daran vergällen konnte, seine mit Erdnußbutter bestrichenen Schnitten auf dem hellgrauen Teppichboden im Wohnzimmer auszubreiten. Sie weigerte sich, für ihn sauberzumachen, und überließ ihm die Schmutzarbeit.

»*Vorher machte ich seinen Dreck weg, ohne weiter darüber nachzudenken. Ich tat es einfach. Eines Tages änderte ich diese Praxis und ließ* ***ihn*** *saubermachen. Es dämmerte mir wohl eines Tages, daß er zwei Jahre und nicht mehr sechs Monate alt war. Ich hörte auf, hinter ihm herzuräumen, und in der Folge stellte auch er dieses Verhalten ein. Offenbar machte es nicht soviel Spaß, wenn er mich damit nicht auf die Palme bringen konnte.*«

- Achten Sie darauf, daß Ihre Maßnahmen einen Anfang und ein Ende haben. Egal, ob es die »Strafbank« oder »Hausarrest« war (zwei Maßnahmen, die die Eltern regelmäßig ergriffen) – sie gaben immer die *genaue* Dauer der Maßnahme bekannt. Eine Mutter setzte bei ihrer vierzehnjährigen Tochter Unkrautjäten als »therapeutische Verhaltensänderung« ein, wie sie es ausdrückte.
- Achten Sie darauf, daß Sie mit Ihrer Maßnahme eine Lektion erteilen. Das Mädchen, das nichts zu essen bekam, weil es seine Katze nicht gefüttert hatte, ist ein gutes Beispiel dafür.
- Bleiben Sie fest! Verleihen Sie Ihren Maßnahmen Bedeutung, indem Sie die angedrohten Aktionen auch tatsächlich bis zum Ende durchführen. Eine Mutter meinte dazu: »Ihre Kinder sollten zueinander sagen: ›Ich glaube, wir sollten lieber tun, was Mama sagt, sonst macht sie *ernst*!‹«

Diese und die anderen erwähnten Maßnahmen funktionierten, weil unsere Experten nicht sofort bereitwillig vergaben und Privilegien nicht zu schnell wieder einräumten. Das Wichtigste jedoch war, daß sie sich mit ihren Kindern nicht auf Verhandlungen einließen oder mit ihnen stritten. Ein Vater sagte: »*Fragen* Sie kleine Kinder nicht, ob sie jetzt zu

Abend essen wollen, *sagen* Sie ihnen einfach, daß jetzt gegessen wird.« Zwischen diesen beiden Einstellungen besteht ein großer Unterschied.

Verträge

Sie haben also Ihre Strafmaßnahmen vorausgeplant, sie im Kreis der Familie diskutiert und faire und gerechte Grenzen gesetzt, denen von allen zugestimmt wurde. Alles funktioniert relativ glatt, doch dann passiert es: Die Kinder werden erwachsen. Wie unsere Eltern erfahren mußten, erhält das Spiel einen ganz anderen Anstrich, wenn kleine Leute erwachsen werden. Jugendliche machen sich auf die Suche nach der Freiheit und neigen stärker dazu, die Urteilskraft ihrer Eltern in Frage zu stellen. Viele erprobte Maßnahmen sind nicht mehr so unumstößlich, wie sie es früher einmal waren, so daß Sie ein verfeinertes interaktives Werkzeug einsetzen sollten: schriftliche Verträge.

Im Gerichtssaal fragt der Richter zwei streitende Parteien als erstes, ob es einen *schriftlichen* Vertrag oder nur einen mündlichen gibt. Wie alle anderen Menschen auch halten sich Kinder eher an die Bedingungen eines schriftlichen als an die eines mündlichen Vertrags. Wenn diese Bedingungen klar und eindeutig sind, und wenn sie gut sichtbar irgendwo im Haus angebracht werden, haben Teenager wenig Möglichkeiten, sich ihnen zu widersetzen – was sie mit hoher Wahrscheinlichkeit versuchen werden.

Wenn es zu Konflikten kommt, haben Sie einen verbindlichen Vertrag auf Ihrer Seite. Wie ein guter Rechtsanwalt können Sie den »Gerichtssaal« bewaffnet mit einem guten Vertrag nebst Strafmaßen, die mit dokumentensicherer Tinte unterschrieben wurden, betreten!

Im folgenden handelt es sich um einen einfachen, zweckmäßigen Vertrag, den Frau Schöne mit ihrer Tochter aushandelte, weil es dieser schwerfiel, abends pünktlich nach Hause zu kommen.

Vertrag

Ich, Patrizia Schöne, erkläre mich mit den Bedingungen dieses Vertrages einverstanden. Ich erkläre mich bereit, all seine Regeln und Vorschriften einzuhalten und bestätige, daß ich diese mit meiner Mutter diskutiert habe. Wir sind uns einig, daß sie vernünftig und sinnvoll und zu meinem Vorteil sind. Ich verstehe sie voll und ganz und erkläre mich damit einverstanden, daß mir bei Übertretung dieser Regeln und Vorschriften die entsprechenden Strafen auferlegt werden, die ich für fair und gerechtfertigt halte. Ich werde nicht widersprechen oder mich beklagen, wenn ich die folgenden Bedingungen dieser Vereinbarung übertrete.

1. An Freitagen und Samstagen muß ich Punkt 22.00 Uhr zu Hause sein.
2. Ich bin mir darüber im klaren, daß ich diese Vereinbarung gebrochen habe, wenn ich nach 22.05 Uhr nach Hause komme, es sei denn, ich habe zuerst mit meiner Mutter telefoniert und ihr erklärt, warum ich später kommen werde.
3. Ich werde meine Mutter im Normalfall nicht anrufen, um zu fragen, ob ich länger bleiben darf, sondern nur in Notfallsituationen, wenn ich unmöglich zu der vereinbarten Zeit nach Hause kommen kann.
4. Meine Strafe bei Übertretung der Vereinbarung besteht darin, daß ich für die beiden Abende des nächsten Wochenendes Hausarrest erhalte und in den nächsten vier Wochen bereits um 21.00 Uhr nach Hause kommen muß.

Unterschrift Datum

Als Patrizia absichtlich gegen die klar formulierten Bedingungen dieses Vertrages verstieß und erst um 23.00 Uhr nach Hause kam, galt für sie sofort die neue, vereinbarte Zeit von 21.00 Uhr. Als sie trotzdem versuchte, mit ihrer Mutter eine Diskussion anzufangen – obwohl die *von ihr genehmigten* Bedingungen an der Innenseite ihres Schranks hingen – weigerte sich ihre Mutter, weiter mit ihr darüber zu diskutieren. »Schau in deinen Schrank«, erklärte sie lachend. »Wir haben nichts weiter zu besprechen.«

Ein Student, mit dem wir sprachen, hatte als Kind eine Montessori-Schule besucht. Er erklärte, daß sein Lehrer ebenfalls an Verträge glaubte und sie nutzte, um seinen Schülerinnen und Schülern Selbstdisziplin und Eigenverantwortung beizubringen.

»Unser Lehrer ließ uns alle einen Vertrag aufsetzen, der sich auf die zu erledigenden Aufgaben bezog. Meistens geschah dies am Montag für Aufgaben, die am Freitag erledigt sein mußten. Danach kam er nicht mehr auf das Thema zu sprechen. Wir unterzeichneten die Verträge und gaben sie ihm – und alle erledigten ihre Aufgaben rechtzeitig. Es funktionierte wirklich! Ich glaube, niemand von uns wollte ihn enttäuschen, da er darauf vertraute, daß wir uns an die Abmachung halten würden – ohne daß er uns ständig daran erinnern mußte.«

Strafe als sinnvolle erzieherische Maßnahme

Natürlich kann Nachgiebigkeit zu aufsässigen, respektlosen Kindern führen, aber Ohrfeigen, Schläge, Schelte in aller Öffentlichkeit, Anschreien und andere verbale Kränkungen können schmerzende, tiefe Wunden hinterlassen, die Groll, Demütigung, Scham und Zorn erzeugen. Das ist *völlig* unannehmbar. Ein Vater berichtete uns, wie selbst eine beiläufige

Bemerkung Schaden anrichten kann, wenn sie abschätzig und respektlos ist.

»Regina war damals etwa sieben Jahre alt. Eine Bemerkung, die ich im Zorn geäußert hatte, hatte sie sehr mitgenommen. Sie hatte mich mit irgend etwas zur Weißglut gebracht, und es platzte einfach aus mir heraus: ›Weißt du, Regina, manchmal stellst du dich wirklich dumm an! Du hast ein Spatzenhirn!‹ Das war ein großer Fehler. In den darauffolgenden Wochen versuchte sie, die Sache wieder gutzumachen und sich zu beweisen. Sie sagte dann immer: ›Siehst du, ich bin doch klug. Ich habe **viel** *Hirn, Papa.‹«*

Eine Mutter, von Beruf Floristin, erzählte, daß sie genug Geistesgegenwart besaß, einen botanischen Namen zu verwenden, wenn sie die Nerven verlor und ihren Sohn beschimpfte. »Mein Lieblingsausdruck war Podocarpus gracillior!«

Im umgekehrten Fall jedoch, wenn es die Kinder sind, die Schimpfworte einer meistens weniger kreativen Spielart verwenden, sollten Sie sich an die Methode von Frau Neumann halten, um Verhaltensweisen zu ändern.

»Ich weiß, daß Lehrer Kinder Schimpfwörter einhundertmal schreiben lassen, aber das reichte mir nicht. Ich bestrafte Felix damit, daß er sein Lieblingsschimpfwort fünfhundertmal **sagen** *mußte, immer wieder, so daß es ihm zu den Ohren herauskam. Ich stellte mich nicht hin, um ihm zuzuhören, sondern gab ihm den Kassettenrekorder und befahl ihm, die Kassette mit dem Klang seiner eigenen Stimme zu füllen.«*

Weder Frau Neumann noch die anderen Eltern, die wir befragten, griffen auf Demütigungen oder harte Strafen zurück, um das Verhalten ihrer Kinder zu korrigieren. Statt dessen verließen sie sich auf genau festgelegte *Konsequenzen*, die sich direkt auf die Missetaten bezogen. Dabei stellten sie fest, daß besonders zwei Methoden ihr Ziel nie verfehlten: Verweigerung der Zugehörigkeit zur Gemeinschaft und Entzug von Zärtlichkeit oder Zuneigung.

Kinder sehnen sich nach Zuneigung und Zustimmung ihrer Eltern mehr als nach allem anderen, besonders dann, wenn sie klein sind. Wenn sie ungezogen waren, macht nichts größeren Eindruck als die Vorenthaltung dieser Zuwendung, um der eigenen Enttäuschung Ausdruck zu verleihen. Es geht nicht darum, das Kind mit Scham zu erfüllen, vielmehr ist es eine sehr effektive *Lehrmethode*, wenn sie ohne Entrüstung oder Verachtung durchgeführt wird.

»Die Zugehörigkeit zur Gemeinschaft der Familie für einen begrenzten Zeitraum zu verweigern, war eine schwere Strafe für Thomas«, berichtete ein Vater. »Wenn er ungezogen war, mußten wir ihn nur auf sein Zimmer schicken. Das haßte er mehr als alles andere.«

Doch die Verbannung aufs Zimmer funktioniert nicht immer. Eine andere Mutter erzählte uns, daß diese Konsequenz für ihre Kinder nicht hart genug war.

»Wir haben versucht, die Kinder aufs Zimmer zu schicken, aber als sie sich nicht dagegen wehrten, erkannten wir, daß es ihnen nichts ausmachte, verbannt zu werden, weil sie in ihren Zimmern alles mögliche tun konnten: spielen, lesen, Musik hören. Man hätte sie genausogut in ein Ferienparadies schicken können! Wenn sie die übrige Familie also wirklich störten, was meistens beim Abendessen der Fall war, verbannten wir sie für zehn Minuten nach Sibirien: ins Badezimmer nämlich und zwar ohne Walkman. Das fanden sie überhaupt nicht gut.«

Ein Vater war genau wie mehrere andere Eltern der Meinung, daß ein Telefonverbot eine äußerst wirkungsvolle Strafe für Jugendliche ist, da das Telefon in ihrem Leben eine zentrale Rolle spielt – es ist ihre »lebenswichtige« Verbindung zur Außenwelt. Wenn sie abgeschnitten in ihrem selbstgemachten Gefängnis sitzen, beginnen sie nachzudenken, was sie eigentlich in diese Situation gebracht hat.

»Den Stecker des Telefons herauszuziehen, war für unsere Tochter die reinste Folter. Wenn sie es zu bunt trieb, spielte sich

in ihrer Freizeit eine Woche lang nichts ab. Sie durfte weder Anrufe empfangen noch selbst telefonieren. Wenn ihre Freunde anriefen, nahmen wir Nachrichten für sie entgegen, was alles nur noch schlimmer machte, aber damit mußte sie leben. Zu den Anrufern sagten wir: ›Laura nimmt in dieser Woche keine Anrufe entgegen, aber du kannst eine Nachricht hinterlassen.‹ Sie haßte nichts mehr als diese Strafe!«

Ein Vater erklärte, welch große Wirkung die Vorenthaltung von Zuneigung haben kann, wenn in der Familie normalerweise Zuneigungsbezeugungen etwas ganz Alltägliches sind. Eines Tages erhielt er einen Anruf von dem Hausdetektiv eines Kaufhauses am Ort, der seine zwölfjährige Tochter zusammen mit ihren Freundinnen beim Stehlen von Nagellack erwischt hatte.

»Wir holten Martina ab und fuhren mit ihr nach Hause, ohne ein einziges Wort mit ihr zu reden. Wir hatten ihr nichts zu sagen. Sie wußte, was für ein Schlag das für uns war und wie sehr sie uns enttäuscht hatte. Sie einfach zu ignorieren, war für sie schlimmer, als erwischt worden zu sein. Da wir immer offen zueinander waren, über alles redeten und immer ein offenes Ohr für ihre Probleme hatten, nahm unsere Reaktion sie furchtbar mit.«

Wenn ein Jugendlicher in einer Sache völlig irriger Ansicht ist, sollten Vater oder Mutter nicht mit Strafmaßnahmen drohen, sondern erklären, daß dies einen hohen Preis – oder »natürliche Konsequenzen« – hat, die nicht gemildert werden können. Irgendwann kommt einmal der Zeitpunkt, wenn Eltern ihrem Nachwuchs nicht mehr aus mißlichen Situationen heraushelfen können, selbst wenn sie es wollten. Draußen wartet die reale Welt und zwar mit der Erwartung, daß junge Erwachsene den Übergang von *elterlicher* Disziplin zu *Selbst*disziplin geschafft haben.

Um Ihrem Kind dabei zu helfen, diesen Übergang zu verantwortungsbewußtem Handeln zu bewerkstelligen, erklären Sie ihm, welche natürlichen Konsequenzen unkluge Handlungen haben. Herr Kunert berichtete von einem solchen Vorfall, der seinen Sohn Christian betraf. Sein Sohn wollte unbedingt Medizin studieren, doch um einen Studienplatz zu bekommen, mußte er seine Leistungen im letzten Schulhalbjahr noch steigern. Als die Termine für die schriftlichen Arbeiten bekannt waren und Christian wegen der Vorbereitungen unter starkem Druck stand, tat er etwas für ihn völlig Uncharakteristisches.

»Statt zu lernen, ging Christian jeden Abend mit Freunden in die Kneipe, obwohl er am nächsten Tag Unterricht hatte. Nun trinkt wahrscheinlich sogar der lerneifrigste Abiturient an einem Freitagabend mal ein Bier, aber für Chris war es etwas sehr Ungewöhnliches, sich vor der Verantwortung zu drücken und seine letzte Chance auf eine gute berufliche Karriere zu verpassen. Als er an diesem Sonntag abend um 23.30 Uhr nach Hause kam, öffnete ich ihm die Tür. Kann man einen jungen Mann, der zudem noch einen Kopf größer ist als man selbst, übers Knie legen? Statt dessen setzte ich mich mit ihm hin und sagte: ›Was ist los mit dir? Du hast die große Chance, dir eine gute Ausbildung zu sichern, aber du mußt jetzt für gute Noten sorgen, bevor es zu spät ist. Statt dessen gehst du aus und betrinkst dich? Natürlich haben wir in deinem Alter alle mal ein Bier getrunken, aber nicht vor wichtigen Klausuren!‹«

Herr Kunert berichtete, daß sich die anschließende Diskussion auf die vorrangigen Dinge konzentrierte und auf die Tatsache, daß nur Christian selbst die Kastanien aus dem Feuer holen konnte. Sein Vater machte ihm klar, daß es um seine weitere Ausbildung und um seine Zukunft ging. »Du trägst selbst die Verantwortung dafür, daß du den richtigen Weg einschlägst. Ich hoffe, du triffst die richtige Entscheidung.«

Schläge

Obwohl bei einer 1988 in den USA durchgeführten Befragung 86 Prozent der Erwachsenen der Meinung waren, es sei in Ordnung, Kinder auch körperlich zu bestrafen, waren unsere Eltern da anderer Meinung. Sie führten verschiedene Gründe an, die gegen die Prügelstrafe sprachen: »Die Kinder schämen sich.« »Es ist erniedrigend.« »Gewalt erzeugt Gewalt.« »Ich will meinen Kindern nicht *weh tun.*« »Schläge bringen nichts.« Doch im weiteren Verlauf unserer Gespräche fanden wir heraus, daß ein großer Teil der befragten Eltern – etwa 75 Prozent – der Meinung waren, daß ein Klaps unter einer Bedingung nicht nur angemessen, sondern sogar *erforderlich* ist, nämlich dann, wenn Kinder in Gefahr sind.

Fast alle befragten Eltern waren der Auffassung, daß ein Klaps als einziges Mittel funktionierte, wenn nichts anderes eine Verhaltensänderung brachte und ihre Kinder unbedingt etwas lernen mußten, das sie nicht verstanden, wenn es nur in Worte gefaßt wurde. Ein Vater gab der Meinung der meisten von uns befragten Eltern Ausdruck.

»Wir lebten auf dem Land in der Nähe einer sehr unübersichtlichen Landstraße, so daß wir die Kinder nicht immer im Blickfeld hatten. Was würde passieren, wenn unsere dreijährige Tochter auf die Straße rannte? Sie würde überfahren werden. Nachdem ich ihr dies mehrmals erklärt hatte und sie es immer noch nicht begriff, bekam sie einen Klaps auf den Po! Manchmal ist dies das einzige Mittel, das ein dreijähriges Kind versteht.«

Eine Mutter meinte folgendes zum Thema Schläge:

»Ich möchte eine Sache klarstellen. Wir reden hier nicht davon, Kinder zu prügeln. Hier geht es um ganz andere Dinge. Stellen wir uns beispielsweise vor, daß wir dem kleinen Maik hundertmal verboten haben, mit Streichhölzern zu spielen, aber trotzdem will er Annes Haar anzünden und hält das Streichholz in die Nähe ihrer blonden Locken. In diesem Fall ist ein Klaps angebracht und zwar sofort! *Was soll man sonst mit einem solchen Fünfjährigen tun? Sollte man sich mit ihm hinsetzen und ein intellektuelles Gespräch über Pyromanie führen? Würde er – bitte, bitte – damit aufhören, die*

Mädchen in der Nachbarschaft anzuzünden, wenn es ihm nicht zuviel ausmachte? In diesem Fall sollten Sie es lieber mit einem Klaps versuchen und sehen, was passiert! Sie werden erstaunt sein, wie wirkungsvoll ein Klaps ist, wenn diese Maßnahme sparsam und in der richtigen Situation angewandt wird.«

Die meisten Eltern stimmten darin überein, daß ein (nicht schmerzhafter) Klaps, der die Aufmerksamkeit der Kinder erregen soll, bei solchen Gelegenheiten mehr bringt als alles andere. Das Kind versteht, ihm wird vergeben, seine Eltern lieben es immer noch, das Kind liebt seine Eltern weiterhin, und das Leben geht weiter. Eine schnelle, faire und äußerst effektive Maßnahme. Selbst eine Bärenmutter weiß instinktiv, daß ein harmloser Hieb mit der Tatze die Tollheiten eines schelmischen Bärenjungen auf der Stelle unterbinden wird. Bärenmütter sind normalerweise recht tolerant – sie lassen ihr Junges an ihrem Hinterbein knabbern oder dulden es, wenn es auf einem Beutezug trödelnd hinter ihnen herläuft, aber sobald es in Gefahr gerät oder sich zu sehr daneben benimmt, holen sie aus, und das Junge lernt schnell eine neue Lektion in Sachen Überleben.

Reaktion auf Verhalten, das Aufmerksamkeit erregen soll

Die Eltern, die wir kennenlernten, sahen folgende Fähigkeit für ihren erzieherischen Erfolg als besonders wichtig an: Sie überlegten, was ein bestimmtes Verhalten tatsächlich *bedeutete.* Sie *reagierten* nicht einfach auf Probleme, sondern versuchten herauszufinden, welche Ursachen zugrunde lagen. Negatives Verhalten, das Aufmerksamkeit erregen will, war eine Sache, mit der sie recht oft konfrontiert wurden.

Wenn man die *Ursache* von Verhaltensproblemen findet, statt nur die *Symptome* zu behandeln, wird sich das Verhalten ändern.

Kinder sind oft aus Frustration oder aufgrund von Hilflosigkeit frech. Manchmal sind sie mit ihren schulischen Leistungen nicht zufrieden, oder sie sind wütend und unsicher, weil ein Baby in der Familie plötzlich all die Aufmerksamkeit erhält, die bisher ihnen vorbehalten war. Um dies wettzumachen, tun sie Dinge, mit denen sie die Aufmerksamkeit der Eltern erregen wollen, damit diese sich wieder ihnen zuwenden. Dabei können sie auch Dinge sagen, die den Erwachsenen weh tun, wie das folgende Beispiel zeigt.

Frau Kühn erzählte uns, wie ihr Sohn Fabian aus heiterem Himmel etwas sehr Schockierendes sagte, als sein kleiner Bruder acht Monate alt war. »Ich hasse Kai«, erklärte er, als sie im Auto unterwegs waren. Um alles noch schlimmer zu machen, hieb ihr anderer Sohn Felix in dieselbe Kerbe. »Ja, ich wünschte, er würde sterben!« Aus dem Nichts kamen Gefühle, derer sie ihre Kinder niemals für fähig gehalten hätte.

Ihre Reaktion? Zuerst einmal schimpfte sie *nicht*. Sie schrie die beiden Jungen nicht an, tadelte sie nicht, verlangte keine Entschuldigung und reagierte nicht zornig. Statt dessen merkte sie sich die Gefühle ihrer Kinder im stillen und tat erst einmal gar nichts. Sie machte kein großes Aufheben um eine so natürliche Sache wie Rivalität unter Geschwistern. Schließlich hatten ihre beiden älteren Kinder immer ihre gesamte Aufmerksamkeit erhalten, bis der kleine Bruder geboren worden war. Ihre »Monopolstellung« war durch Kais Geburt gebrochen worden. Welches Kind würde sich in einem solchen Fall mit *weniger* Zuwendung zufrieden geben und die Schuld nicht einfach dem Familienzuwachs in die Schuhe schieben?

Doch Frau Kühn wußte, daß die beiden älteren Kinder mehr Beachtung verlangten und stärker in die Fürsorge um den kleinen Bruder einbezogen werden mußten, um ihr altes Sicherheitsgefühl wiederzuerlangen. Sie hatte dem Baby zuviel Aufmerksamkeit geschenkt, doch ohne diesen plötzlichen emotionalen Ausbruch ihrer beiden älteren Söhne, der ihr die Augen öffnete, wäre ihr dies nie bewußt geworden.

Bei einer anderen Gelegenheit reagierte Frau Kühn mit Logik. Wieder hegte Felix schweigend Groll, weil er die gewohnte Beachtung der Mutter verloren hatte; so versuchte er, ihre Aufmerksamkeit durch unannehmbare Mätzchen zu erregen. Während sie Kais Windel wechselte, rief sie Felix zum Mittagessen herein. Ein paar Augenblicke rief sie ihn erneut, aber wieder erhielt sie keine Antwort. Schließlich ging sie leicht irritiert hinaus, um nachzusehen, warum er nicht antwortete. Zu ihrem großen Erstaunen stand er mitten im Garten und riß wütend Seiten aus einem Buch. Sie spürte, wie die Wut in ihr hochstieg, aber als sie auf den erregten Jungen zugehen wollte, hielt sie sich zurück.

»Plötzlich dämmerte es mir. Gerade, als ich kurz davor war, falsch zu reagieren, ging mir ein Licht auf. Ich sah, daß er wirklich erregt war. Er riß die Seiten nicht aus dem Buch, um etwas Böses zu tun oder sich zu amüsieren. Meine erste Reaktion bestand darin, ihm einen Klaps geben zu wollen, doch dann erkannte ich, daß irgend etwas ihn sehr bedrückte. Also nahm ich ihn in den Arm und sagte: ›Felix, du bist wütend. Raus damit! Sag, daß du wütend bist!‹ Doch er konnte es nicht. ›Das kann ich nicht!‹ war das einzige, was er herausbrachte. ›Du mußt!‹ drängte ich. ›Sag, daß du wütend ist. Man darf ruhig auch einmal wütend sein! Ich bin auch wütend!‹ Als er seinem Zorn Luft machte, stellte sich heraus, daß er Kais Geburt immer noch nicht verdaut hatte. Ich erklärte ihm, daß er sich an das neue Familienmitglied würde gewöhnen müssen. Ich sagte, daß Kai viele Jahre bei uns sein würde, aber daß ich ihn, Felix, deshalb nicht weniger liebte – und daß er nur einen begrenzten Vorrat an Büchern hätte! Darüber mußte er lachen, und bald war wieder alles in Ordnung und wir gingen zusammen Hand in Hand ins Haus.«

Wenn man Kinder zu stark beschützt

In einem weiteren Punkt schienen sich alle Eltern einig zu sein: Zu starkes Inschutznehmen bringt weder den Kindern noch den Erwachsenen Vorteile. Eine Mutter faßte die vorherrschende Meinung so zusammen:

»Wenn man all seine Pflichten erfüllt und seinen Erziehungsstil und die entsprechenden Grenzen festgelegt hat, kann man nur noch eins tun: nicht im Weg stehen. Kinder müssen nicht den ganzen Tag von den Eltern unter die Fittiche genommen werden. Lassen Sie Ihnen möglichst viel Freiheit, damit sie ihre Probleme selbst lösen können. Nichts ist unterdrückender für ein Kind als Eltern, die alle zehn Minuten nach ihm rufen, um sicherzugehen, daß es nicht von einem Baum gefallen ist oder es überhaupt gewagt hat, auf einen Baum zu klettern. Denken Sie an Ihre Kindheit zurück. Es liegt doch im Wesen von Kindern, auf Bäumen herumzuklettern! Sie lieben Bäume und brauchen sie, und manchmal fallen sie auch herunter. Projizieren Sie nicht Ihre eigenen Ängste vor Bäumen, Spinnen, Eidechsen, Schmutz, Bakterien und all den anderen Dinge, die die Erlebniswelt der Kinder eben gerade so interessant und spannend machen, auf Ihre Kinder, die ja eines Tages glückliche, gesunde Erwachsene sein sollen.«

»Vermeiden Sie es, in der Kindererziehung in bestimmten Klischees zu denken«, meinte eine Mutter. Sie erzählte uns, wie ihre Familie am Freitagabend immer darauf wartete, daß der zehnjährige Sohn sich eine Schürze umband, um die Familie mit selbstgebackener Pizza zu verwöhnen. In einer anderen Familie spielte die vierzehnjährige Tochter, die größer als ihre Brüder war, besser Streetball – ja, sie steckte fast die ganze Schulmannschaft in die Tasche! Die ganze Familie sah zu, wenn sie spielte und unterstützte sie lautstark.

»Wenn Kinder unterdrückt werden, können sie weder emotional noch geistig wachsen«, erklärte Frau Spitzer. »Manchmal

besteht die wichtigste Aufgabe von Eltern darin, zur rechten Zeit den Weg frei zu machen und den Kindern Raum zum Atmen zu geben – ohne sich unnötig Gedanken darüber zu machen, wie verschmutzt unsere Atemluft ist!«

Kinder sind viel zäher als man meint. Wenn zwei Geschwister sich beispielsweise streiten, ist es manchmal besser, sie diese Probleme alleine lösen zu lassen (vorausgesetzt, sie setzen dabei keine körperliche Gewalt ein). Wenn die Kinder nicht dazu in der Lage sind, können Eltern die bewährte Methode von Frau Günther einsetzen:

»Wenn sich meine beiden Töchter stritten und keine Lösung fanden, nahm ich die eine und stellte sie draußen und die andere drinnen vor die Terrassentür. Dann ließ ich beide die Scheibe putzen, während sie sich ständig dabei ansehen mußten. Schon bald lachten und kicherten sie und vergaßen, warum sie sich überhaupt gestritten hatten.«

Eine andere Mutter erzählte eine Geschichte, die zeigt, wie wirkungsvoll eine Freundin von ihr mit dem Problem zu starker Fürsorge umging.

»Ich verließ einen Sportladen mit ein paar Bekannten. Der achtzehn Monate alte Sohn meiner Freundin konnte schon recht gut laufen und rannte etwa drei Meter vor uns her. Plötzlich stolperte er und fiel auf seine Hände und sein Gesicht. Ich fand es recht bemerkenswert, was seine Mutter tat. Sie wußte offensichtlich ganz genau, worauf es in der Kindererziehung ankommt. Sie rannte ***nicht*** *hysterisch zu ihrem Sohn, um ihn aufzuheben und ihn zu bemitleiden. Statt dessen ging sie ruhig zu ihm, kniete sich hin, beugte ihren Kopf zu ihm herab, lächelte warmherzig und sagte mit beruhigender Stimme: ›Alles in Ordnung, David?‹ Sie half ihm nicht beim Aufstehen, sondern achtete darauf, daß er* selbst *aufstand, schaute, ob er sich verletzt hatte, und ging zurück zu ihrem Mann. Der kleine David lief weiter, ohne auch nur einen Mucks zu sagen. Es war eine wunderbare Szene.«*

Zum Schluß möchten wir Ihnen noch einmal ins Gedächtnis rufen, daß der Zweck von Bestrafung darin besteht, Kinder dazu zu bringen, darüber nachzudenken, was *sie* verbockt haben, und nicht über das, was ihre Eltern falsch gemacht haben! Wenn Sie mit den Nerven am Ende sind und jeden Augenblick wie ein Vulkan explodieren könnten, werden die Maßnahmen, die sie ergreifen, eher dazu dienen, den eigenen Streß abzubauen. Befolgen Sie die Beispiele unserer Experten, die, wie wir gesehen haben, ihre Kinder ohne Zorn auf eine ruhige und einfühlsame Weise bestraften. So senden Sie Ihrem Kind folgende Botschaft: »Nicht *du* bist schlecht, sondern das, was du *getan* hast.«

Um sicherzugehen, daß Sie den richtigen Weg gehen, stellen Sie sich folgende Fragen: Verhalten Sie sich gegenüber Kindern, die am Entscheidungsprozeß teilnehmen wollen, offen und tolerant genug? Sind Sie sich sicher, daß Sie nicht *zu* tolerant sind? Haben sie klar definierte Regeln festgelegt und sie bei den Familienzusammenkünften erklärt, so daß jeder weiß, woran er ist? Haben Sie die Zusage Ihrer Kinder, daß Ihre Grenzen respektiert werden? Sind Sie gewillt, bei Regelverletzungen auf der Stelle mit den entsprechenden unausweichlichen Konsequenzen zu reagieren?

Wenn Sie diese Fragen vorwiegend mit ja beantworten können, werden Ihre Kinder langfristig verstehen, daß Sie bestimmte Bestrafungsmaßnahmen ergreifen, weil Sie sie lieben. Sie werden intuitiv begreifen, daß Sie sich diese Mühe nur geben, weil sie im Grunde wunderbare Kinder sind, so daß es sich lohnt, ihrer Erziehung viele Jahre zu opfern. Ihre Kinder wissen, daß Sie an ihre Stärken und Fähigkeiten glauben und diese fördern möchten. Wenn Sie sie mit Respekt und auf überlegte, liebevolle Weise korrigieren, werden sie sich zu selbständigen Menschen mit großer Selbstachtung entwickeln, wie wir im nächsten Kapitel sehen werden.

4.

Der Weg zu einem gesunden Selbstbewußtsein

Kindern, die unter mangelndem Selbstbewußtsein leiden, fehlt der Wille, das Leben mit beiden Händen zu greifen, Freundschaften zu schließen oder neue Dinge auszuprobieren, weil ihre Eltern sie davon überzeugt haben, daß sie dabei versagen werden. Was tun sie also? Sie ziehen sich in sich zurück, und sie hassen. Die große Gefahr besteht darin, daß sie in der Tat die geringen Erwartungen der Eltern erfüllen und bei all ihren Versuchen, etwas zu erreichen, versagen werden, wenn ihr Selbstbewußtsein nicht gestärkt wird.

Weil mangelnde Selbstachtung unter den Jugendlichen heute so stark vorherrscht, wollen wir uns als erstes damit befassen und dann untersuchen, wie unsere Eltern ihren Kindern ein Gefühl von hoher Selbstachtung gaben, indem sie ihnen immer wieder versicherten, daß sie in der Lage seien, sich neuen Herausforderungen zu stellen. Sie werden feststellen, daß sich steigendes Selbstbewußtsein in Mut und schließlich in Beharrlichkeit verwandelte, weil unsere Eltern sich aus Vernunftgründen weigerten, ihre Kinder zu verwöhnen oder sich mit halbherzigen Anstrengungen zufrieden zu geben. Am Ende des Kapitels werden Sie den vielleicht besten »Baustein« für Selbstachtung kennenlernen: Lob, das jedoch nur dann ausgesprochen wird, wenn es gerechtfertigt ist. Ein Vater erklärte, daß der wahre Lohn für eine Leistung das Erreichte selbst sei. Er sagte: »Man kann sich einen Orden an die Brust heften, aber die echte Belohnung steckt viel tiefer – im Herzen nämlich.«

Was bedeutet Selbstachtung?

Selbstachtung ist das geistige Bild, das Menschen sich von sich selbst machen. Dieses Selbstwertgefühl entsteht, wenn man sich fähig und kompetent fühlt. Es ist das Gefühl, »in Ordnung« zu sein und den Ansprüchen zu genügen; es wurzelt in den Tiefen unserer Psyche. In der Tat ist Selbstachtung die beste Grundlage, um ohne größere psychische Probleme durchs Leben zu kommen. Die Stärken oder Schwächen der eigenen Selbstachtung werden offensichtlich, wenn man versagt oder wenn Frustrationen und Druck zunehmen. Wie reagiert ein Mensch auf Ablehnung? Wie verhält er sich bei Mißgeschick und Unsicherheit? Bei vielen Kindern lautet die Antwort: nicht besonders gut. Sie laufen weg und werden Opfer von Drogen, Prostitution oder schweren Verbrechen – wenn sie sich nicht schon zuvor selbst umbringen.

»Mangelnde Selbstachtung liegt den meisten persönlichen und sozialen Krankheiten zugrunde, die unseren Staat und unsere Nation heute am Ende des 20. Jahrhunderts plagen.« Zu diesem Schluß kam in den USA die kalifornische Projektgruppe zur Förderung von Selbstachtung und persönlicher und sozialer Verantwortung. In diesem Bericht heißt es weiter: »Selbstachtung verleiht uns die Kraft, ein verantwortungsvolles Leben zu führen und schützt uns vor den Verlockungen von Verbrechen, Gewalt, Drogenmißbrauch, Schwangerschaften im Teenageralter, Kindesmißbrauch, chronischer Abhängigkeit von staatlichen Sozialleistungen und Versagen in der Schule.« In bezug auf diese Übel erklärte James Weiss, ein Erzieher aus New Hampshire: »Wenn Kinder sich selbst gegenüber ein gutes Gefühl haben, werden diese Verlockungen nicht so groß sein.«

Geringe Selbstachtung

Wenn es Eltern an der Fähigkeit oder dem Verlangen mangelt, das Selbstbewußtsein ihrer Kinder aufzubauen, sind diese Kinder vom Augenblick ihrer Geburt an stark gefährdet. Es ist nicht unwahrscheinlich, daß in ihrer Welt Einsamkeit, Traurigkeit und Zorn vorherrschen. Angst und der nagende Schmerz, den das Gefühl von Wertlosigkeit auslöst, äußern sich schließlich in bitterem Negativismus, Frustrationen, Feindseligkeit, der Mißachtung von Eigentum und zuletzt auch als Zorn auf Eltern, Lebenspartner oder andere unschuldige Menschen. So könnte die Gefühlswelt von jungen Erwachsenen aussehen, die als Kinder immer wieder diese Fragen gestellt haben und darauf keine Antwort erhielten: »Warum liebt mich niemand?« »Warum kann ich es niemandem recht machen?« »Womit habe ich das verdient?« Sie können im Grunde nur zu der Schlußfolgerung kommen, daß sie »schlecht« sind.

Kinder, Eltern, ja, alle Menschen brauchen Bestätigung.

Auch sehr selbstbewußte Menschen haben Schwierigkeiten, ihre Selbstachtung zu bewahren, wenn sie nicht immer wieder Bestätigung erfahren. Das Bedürfnis, geliebt und gelobt zu werden, ist bereits in der Kindheit vorhanden und wird fast ausschließlich durch anerkennende Worte der Eltern erfüllt. Wie können Kinder wissen, daß sie etwas »richtig« gemacht haben, wenn sie es nicht von ihren Eltern hören? Wie wissen sie, wo sie stehen? Wenn sie keine *Anerkennung* finden, können sie sich ihrer selbst nicht sicher sein. Und wenn sie in diesem verletzlichen Zustand bleiben, sind sie empfänglich für Ängste, die nach und nach immer stärker werden und sie emotional und intellektuell lähmen.

Ohne Unterstützung und Förderung durch die Eltern kann sich Selbstachtung nicht richtig entwickeln.

Kinder, die meinen, bereits verloren zu haben, bevor sie eine Sache überhaupt begonnen haben, werden sie erst gar nicht in

Angriff nehmen. Verständlicherweise versuchen sie, verschiedenen Aufgaben aus dem Weg zu gehen, weil sie die mit Versagen einhergehende Erniedrigung fürchten. Eine Sache aufzugeben (oder sie noch nicht einmal zu beginnen) ist weniger schmerzhaft als das schreckliche Gefühl der Wertlosigkeit, weil man wieder einmal versagt hat. Eine Mutter erinnerte sich an die Verlegenheit eines Klassenkameraden aus der vierten Klasse.

»Den armen Detlef werde ich nie vergessen. Er war furchtbar schüchtern und hatte vor allem Angst. Außerdem konnte er nicht besonders gut lesen. Ich glaube, das Lesen an sich bereitete ihm nicht einmal Schwierigkeiten, denn er schien eigentlich nicht dumm, aber er mochte einfach nicht vor der ganzen Klasse laut vorlesen. Wenn unsere Lehrerin durch die Klasse ging und die Jungen und Mädchen nacheinander laut vorlesen ließ, beobachtete ich Detlef. Er wurde zunehmend nervöser und zitterte vor Angst. Die meisten Kinder sind anfänglich etwas schüchtern, aber er überwand dieses Stadium nie. Er schien überzeugt davon, daß er es nicht schaffen würde. Unsere Lehrerin sah, wie sehr ihm das Vorlesen zu schaffen machte und ging schließlich dazu über, nur noch einzelne Kinder aufzurufen. Detlef überging sie dabei immer, um ihm die Qual zu ersparen.«

Nicht alle Lehrer sind so aufmerksam und viele kritisieren, statt aufzubauen. Eine wissenschaftliche Studie in den USA zeigte, daß Lehrer gegenüber ihren Schülern deutlich mehr negative als positive Kritik übten. Sie konzentrierten sich stärker auf das, was Kinder falsch machten und nicht auf ihre guten Leistungen. Damit taten sie genau das Gegenteil von dem, was zum Aufbau von Selbstachtung nötig ist, denn dabei sollte man nie herabsetzen, sondern immer die positiven Dinge unterstreichen.

Kinder mit geringer Selbstachtung fühlen sich ständig herabgesetzt. Folgende Merkmale sind typisch für sie.

1. Sie sind schüchtern und haben Angst, neue Dinge auszuprobieren, wie sie sich auch vor fremden Menschen fürchten.

2. Selbst beim Treffen einfacher Entscheidungen sind sie abhängig von ihren Eltern.
3. Sie fühlen sich durch Kritik erniedrigt.
4. Aufgrund ihrer Versagensangst sind sie unfähig, eine Sache in Angriff zu nehmen.
5. Aufgrund leichter Fehlschläge sind sie am Boden zerstört.
6. Sie sorgen sich zu sehr darum, gute Leistungen zu zeigen.
7. Sie brauchen ständig Zustimmung.
8. Sie sorgen sich wegen ihres Images. Sie fragen sich: »Was denken die anderen von *mir*?«, statt sich die vernünftigere Frage zu stellen, was sie eigentlich von den *anderen* halten.
   Solche selbstblockierenden Charakterzüge sind eine schwere Last, mit der sich diese Kinder bis in die Pubertät schleppen, nur um dort auf neue, noch komplexere Probleme zu stoßen. In diesem Lebensalter können selbst kleine Rückschläge wie ein einziges Versagen wirken, und selbst stabile Jugendliche haben es schwer, mit all den Veränderungen, die sich nicht zuletzt auch in ihrem Körper abspielen, fertigzuwerden.

In der Pubertät stehen die Mädchen und Jungen unter ungeheurem Druck. Der Konkurrenzkampf wird härter. Im gleichen Zuge wie die Beziehungen zu den Gleichaltrigen wichtiger als alles andere werden, ist es ungeheuer wichtig, »beliebt zu sein«. Rechnet man zu diesem neuen sozialen Druck die immer höheren schulischen Erwartungen und fügt dem ein wenig elterliche Gleichgültigkeit sowie jede Menge Kritik hinzu, wird die Selbstachtung in ihren Grundfesten erschüttert.

Es ist schlimm genug, Kinder nicht zu ermutigen, aber Eltern können tatsächlich richtigen Schaden anrichten, wenn sie aktiv dazu beitragen, die Selbstachtung ihrer Kinder zu unterhöhlen. Dazu kann es kommen, wenn Eltern ihre Kinder

1. als Bestrafungsmaßnahme schlagen oder sie sogar körperlich quälen,
2. kritisch über sie urteilen und sie abwerten,
3. Vergleiche zu anderen Kindern anstellen, bei denen der Sohn oder die Tochter immer schlechter abschneidet,

4. zu wenig vertrauen,
5. die Kinder nicht genug respektieren,
6. mangelnde Rücksicht zeigen,
7. ihnen Schuldgefühle vermitteln.

Wenn man Kinder, die sich ihres Selbstwertes nicht sicher sind, noch zusätzlich einschüchtert, könnte man genausogut Öl ins Feuer gießen. In seinem Bestseller *Der wunderbare Weg* bezieht sich Dr. M. Scott Peck auf diese willkürliche, irrationale Erziehungsmethode, wenn er von »undisziplinierter Erziehung« spricht und berichtet, daß manche Kinder »in ihrer Kindheit häufig und schwer bestraft werden – sie werden von ihren Eltern selbst für geringe Verstöße geschlagen, mit Fäusten malträtiert, getreten und mit Stöcken und Peitschen mißhandelt«.

Der Psychologe Stanley Coopersmith führte 1967 eine wichtige Untersuchung durch, in der er feststellte, daß Mütter, die Söhne mit hohem Selbstwertgefühl großzogen, »verbale Argumente und Diskussionen« einsetzten und nicht »willkürliche, strafende Disziplinierungsmaßnahmen«, wie sie bei Jungen mit geringer Selbstachtung an der Tagesordnung standen. Es besteht ein großer Unterschied zwischen der Frage: »Markus, meinst du wirklich, daß es eine gute Idee ist, bei diesem Wetter mit dem Auto zu fahren?« und der Bemerkung: »Wenn du noch einmal nach dem Autoschlüssel fragst, wirst du dich nie wieder hinters Steuer setzen!« Die erste Aussage ist logisch und fordert zu ruhiger Argumentation heraus, während die zweite jede Diskussion von vornherein unterbindet und erniedrigend ist.

Was geht in den Köpfen und Herzen der Kinder vor, die harte Strafen ohne Erklärung hinnehmen müssen? Zuerst einmal herrscht *Verwirrung*, speziell bei kleinen Kindern: »Was habe ich falsch gemacht?« Als nächstes kommt *Scham*: »Ich muß sehr böse sein, um so behandelt zu werden.« Und drittens *schreckliche Angst*. »Man wird mich umbringen.« Wie kann sich in einer solchen Umgebung, in der es für die Kinder erst einmal darum geht, am Leben zu bleiben, Selbstachtung entwickeln? Für kleinere Kinder sind die Schrecken noch größer, weil sie sich letztlich nicht wehren und dem elterlichen Zorn nicht entgehen können. Jugendliche sind zumindest in der Lage, das Haus zu verlassen und Trost bei Freunden zu suchen. Doch das ist auch keine besonders gute Lösung, wie wir in einem späteren Kapitel sehen werden, da diese Freunde häufig ganz ähnliche Probleme und selbst keine Lösung haben.

Vergleiche mit Geschwistern oder anderen Kindern sind zwar nicht so schlimm wie körperliche Mißhandlung und sie hinterlassen auch nicht dasselbe Trauma wie boshafte Kritik, aber sie sind ein weiterer häufiger und gravierender Fehler, den Eltern begehen. »Dein Bruder kann das doch, warum schaffst du es nicht?« »Deine Schwester schreibt lauter Einsen in Mathe, und du bekommst nur eine Drei?« »Vielleicht sähest du hübscher aus, wenn du dein Haar wie deine Freundin tragen würdest.« Obwohl manche Eltern solche Bemerkungen für ermutigend halten, sind sie nichts weiter als ein verborgenes Abwerten. Welches Kind möchte sich schon beim Aufbau eines eigenen Images sagen lassen, daß es am besten jemand anders kopieren sollte? Was passiert, wenn es dabei versagt?

Wenn man den Spieß umdreht und einem Kind sagt, daß es in einem bestimmten Bereich die beste Leistung zeigt, mag dies auf den ersten Blick besser scheinen, aber das trifft nicht zu. Es ist lediglich eine andere Form des Vergleichs und genau wie die negative Variante nicht dazu geeignet, Selbstachtung zu steigern. Immerhin wird durch eine solche Bewertung ein ungeheurer Druck ausgeübt. Was würden die Eltern sagen, wenn es morgen nicht mehr Bester oder Beste ist? Wären sie nicht fürchterlich enttäuscht, und wäre es nicht verständlich, wenn sie ihr Kind dann weniger liebhaben würden?

Kinder empfinden sich aber auch als mangelhaft, wenn ihre Eltern kein Interesse an den Dingen zeigen, die ihnen alles bedeuten, wie die folgende Geschichte beweist.

»Bei der Erziehung meiner Kinder wollte ich nicht die Fehler meiner Mutter wiederholen. Ich werde es nie vergessen – und noch heute tut mir die Erinnerung daran weh –, daß meine

Mutter nie kam, um sich das Pferd, das ich auf einem Reiterhof pflegte, anzusehen. Ich liebte dieses Pferd so sehr, und ich wollte, daß meine Mutter es ebenfalls liebte. Ich war so stolz darauf, für es zu sorgen, es zu füttern und zu striegeln. Doch meine Mutter zeigte überhaupt kein Interesse. Sie kam kein einziges Mal. Ich werde nie vergessen, wie schrecklich das war.«

Ein Vater erzählte uns, daß er die Interessen seines Sohnes ignoriert hatte, aber auf ganz andere Art.

»Bernd bat mich, ihm beim Bau einer Seifenkiste, wie alle anderen Kinder sie hatten, zu helfen, und wir fingen an. Das Problem bestand darin, daß ich die Leitung des Unternehmens übernahm, weil es mir Spaß machte, und Bernd darüber völlig vergaß. Schließlich war es seine Idee, er *wollte den Wagen bauen. Er hatte mich nur um Hilfe gebeten, und statt dessen riß ich die ganze Sache an mich und ignorierte ihn dabei. Nach etwa einer Stunde, in der ich ihn nicht mitbauen oder in irgendeiner Weise helfen ließ, gab er die Hoffnung auf und schlich sich davon. Mir fiel das nicht einmal auf. Ich dachte einfach, er hätte das Interesse verloren. Erst drei Monate später, als ich morgens noch im Bett lag, dämmerte es mir: Ich hatte den Jungen überhaupt nicht ernstgenommen!«*

An diesem Beispiel wird deutlich, daß das Wesen einer guten Erziehung nicht darin besteht, alles perfekt zu machen, sondern die Aufgaben als Vater oder Mutter allmählich immer besser zu meistern.

Selbstachtung aufbauen

Obwohl die meisten Menschen nicht viel Selbstachtung besitzen und diese Eigenschaft auch nicht bei ihren Kindern fördern, zeigen die Ergebnisse einer Meinungsumfrage im Januar 1992 in den USA, daß sie diese Eigenschaft zumindest als

Grundlage für den Erfolg im Leben betrachten. Auf die Frage »Wie wichtig sind die folgenden Dinge, um einen Menschen zu Leistung und Erfolg zu motivieren?« gaben die Befragten folgende Antworten: für »sehr wichtig« hielten

35 % das Ansehen in den Augen anderer,
44 % die Angst zu versagen,
49 % Verantwortung der Gemeinschaft gegenüber,
77 % Familienpflicht oder -ehre,
89 % *Selbstachtung*, also das, was die Menschen von sich selbst halten.

Diese letzte Zahl ist interessant, wenn man sie den 29 Prozent der Mädchen und 46 Prozent der Jungen gegenüberstellt, die sich laut einer 1991 ebenfalls in den USA durchgeführten Studie selbst nicht mögen.

Die von uns befragten Eltern wendeten besondere Maßnahmen an, um die Eigenliebe und das Selbstbewußtsein ihrer Söhne und Töchter zu fördern. Diese Kinder berichteten uns, daß sie immer das Gefühl hatten, daß ihre Eltern sie liebten und anerkannten, auch wenn dies nicht offen ausgesprochen wurde. Ein solches Verhalten führt zu einem der wichtigsten Grundsätze der Selbstachtung:

> Damit Kinder sich selbst gegenüber ein gutes Gefühl haben können, müssen zuerst die Eltern ihnen gegenüber dieses Gefühl haben.

Doch ein »gutes Gefühl gegenüber Kindern« führt nicht automatisch dazu, daß diese sich ebenfalls mögen. An diesem Punkt ist ein gewisses Geschick gefragt. Wenn Sie dem Rat unserer Experten folgen, werden Sie Ihren Kindern helfen können, sich kompetent zu fühlen, der eigenen Urteilskraft zu vertrauen, fest zu den eigenen Entscheidungen zu stehen, sich den Herausforderungen des Lebens zu stellen – und ihnen mutig entgegenzutreten, auch wenn das Ergebnis ungewiß ist. Wenn man Kindern ein inneres Selbstwertgefühl gibt, werden sie die unausweichlichen Niederlagen im Leben als Lernerfahrungen und nicht als Bestätigung ihrer Unzulänglichkeit betrachten. Folgende Schritte sind zu empfehlen:

- Beweisen Sie Ihrem Kind, daß es *liebenswert* ist und *Liebe verdient,* indem Sie es *offen* und *bedingungslos* lieben – und zwar bei Erfolgen *und* Mißerfolgen.
- Erinnern Sie Ihr Kind daran, daß seine Bemühungen unabhängig vom Ergebnis immer wichtig sind – für Sie, seine Lehrerinnen, seine Freunde und (was am wichtigsten ist) für Ihr Kind selbst. Nicht das *Ergebnis,* sondern die Anstrengung vermittelt allen ein Gefühl von Stolz. Wenn das Kind eine Zeichnung aus der Schule mit nach Hause bringt, sie achtlos weglegt und meint, sie sei nicht besonders gut, heben Sie das Bild auf und zeigen Ihrem Kind, wie gut es in Wirklichkeit ist. Vielleicht wurde die Perspektive nicht richtig getroffen und der Bauer ist größer als sein Pferd, aber Sie sollten darauf hinweisen, daß es mit einem leeren Blatt begonnen, sich ein Thema ausgedacht und etwas Neues und Einzigartiges geschaffen hat, das eine Geschichte erzählt. Die perfekte Ausführung ist nicht so wichtig.
- Ermutigen Sie Ihr Kind, in allen Bereichen des Lebens teilzunehmen – Schule, Kirchenarbeit, Sport, Clubs, Hobbys, Arbeit und Freundschaften. Auf diese Weise werden Kinder selbstbewußter und lernen, sich in einer Gruppe zu behaupten.
- Fördern Sie *Selbstsicherheit,* die zu *Selbstverwirklichung* führt, indem sie Ihr Kind nicht jedesmal mit Geschenken verwöhnen, wenn es danach fragt. Vielmehr sollte es *Einfallsreichtum* entwickeln, um viel mit einem Minimum an Mitteln zu erreichen. Mit ein paar Holzresten und Entschlossenheit können Kinder ein Baumhaus, eine Hundehütte oder eine Brücke über den Bach bauen, Dinge, die sie viel mehr schätzen werden als einen gekauften Artikel. Ein junger Mann erzählte uns:

»Als ich etwa acht Jahre alt war, wollte ich einen Ententeich anlegen, um damit Enten anzulocken. Aber statt eine Planierraupe und einen Zementwagen zu bestellen, wie ich es mir vorgestellt hatte, schlug mein Vater vor, daß wir in einem kleineren Maßstab mit einem Miniteich beginnen sollten, den wir mit altem Maschendraht und Zement auskleiden würden. Genau das taten wir und waren mit dem Ergebnis sehr zufrieden. Ich war sehr von meiner Leistung beeindruckt. Als wir fertig waren, war mir ein großer Teich gar nicht mehr wichtig. Ich war so stolz auf mich, daß ich gar nicht mehr an die Enten dachte.«

Eine Schülerin beschrieb, wie sie zusammen mit ihrer Mutter und Schwester Karnevalsmasken aus Papiermaché gebastelt hatte.

»Sie haben nach Selbstachtung gefragt. Ich glaube, meine Mutter zeigte uns, daß wir viel mehr konnten, als ins Geschäft zu gehen und alles fertig zu kaufen. Obwohl alle anderen Kinder ihre Karnevalsmasken im Spielzeugladen kauften, wußte meine Mutter, daß es uns viel mehr bringen würde, die Masken selbst herzustellen, und sie hatte recht. Was für einen Spaß wir hatten! Wir brauchten Stunden, um aus Zeitungsschnipseln, mit dem Haarfön bewaffnet Masken zu basteln, aber sie sahen toll aus, und als die anderen sie sahen, wünschten sie, sie hätten die ihren auch selbst gemacht.«

Der folgende Satz beschreibt eine Grundregel in der Kindererziehung. Jede Mutter und jeder Vater sollte diese Regel beherzigen, denn das Resultat ist verblüffend:

> Hundertmal häufiger »nein« statt »ja« zu sagen, führt zu glücklicheren, selbständigeren Kindern.

Wenn Kinder ein »Nein« hinnehmen müssen, sind sie deshalb nicht frustriert. Obwohl Kinder glücklicher *scheinen*, wenn sie ein »Ja« hören, ist es das »Nein«, das ihnen mehr Orientierung gibt. Wichtiger als Nachgiebigkeit ist für Kinder die Bestätigung, daß sie es schaffen werden.

Bestätigung

Viele Kinder fürchten heute, daß sie mit der großen Welt draußen nur schwer zurechtkommen und auf keinen Fall Spaß dabei haben werden. Eltern können ihren Töchtern und Söhnen am besten helfen, indem sie Selbstsicherheit zeigen und die Dinge anpacken. Kinder müssen sehen, daß *Sie* es in der großen Welt schaffen, Herausforderungen annehmen und Druck widerstehen. Wenn man beispielsweise für seine Rechte eintritt, wie Frau Weiß es tat, ist dies eine wertvolle Lektion. Ihre Tochter erklärte die Wirkung eines solchen Vorfalls.

»Meine Mutter und ich machten einen Einkaufsbummel. Als meine Mutter für einen Artikel mit einem Scheck bezahlen wollte, erklärte die Kassiererin, sie müsse dazu ihren Personalausweis sehen. Ich erinnere mich sehr gut daran, wie meine Mutter die Situation in die Hand nahm. Sie sagte: ›Hören Sie, ich muß Ihnen nicht meinen Personalausweis zeigen, um diesen Artikel zu kaufen. Ein Scheck und meine Bankkarte reichen aus. Und genau mit einem solchen Scheck werde ich diesen Pullover bezahlen.‹ Sie ließ sich nicht einschüchtern und gab nicht nach, sondern behauptete ihren Standpunkt. Ich glaube, ich lernte von ihr, daß sie selbstsicher war und sich nicht herumstoßen ließ. Diesen Vorfall habe ich nie vergessen.«

Wenn Ihr Kind sieht, daß Sie selbstbewußt handeln, lernt es etwas Wichtiges über Selbstachtung: »Glaube an dich, und du wirst Erfolg haben.« Wenn Sie andererseits bei jedem Problem stöhnen oder wegen anstehender geschäftlicher Besprechungen so angespannt sind, daß sich alle Familienmitglieder nur auf Zehenspitzen bewegen dürfen und flüstern müssen, senden Sie ganz deutlich die Botschaft aus, daß Sie es nicht schaffen!

Unsere Eltern zeigten ihren Kindern, daß Probleme nicht unüberwindbar sind, wenn man eine wichtige Fähigkeit besitzt: Willenskraft, also den Willen, sich Situationen zu stellen und seine Sache möglichst gut zu machen. Zwei Väter aus unterschiedlichen Familien hatten dieses Motto für ihre Kinder an die Wand des Kinderzimmers geheftet: »Ich werde einen Weg finden.« Genau wie die übrigen Väter und Mütter, die wir kennenlernten, erklärten diese Eltern ihren Kindern regelmäßig, daß auch sie in ihrer Jugend Schwächen hatten, aber daß sie nach Möglichkeiten suchten, diese zu überwinden. Die folgenden zwei Beispiele unterstreichen dies und machten den betroffenen Kindern klar, daß niemand vollkommen ist.

»Anderen Eltern würde ich folgendes raten: Erzählen Sie, wie schwer es Ihnen fiel, Freundschaften zu schließen, oder geben Sie zu, daß Sie auch kein brillanter Sportler gewesen sind. Auf diese Weise haben wir eine Menge Leistungsdruck von den Schultern unserer Kinder genommen. Ich erzählte ihnen, daß ich alles andere als perfekt in der Schule gewesen war. Ich spielte Basketball nicht gut genug, um in die Schulmannschaft aufgenommen zu werden. Die meiste Zeit über spielte ich nur in der zweiten Liga und dann noch als Ersatzmann. Trotzdem übte ich weiter und spielte im Team mit, und es machte mir sogar Spaß. Eines Tages kam der Trainer der ersten Mannschaft zu mir und sagte: ›Gestern habe ich gesehen, wie du diesen tollen Korb geworfen hast. Ich glaube, wir können dich in unserer Mannschaft gebrauchen.‹ Ich wurde tatsächlich in das Team aufgenommen! Es war ein Schritt nach vorn, selbst wenn ich die meiste Zeit nur auf der Bank saß. Na und? Ich hatte trotzdem viel Spaß.«

Zerstreuen Sie die falsche Vorstellung Ihres Kindes, daß es immer erstklassige Leistungen zeigen muß. Erklären Sie einstimmig, daß eine solche Perfektion nicht erwartet wird, daß sie außerdem nicht wünschenswert und zudem auch nicht möglich ist.

»Ich erklärte meiner Tochter, die Probleme in Mathe hatte, daß ich in dem Fach selbst nicht besonders gut gewesen war. Selbst mit Nachhilfeunterricht schaffte ich in Mathematik gerade mal eine Vier. Trotzdem macht man weiter und versucht, sein Bestes zu geben. Das klingt ziemlich einfach, aber ich mußte es meiner Tochter immer wieder sagen.«

Wenn Sie von den eigenen Problemen in Ihrer Jugend erzählen, zeigen Sie 1., daß Sie sich trotzdem nicht unterkriegen ließen und 2. daß Sie Ihre Meinung sich selbst gegenüber nicht änderten, weil Sie nicht in allem Bestleistungen zeigten. Bestätigen Sie Ihrem Kind, daß seine Talente und Fähigkeiten völlig ausreichen, auch wenn es manchmal nicht den Anschein hat, und daß es über große Begabungen verfügt – wenn auch nicht auf allen Gebieten.

Förderung der Selbständigkeit

Unabhängigkeit ist ein Zeichen gesunder Selbstachtung. Um diese Unabhängigkeit zu erreichen, müssen Kinder zuerst ein Gefühl für Selbständigkeit entwickeln. Eine Mutter erklärte uns, wie sie ihren Kindern half, dieses Ziel mit Hilfe einer alten Tradition zu erreichen, die sie von ihrer aus Mexiko stammenden Mutter übernommen hatte.

»Wenn Babys noch sehr klein sind, werden sie in Mexiko wie bei den Indianern straff in ein Bündel gewickelt. Das gibt ihnen ein Gefühl von Sicherheit, das Gefühl, geliebt und versorgt zu sein. Dann werden die Babys auf dem Bett hin und her gerollt, etwa zwanzig- bis dreißigmal, von einer Seite zur anderen. Hin und her. Sie empfinden keine Angst dabei. Sie lernen zu vertrauen, und sie lernen, Risiken einzugehen. Man muß ihnen von Anfang an beibringen, Risiken einzugehen.«

Während ihre Kinder heranwuchsen, pflanzten unsere Eltern ihnen weiterhin Selbstvertrauen ein, indem sie langsam aber sicher den schützenden Schleier der Vertrautheit lockerten. Neue Dinge auszuprobieren – neue Speisen, neue Unternehmungen, neue Menschen – ist von größter Bedeutung. Eine Mutter erklärte ihre Einstellung gegenüber pingligen Essern.

»In unserem Haus gab es kein ›Das mag ich nicht‹. Meine Mutter sagte früher immer: ›Wie willst du wissen, daß du etwas nicht magst, wenn du es nicht probiert hast?‹ Ich versuchte es auf andere Weise, denn mit der Methode meiner Mutter bringt man Kinder nicht dazu, neue Dinge auszuprobieren. Ich versuchte es andersherum und stellte es als Privileg, nicht als Pflicht dar, ein neues Gericht zu probieren. Ich sagte beispielsweise: ›Vielleicht ist nicht genug für alle da‹, oder: ›Ihr müßt erst euren Teller leer essen, bevor ihr Spinat bekommt.‹ Ob Sie es glauben oder nicht – Spinat und Graupen zählten bei meinen Kindern zu den Lieblingsgerichten! Vor einer Sache jedoch sollten Sie sich hüten – ich habe viele Mütter bei diesem Fehler beobachtet. Sagen Sie nicht: ›Bitte, bitte, probier *es doch zumindest!‹ oder: ›Ein Löffel für Mama, einer für Papa.‹ Ich möchte allen jungen Eltern eins mit auf den Weg geben: Diese Methode funktioniert nie.«*

Wenn Ihr Kind in die Pubertät kommt, wird Selbständigkeit immer wichtiger, und der Drahtseilakt beginnt. Es möchte wahrscheinlich von sich aus den sicheren Schutzraum, in dem es einmal gelebt hat, verlassen, dennoch muß es das Gefühl haben, von Ihnen dabei unterstützt zu werden. Vielleicht stellt Ihr Kind Sie auf die Probe, indem es über körperliche Mängel klagt, um zu sehen, wie Sie reagieren. Dies ist dann der geeignete Zeitpunkt, um ihm etwas über Selbständigkeit beizubringen.

»Ich sah, daß Sabine kurz davor stand, einen großen Schritt zu tun. Sie besuchte die siebte Klasse, schminkte sich ein wenig und erzählte von Verabredungen. Aber sie war sich ihrer selbst nicht sicher, da sie ihre Freundinnen alle für hübscher hielt. Ich

sagte zu ihr: ›Du wirst niemals Miss World sein, aber ich glaube nicht, daß du überhaupt Interesse hast, mit so etwas deine Zeit zu verschwenden. Tu lieber etwas Wichtigeres mit deinem Leben. Auf dem Titelblatt einer Zeitung zu erscheinen, ist sicherlich nichts, was für uns eine Bedeutung hätte, und wir lieben dich nicht weniger, nur weil du ganz normal aussiehst. Wenn jemand nach deinem Aussehen entscheidet, ob er mit dir befreundet sein will oder nicht, dann hat dieses Mädchen oder dieser Junge ein Problem, das du nicht zu deinem eigenen machen solltest.‹«

Eine andere Mutter war der Meinung, daß Eltern nicht ständig behaupten sollten, ihre Töchter oder Söhne seien so süß oder hübsch.

»Äußere Schönheit ist nicht das, was zählt. Wir sind schließlich nicht nur Körper, obwohl man das in unserer Busen-und-Poverrückten Gesellschaft, in der alles mit Schönheitsoperationen erreicht werden kann, kaum glauben sollte! Wir bestehen auch aus Geist und Intelligenz, Liebe und Seele. Warum wird also der Körper so stark betont? Warum legen sich Dreizehnjährige unters Messer? Es ist ein großer Fehler, einem Mädchen zu sagen, daß es etwas wert ist, weil es Kopf und Herz hat, um dann im nächsten Augenblick alles zunichte zu machen, indem man sagt: ›Und du bist außerdem ein so hübsches Mädchen.‹ Warum fällt uns jungen Müttern gegenüber immer nur ein zu betonen, wie niedlich ihr Baby sei. Als ob das Aussehen das Wichtigste wäre und das schon bei einem kleinen Kind! Menschen sind keine Besitztümer! Man poliert sie nicht wie ein Auto auf Hochglanz.«

Sie können Ihrem Kind helfen, ein Gefühl von Selbständigkeit zu entwickeln und einen realistischen Eindruck davon zu bekommen, wie sie als Individuen ihren Platz in dieser Welt finden. Unsere Experten äußerten sich zu diesem Punkt folgendermaßen:

- Man kann niemandem Selbstachtung geben oder schenken – jeder einzelne muß sie sich selbst *aufbauen*. Zeigen Sie Ihrem Kind, wie man Verantwortung für das eigene Glück übernimmt, indem man von sich aus die eigenen Fähigkeiten durch Taten beweist und neue Dinge ausprobiert. Das Lieblingszitat einer Mutter lautete: »Es sollte dir nie leid tun, daß du etwas getan hast, sondern nur, daß du es nicht getan hast.«
- Helfen Sie Ihrem Kind schon früh, kleine Erfolge entsprechend seiner Fähigkeiten zu erzielen. »Finden Sie heraus, wozu Ihr Kind bereits in der Lage ist und was es in einem nächsten Schritt erreichen könnte«, riet eine Mutter. »Geben Sie ihm Aufgaben, die es gut erfüllen kann.« Auf diese Weise kann es sich die Anerkennung verdienen, die es davon *überzeugt*, daß es etwas wert ist (eine Sache, die Sie mit Worten nicht erreichen können).
- Achten Sie auch darauf, welche Interessengebiete sich das Kind selbst aussucht. Wenn es sich zu hohe Ziele setzt, muß es sich möglicherweise selbst eingestehen, daß es sie nicht erreichen kann, was zu Entmutigung und Resignation führt.
- Achten Sie auf Zeichen von Interesse an bestimmten Dingen. Manches wird Ihr Kind nicht interessieren, während anderes vielleicht größere Aufmerksamkeit findet, was ein Hinweis auf versteckte Talente auf diesem Gebiet sein könnte. Wenn ein Kind sich für eine bestimmte Sache interessiert und sich immer besser in ihr auskennt, wächst sein Gefühl von Selbständigkeit enorm.
- Während Ihre Söhne und Töchter heranwachsen, loben Sie sie für die Fähigkeiten, die sie entwickelt haben. Unterstützen Sie dies, indem Sie sie bei bestimmten Dingen um ihre Meinung bitten.
- Ermutigen Sie Kinder dazu, Entscheidungen zu treffen. Machen Sie es sich zur Gewohnheit, sie nach ihrer Meinung zu fragen, oder überlassen Sie ihnen gegebenenfalls die Entscheidung ganz. Viele Eltern treffen automatisch selbst die einfachsten Entscheidungen für ihre Kinder, obwohl sie durchaus in der Lage wären, dies selbst zu tun. Wenn Sie Ihr

Kind um seine Meinung bitten, dann hören Sie sich diese aufmerksam an. Sie zeigen, daß Ihnen die Meinung Ihres Kindes wirklich wichtig ist, wenn sie sich zurückhalten und nicht gleich korrigierend oder kritisierend eingreifen, sollte es zunächst einmal einen Denkfehler gemacht oder ein Fehlurteil gefällt haben. Eine Mutter, mit der wir sprachen, berichtete, wie sie in solchen Fällen vorgegangen war: »Wenn ich mit meinen Kindern nicht einer Meinung war, sagte ich: ›Das scheint mir falsch‹, denn das klingt nicht so hart und ermutigt Kinder dazu, ein wenig weiterzudenken, statt sich gleich in eine Verteidigungshaltung zu begeben.«

Belohnung von Mut und Ausdauer

Einstein unterstrich den Wert der Ausdauer, als er erklärte, nicht sein besonderes Talent habe ihm zum Erfolg verholfen, sondern »Besessenheit und zähe Ausdauer«. Auch Edison führte seine großen Triumphe auf Geduld und Zähigkeit zurück. Wenn Sie unten in Ihrem Keller säßen, mit einem Glühfaden und einer Glasglocke herumspielten und jede erdenkliche Idee, von der Sie gehört, über die Sie gelesen oder von der Sie geträumt haben, ausprobierten, um diesen Glühfaden – vergeblich – am Glühen zu halten, wie viele verschiedene Experimente würden Sie wohl angestrengt unternehmen, bevor Sie aufgeben würden? Zehn? Fünfzig? Vielleicht eintausend? Welcher vernünftige Mensch würde es wohl *zehntausendmal* versuchen – und versagen –, bis sich schließlich der Erfolg einstellt? Sicherlich nur ein Mensch mit ungeheurem Selbstvertrauen und *Ausdauer.*

Selbstachtung und Ausdauer sind eng miteinander verbunden, so daß es sich fast wie mit der Henne und dem Ei verhält: Was kommt zuerst – die Selbstachtung, die man braucht, um etwas mit Ausdauer durchzuführen, oder die Ausdauer, die Selbstachtung aufbaut? Egal, was nun tatsächlich an erster Stelle steht – Sie sollten sich darauf konzentrieren, Ihr Kind zur Ausdauer zu erziehen, da sich Selbstachtung dann auf ganz natürliche Weise entwickelt. Es spielt keine Rolle, ob es in eine Spielgruppe für Kleinkinder kommt, eine Riesenwasserrutsche hinunterrutscht, sich um die Aufnahme in eine Sportmannschaft bemüht, Klavierspielen lernt oder sich einem Kind, das andere Schulkinder tyrannisiert, entgegenstellt – ermutigen Sie Ihr Kind dazu, *sich den Herausforderungen* zu stellen und *unbeirrt fortzufahren,* bis es sein Bestes gegeben hat. Machen Sie sich wegen des Ergebnisses keine Sorgen. Kinder sind unverwüstlich. Vielleicht wird Ihr Kind nicht in das Sportteam aufgenommen oder wird kein Berufsmusiker – na und? Stolz und Befriedigung, weil man aktiv geworden – und bei einer Sache geblieben – ist, haben viel mehr Wert als diese Resultate.

> Es ist besser, den *Mut* der Kinder zu loben, daß sie etwas in Angriff genommen oder sich einer Herausforderung gestellt haben, als das Ergebnis dieser Aktion, denn auf diese Weise werden sie angeregt, wieder neue Dinge in Angriff zu nehmen.

Hier finden Sie einige Vorschläge, wie man Mut und Ausdauer fördert:

- Erinnern Sie ungeduldige Kinder daran, daß Rom auch nicht an einem Tag erbaut wurde. Michael Jordan erzielte Tausende von Körben (Tausende mehr als andere Spieler), bevor er zum Star wurde. Piloten von Düsenflugzeugen fliegen viele tausend Stunden in Propellermaschinen, bevor sie sich an den Steuerknüppel eines Jumbo-Jets setzen dürfen. Kinder sehen meistens nur das Endergebnis, den Ruhm einer glänzenden Leistung, ohne sich klar zu machen, daß jahrelange Disziplin und harte Arbeit dafür nötig waren.
- Erzählen Sie Geschichten von anderen Menschen, die Härten ertragen und sich ungeheuren Herausforderungen stellten, um ihre Ziele mit Ausdauer und Selbstvertrauen zu erreichen. Helen Keller war taub und blind, leistete jedoch

einen größeren Beitrag für die Gesellschaft als die meisten hörenden und sehenden Menschen. Alan Shepherd trainierte eifrig, um der weltbeste Pilot zu werden und sich von einer unsicheren, rauchenden Rakete ins All schießen zu lassen – ohne Rückkehrgarantie! Ausdauer, um eine Aufgabe übertragen zu bekommen, Mut, sie durchzuführen – das sind die Qualitäten für Größe.

- Halten Sie keine Predigten und drohen Sie nicht mit Strafe, wenn Ihr Kind vor bestimmten Aktivitäten zurückscheut. Wenn es sich etwas noch nicht ganz zutraut, sollte man es sanft drängen, statt es zu maßregeln oder gar daran zu erinnern, daß es eben unfähig ist. Ihr Kind sollte unbedingt das Ziel im Auge behalten, aber sich dabei stärker auf den *Prozeß* konzentrieren, denn auf diese Weise wird es seinen Berg erklimmen.
- *Ausdauer* und *Zaudern* haben eine fast gegensätzliche Bedeutung. Ausdauer ist die Fähigkeit, bei einer Sache zu bleiben, während Zaudern die Unfähigkeit ist, überhaupt mit ihr zu beginnen. Definieren Sie diese Wörter klar für Ihr Kind und hängen Sie die Definitionen an die Wand, wie eine Mutter es getan hatte. »Wenn man sich an das eine hält und das andere vermeidet«, sagte sie über die beiden Eigenschaften, »dann kann man nicht verlieren – vorausgesetzt, man wählt das richtige!«
- Wie wir bereits im zweiten Kapitel gesehen haben, ist es dem Menschen eigen, letztlich immer einen Weg zu finden, um schließlich ans Ziel zu gelangen. Bringen Sie Ihrem Kind bei, auf diese Tatsache zu vertrauen, d.h. auf die Kraft der eigenen Ideen. Dann ist es nicht mehr notwendig, ängstlich zu reagieren, wenn nicht alles von Anfang an schon geregelt ist (dies entspricht dem Zaudern). Wenn ein Kind durch die Angst vor Fehlern eingeschüchtert ist – wie es bei erfolglosen Menschen meistens der Fall ist –, wird es nicht die notwendigen Risiken eingehen, um weiterzukommen (was mit Mut gleichzusetzen ist).
- Erinnern Sie Ihr Kind daran, daß Mut nötig ist, wenn man etwas Neues wagt und noch nicht sicher ist, was am Ende

dabei herauskommen wird, egal, ob es darum geht, alleine die Rutsche hinunterzurutschen oder sich um ein Stipendium zu bewerben. Sie können darauf hinweisen, daß man hin und wieder vom Weg abkommen und vielleicht nicht an dem geplanten Ziel ankommen wird. Dann ist es sinnvoll, den nächsten korrigierenden Schritt zu tun: innezuhalten und die Situation zu analysieren. In diesem Fall sollte man sich folgende Fragen stellen: »Was war mein Ziel?« »Wo habe ich einen Fehler gemacht?« und: »Wie kann ich meinen Fehler korrigieren?«

- Helfen Sie Ihrem Kind, sich vorher bildlich vorzustellen, wie es seine Aufgabe erfolgreich durchführt. Charles Lindbergh »sah«, wie er in Europa landete, bevor er amerikanischen Boden überhaupt verlassen hatte.
- Weisen Sie darauf hin, daß niemand auf allen Gebieten gleich gut sein kann. Max Schmeling war wahrscheinlich kein großer Wissenschaftler und Albert Einstein wahrscheinlich kein großer Sportler, aber beide leisteten enorm viel auf ihrem Gebiet. Sie beklagten sich nicht über die Fähigkeiten, die sie nicht besaßen und woran sich auch nichts ändern ließ, sondern konzentrierten sich auf das, was sie *konnten* – und gingen dann mit *Ausdauer* an die Sache, bis sie Erfolg hatten.
- Machen Sie klar, was Sie erwarten, nachdem Ihr Sohn oder Ihre Tochter schon bestimmte Fähigkeiten bewiesen hat, und dann: *Entspannen* Sie sich. Wenn Sie Nervosität zeigen, signalisieren Sie damit: »Ich *glaube*, daß du es kannst, aber ich bin mir nicht sicher.« Erinnern Sie Ihr Kind daran, daß allein folgende Dinge wichtig sind: sein Bestes versuchen, angefangene Dinge zu Ende führen und aus Fehlern lernen.

Ihrem Kind ist nichts wichtiger, als die Erwartungen, die in es gesetzt werden, zu erfüllen. Wenn diese Erwartungen realistisch sind und Sie ihm beigebracht haben, daß sie mit Mut und Ausdauer erfüllt werden können, verfügt Ihr Kind über eine »Erfolgsformel«. Wenn es schließlich Erfolg hat – was nicht ausbleiben wird –, belohnen Sie es mit dem verdienten Lob.

Lob

Natürlich ist Lob wichtig für die Selbstachtung eines Kindes, doch wenn es allzu freigiebig für nur geringfügige Leistungen verteilt wird, wirkt echtes Lob nicht mehr, wenn es tatsächlich angebracht ist. Jeder Mensch muß das Empfinden haben, geschätzt und gewürdigt zu werden, und Lob ist eine Möglichkeit, derartige Gefühle auszudrücken – aber erst, nachdem etwas *Lobenswertes* erreicht wurde. Ein Vertrauenslehrer erzählte uns von einer Kollegin, die ihre Schüler schon dafür lobte, daß sie *überhaupt zum Unterricht erschienen*! Ein anderer Lehrer gab allen Mitgliedern der Athletikmannschaft *Pokale*, egal, ob sie gute Leistungen gezeigt hatten oder nicht. Preise sollten eigentlich *Belohnungen* sein, *Re*aktionen auf Aktionen, eine Ehre, weil etwas *erreicht* wurde. Wenn solche Ehrungen aber zu leichtfertig verteilt werden, besteht die Gefahr, daß Kinder von ihnen abhängig werden und nur noch Dinge angehen, von denen sie wissen, daß ihnen am Ende ein Preis sicher ist. Wenn nicht feststeht, daß sie eine Urkunde oder ein Geschenk erhalten, werden sie die Herausforderung meiden.

Zu leicht verdientes Lob fördert genau das Gegenteil von dem, was Eltern eigentlich erreichen wollen, nämlich *geringe* Selbstachtung aufgrund von Egoismus, Abhängigkeit von Lob sowie *wenige* tatsächliche Erfolge.

Lob will verdient sein.

Verwöhnte Kinder, die verhätschelt, beschützt und für kleinste Erfolge gelobt, andererseits aber nie gezwungen werden, sich mit ihren Unzulänglichkeiten auseinanderzusetzen, bezahlen bald den Preis dafür. Lehrerinnen, Spielkameraden und Freunde werden gegenüber mittelmäßigen Leistungen viel weniger tolerant sein und jede Gelegenheit nutzen, dies auf direktem Wege – oft sehr unsanft – mitzuteilen.

Im folgenden zeigen wir weitere Möglichkeiten auf, wie Sie

das Selbstvertrauen Ihres Kindes stärken und falsches Lob vermeiden können, damit es lernt, daß es wichtigere Dinge gibt als Lob, das von anderen gespendet wird (ein Thema, mit dem wir uns im nächsten Kapitel näher befassen werden).

- Die einzige Möglichkeit, sich besser zu fühlen, besteht darin, besser zu *sein*. Wenn man seine intellektuellen, physischen und sozialen Fähigkeiten verbessert, kann man sich leichter Herausforderungen stellen und muß nicht ständig auf Belohnungen und die Versicherung warten, daß man alles richtig macht. Ein Vater erzählte uns, wie sein zehnjähriger Sohn, der kleiner und dünner war als seine Klassenkameraden, nur einen kleinen Anlaß brauchte, um sein Selbstbild zu verbessern.

»Als kleiner Junge bewunderte Mark meinen Bizeps, der in seinen Augen wahrscheinlich recht groß war. Er bat mich immer wieder, meine Muskeln spielen zu lassen und sie dann fühlen zu dürfen. Als er in der fünften Klasse war, erklärte ich, daß er seine Muskeln selbst durch regelmäßig durchgeführte Liegestütze und Bauchmuskelübungen stärken könne. Das war alles, was ich sagte, und ich erwähnte das Thema nicht wieder. Um es kurz zu fassen: Drei Jahre lang trainierte er seinen Körper und veränderte ihn völlig, und zwar ohne Hanteln oder ähnliches. Er machte einfach nur Liegestütze und Bauchmuskelübungen. Er begann mit zehn Liegestütze und steigerte sie jede Woche um eine, bis er bei etwa sechzig angelangt war. Im Sportunterricht war er damit sogar der Beste!«

- Loben Sie Ihr Kind nicht willkürlich, um es zum Handeln anzuregen – Ihre Mühe wird vergeblich sein. So lernt Ihr Kind nicht, wo es noch Schwachstellen hat, weil einfach *alles* gelobt wird. Eltern, die nie Bestleistungen verlangen, vermitteln ihren Kindern die falsche Vorstellung, daß selbst halbherzige Versuche zum Erfolg führen.
- Es ist in Ordnung, nach Dingen zu suchen, die lobenswert sind, aber achten Sie darauf, daß sie für *Ihr Kind* bedeutsam

sind. Vielleicht sind *Sie* der Meinung, daß es etwas Großartiges geleistet hat, aber für Ihr Kind mag es etwas ganz Normales gewesen sein. Wenn leichte Aufgaben genauso gelobt werden wie schwierige, fühlt sich Ihr Kind betrogen – und mit Recht. Schwierigere Aufgaben sollten mehr belohnt werden.

- Lassen Sie sich durch die cleveren Tricks von Kindern, mit denen sie versuchen, Lob zu erheischen, nicht zum Narren halten. Achten Sie darauf, daß sich Ihr Kind wirklich Mühe gibt und nicht nur um Ihre Zustimmung bettelt. Wenn Sie feststellen, daß die Bemühungen Ihres Kindes halbherzig sind, sollten Sie auf keinen Fall nachgeben und ihm unverdiente Geschenke machen, damit es sich »gut fühlt« – denn genau das Gegenteil wird der Fall sein. *Ihr Kind* weiß, daß seine Bemühungen unaufrichtig sind, und das einzige, was es dann noch zufriedenstellen wird, ist sein Geschick, Sie anzuschwindeln.

»Johannes sagte, er wolle mir das ›Buch‹ zeigen, an dem er schrieb. Es hieß ›Mein Leben‹. Ich dachte so bei mir: ›Das ist ein recht ehrgeiziges Schreibprojekt.‹ Als ich das Buch öffnete, stellte ich fest, daß die ersten drei Seiten keinen richtigen Inhalt hatten und zudem nur ein erster Entwurf waren! Er hatte sich keine Mühe gegeben und seine Phantasie nicht eingebracht. Ihm gefiel einfach nur die Idee, ein Buch zu schreiben. ›Zeig es mir wieder, wenn du tatsächlich etwas geschafft hast, Johannes. Jeder kann sich ein kleines rotes Notizbuch kaufen, aber du mußt es mit interessanten Dingen füllen, wenn andere Leute es lesen sollen.‹«

- Präzisieren Sie Ihr Lob, indem Sie eine besondere Fähigkeit hervorheben, statt ein allgemeines »gut gemacht« zu äußern. Wenn Ihr Kind schnell mit einem Puzzle aus Hunderten von Teilen fertig ist, sollten Sie es wegen seiner Geschwindigkeit loben. Wenn es lange dafür gebraucht hat, loben Sie seine Ausdauer. Wenn es das Puzzle halbfertig liegenläßt, sprechen Sie kein Lob aus.

In Anbetracht all dieser Warnungen gegenüber nicht ernst gemeintem, unverdientem Lob sollten Sie die andere Seite der Medaille – unzureichendes Lob - nicht aus den Augen verlieren. Es kann dem Selbstvertrauen genausoviel, wenn nicht sogar mehr schaden, als zuviel Lob. Wenn Sie wirklich gute Leistungen, für die Ihr Kind hart gearbeitet hat, nicht anerkennen, welche Motivation hätte es dann weiterzumachen? »Ich mache es sowieso niemandem recht, warum soll ich mir dann Mühe geben?« Am Anfang dieses Kapitels haben wir darauf hingewiesen, daß jeder Mensch Zustimmung braucht. Wenn es die Sache also wert ist, sollten Sie großzügig Lob spenden, da es dann seine größte Wirkung zeigt. Noch bedeutungsvoller ist jedoch die innere Befriedigung, die aus echter Leistung entsteht. Sie ist der wahre Lohn.

Echte Belohnungen

Siegen bedeutet nicht alles. Wie bereits mehrfach erwähnt, ist die Handlung, die Teilnahme, der Versuch das Wichtigste. Wenn Sie gerne Tennis spielen, aber Ihr Aufschlag nur zu fünfzig Prozent erfolgreich ist, was macht das schon? Sie haben Spaß daran, den Tennisschläger zu schwingen. Wenn Sie andererseits immer nur gegen schwächere Partner spielen, weil sie dann gewinnen können, aber gegen bessere Spieler nicht antreten, verlieren Sie den Spaß am Spiel an sich – und verpassen vielleicht Spiele, die Sie richtig genießen könnten!

Aktivitäten müssen von sich aus lohnen, da es sonst sinnlos ist, sich überhaupt mit ihnen zu beschäftigen. Eltern mit starkem Konkurrenzdenken ermutigen ihre Kinder oft dazu, immer nur auf den Ball zu starren und draufzuschlagen. Sie dürfen niemals innehalten und das Spiel genießen. Es kommt ihnen nur darauf an, Punkte zu erzielen und den Gegner zu schlagen. Solches Konkurrenzdenken unterminiert die Motivation von Kindern, weil Dinge, die eigentlich Vergnügen bereiten sollten, plötzlich zur Pflicht werden. Welche Auswirkungen hat es auf die Kindheit, wenn alles von den hohen Erwartungen der Erwachsenen beherrscht wird? Wie kann sich Selbstachtung entwickeln, wenn Kinder ständig bis an ihre Grenzen gestoßen werden?

Dieser unangebrachte Drang zum Erfolg kommt von Eltern, deren eigenes Selbstbild gestärkt werden müßte. Ungerechterweise verlassen sie sich dabei auf ihre Kinder. Manche Eltern mischen sich so stark in die Aktivitäten ihrer Kinder ein, daß sie sich die Siege ihrer Kinder zuschreiben und bei Niederlagen Schuldgefühle bekommen, weil sie ihre Kinder nicht ausreichend vorbereitet haben.

Das Problem mit solchen äußerlichen Normen, die von Eltern mit starkem Konkurrenzdenken aufgedrängt werden, besteht in der folgenden Tatsache:

> Kinder können das Gefühl, selbst etwas geleistet zu haben, nicht verinnerlichen, wenn es der Sieg ihrer Eltern ist.

Unsere Eltern verließen sich auf die folgenden Tips, damit ihre Kinder echte Belohnung für persönliche Leistungen erfahren konnten.

- Wenn Sie als Eltern versucht sind, sich zu sehr in die Aktivitäten oder schulischen Leistungen Ihres Kindes einzumischen, halten Sie Abstand und betrachten das Ganze aus der Distanz. Vielleicht stehen Ihre eigenen Bedürfnisse an erster Stelle. Statt aus zweiter Hand durch die eigenen Kinder zu leben, sollten Sie *beobachten*, nicht teilnehmen, *ermutigen*, nicht fordern. Das Wichtigste ist, für die *Mühe* Beifall zu spenden, nicht für den errungenen *Preis*. Ein Vater, den wir befragten, erklärte, wie er dies bewerkstelligte.

»Ich ging immer zu Karins Fußballtraining. Ich verpaßte zwar ein paar Spiele, aber nie das Training. Die Kinder trainierten wie verrückt für die Spiele, und ich wollte, daß meine Tochter wußte, daß ich diese Arbeit sah – den Drill, die Pässe und die

Verteidigungsarbeit. Ich brachte meinen Golfschläger mit zum Fußballfeld und übte mit Orangenschalen, während sie trainierte. Sie meinte, daß ich wie ein Freak aussah, aber wir hatten beide unser Training.«

- Da der *innere* Lohn, also der emotional und intellektuell spürbare Lohn andauernd und wertvoll ist, sollte man ihn besonders betonen. Wenn *äußerliche* Belohnungen, etwa die Noten in der Schule, das einzige Ziel werden, verkennen die Jungen und Mädchen den eigentlichen Sinn des Lernens, bei dem es um mehr geht als um das Sammeln von Punkten. »Wir bezahlen unsere Kinder nicht für Einsen«, erklärte ein Vater. »Die Note selbst ist der Lohn, und die Familie kann stolz auf sie sein.«
- Wenn ein Kind vor irgend etwas Angst hat oder einfach das Interesse daran verliert, sollten Sie dies als Eltern als erste bemerken und Ihrem Kind versichern, daß es damit aufhören darf. Manchmal fühlen sich Kinder in einem Mannschaftssport zu stark unter Druck gesetzt, gegen andere anzutreten, ein Druck, der überwältigend sein kann, wenn sie nicht so leistungsfähig wie die anderen Teammitglieder sind. Dies war der Fall bei Frau Sonnenbergs achtjähriger Tochter Linda, die das jüngste Mitglied ihrer Basketballmannschaft war.

»Linda war der Meinung, daß sie ihrem älteren Bruder in allem nacheifern müßte. Er war ein guter Basketballspieler, also wollte sie es ebenfalls sein. Aber sie war eben nicht gut und hatte keinen Spaß am Spiel. Das Problem wurde dadurch verstärkt, daß sie auch noch einen übereifrigen Trainer hatte. Während eines Spiels – ihrem letzten – war sie völlig durcheinander, weil sie nie an den Ball kam. Sie stand ganz alleine und zitternd auf dem Spielfeld, und sie tat mir unendlich leid. Ich rief sie an den Spielrand und fragte, ob sie nach Hause gehen wolle. Sie schaute mich mit tränennassen Augen an und nickte. Ich nahm sie auf der Stelle vom Spielfeld – man kann sich nicht vorstellen, wie erleichtert sie war! Ich erklärte ihr, daß es ganz in Ordnung sei, keine gute Basketballspielerin zu sein, weil es

wichtigere Dinge im Leben gebe. Sie spielte nie wieder und scheint es auch nie vermißt zu haben.«

Frau Sonnenberg machte ihrer Tochter klar, daß sie sie immer noch liebte und schätzte, auch wenn sie auf dem Basketballfeld keine großartige Leistung zeigte. Hätte Frau Sonnenberg nicht nur darauf bestanden, daß ihre Tochter weiterspielte, sondern auch Leistung zeigte, kann man sich vorstellen, unter welchem Druck das Mädchen gestanden hätte. Kinder haben auch Rechte, und Eltern müssen dies respektieren.

Wir haben eine Reihe von Problemen in bezug auf die Selbstachtung von Kindern diskutiert, die alle wichtig sind. Die beste Möglichkeit für Kinder, ein starkes Selbstwertgefühl zu erfahren, besteht möglicherweise darin, die Verantwortung für das Wohl eines anderen Menschen zu übernehmen. Wenn Ihr Kind etwas wirklich Lohnendes tut und sich auf andere Menschen und nicht nur auf sich selbst konzentriert, passieren zwei Dinge. Zum einen wird Ihr Kind entspannter sein, weil es sich weniger Sorgen um sich selbst macht, und zweitens lernt es wichtige Dinge über Geben und Großzügigkeit – zwei Themen, mit denen wir uns im nächsten Kapitel beschäftigen werden. Wenn Kinder sich wichtigen Aufgaben widmen und das Gefühl haben, gebraucht zu werden, steigt ihre Selbstachtung und eigene Ängste werden reduziert. Dies war der Fall bei dem jungen Mann in unserem letzten Beispiel, der von seinem klugen Vater etwas Wichtiges lernte.

»Ich war etwa sieben Jahre alt und hatte furchtbare Angst, im Sommer ins Zeltlager zu fahren. Ich war noch nie von zu Hause fort gewesen, und ich kannte keins der anderen Kinder, die in den Bus stiegen. Mein Vater sah, wie ich völlig angespannt dastand und nahm mich zur Seite. ›Siehst du den kleinen Jungen dort drüben?‹ fragte er. Der Junge war etwa ein Jahr jünger als ich und viel kleiner als die meisten von uns. ›Er scheint ziemlich ängstlich zu sein, Philipp. Ich glaube, es wäre eine große Hilfe für ihn, wenn du dich mit ihm anfreunden würdest und ihm ein wenig helfen könntest. Vielleicht kannst du dich

im Bus neben ihn setzen.‹ Diese Worte waren wie ein Beruhigungsmittel für mich. Ich kann mich klar daran erinnern, daß ich keine Angst mehr hatte, zu dem Jungen ging und versuchte, ihm seine Angst zu nehmen. Aber in Wirklichkeit nahm **er** *mir* **meine** *Angst.«*

5.

Die Vermittlung ethischer und moralischer Werte

Das Aroma von frischgebackenem Apfelkuchen zieht an einem warmen Sonntagnachmittag hinaus auf die Terrasse. Dort und in der Küche sitzen kichernde, mehlbestäubte Kinder mit ihren Großmüttern, während nach und nach Onkel, Tanten und Nachbarn eintrudeln, um am guten Essen, an freundlicher Unterhaltung und Kameradschaft teilzuhaben – Dinge, die das Leben ihrer Gemeinschaft ausmachen und sie am Leben erhalten.

Eine Szene aus dem modernen Leben? Wahrscheinlich nicht. Eher dürfte es um die Jahrhundertwende so zugegangen sein. Heute sind die Terrassen leer, wie die Autorin Amy Saltzman entdeckte, als sie sich daran machte zu untersuchen, wie die Wertvorstellungen der Menschen sich in unserer modernen, auf Konkurrenzkampf ausgerichteten Gesellschaft verändert haben. Auf den ersten Seiten ihres Buchs *Downshifting* beschreibt Amy Saltzman Viertel, die eher an Geisterstädte erinnern: viele schöne Häuser, baumbestandene Alleen, bequeme Terrassen – aber keine Menschen.

Wo sind all die Menschen geblieben? Bummeln sie durch Einkaufspassagen? Halten Sie noch eine Besprechung im Büro ab? Oder hocken sie alle zusammen in dunklen Wohnzimmerecken, um sich eine Miniserie im Fernsehen anzusehen? Egal, wo sie sich aufhalten – jedenfalls sitzen sie nicht draußen im Garten, um ihre Zeit mit Familie und Freunden zu verbringen, wie es früher einmal der Fall war.

In diesem Kapitel wollen wir zuerst untersuchen, was hinter den fehlenden Wertvorstellungen in unserer Gesellschaft steckt. Anschließend werden wir »Wertvorstellungen« definieren, um zu sehen, wie unsere Experten sie an ihre heranwachsenden

Kinder weitergaben. Als nächstes listen wir jene Werte und Normen auf, die unsere Eltern für die wichtigsten hielten, und zitieren viele Beispiele, wie sie vermittelt werden können. Schließlich geht es in einem ganzen Abschnitt um das Thema Geld – *der eine Wert*, der alle anderen ersetzt zu haben scheint.

Der Werteverlust

Warum haben die Menschen sich so verändert? Zum einen, weil unsere *Wertvorstellungen* sinnentleert sind. Unsere Gesellschaft hat sich verändert. Die engen Gemeinschaften früherer Zeiten sind heute auf die Kernfamilie reduziert. Immer mehr Menschen treten aus der Kirche aus. Ehen gehen immer häufiger auseinander, so daß sich die Scheidungsrate seit 1965 verdoppelt hat. Wir wissen die herzliche Wärme und das Zusammengehörigkeitsgefühl der Gemeinschaften, die früher wesentlich dazu beitrugen, den Kindern Sinn und Wertvorstellungen zu vermitteln, nicht mehr zu schätzen. Märchen, Abenteuergeschichten, Erfahrungsberichte werden heute im Fernsehen erzählt. Der Einfluß dieses Mediums ist schleichend gewachsen, und heute vermitteln Drehbuchautoren, Produzenten und Talkmaster, was als richtig und was als falsch zu gelten hat.

Fernsehen

Das Fernsehen an sich ist nicht schlecht, aber unsere krankhafte Abhängigkeit von den bunten Bildern ist es. Wir haben die Aufrechterhaltung unseres Wertesystems an eine Gruppe von Menschen übergeben, deren einziger Lebensauftrag darin besteht, Werbezeit im Fernsehen an Unternehmen zu verkaufen. Es führt kein Weg daran vorbei, in diesem Kapitel über Wertvorstellungen das Thema Fernsehen und seine allzu zentrale Rolle in unserem Leben noch einmal zu behandeln.

Wie eine vor einigen Jahren in den USA durchgeführte Meinungsumfrage bei 2200 Eltern ergab, sind die ethischen und moralischen Werte, die einst charakteristisch für unsere Gesellschaft waren, kläglich auf der Strecke geblieben. Als Antwort auf die Fragen: »Welche ethischen und moralischen Wertvorstellungen sollten Ihre Kinder später im Leben haben?« antworteten nur 10 Prozent: »Sie sollten wissen, daß man manchmal hart arbeiten muß, um etwas zu erreichen.« Nur 14 Prozent meinten, daß »anderen zu helfen, wenn diese Hilfe brauchen«, von großer Bedeutung sei!

Unzählige Studien haben eine direkte Beziehung zwischen zuviel mit Fernsehen verbrachter Zeit und dem heutigen Mangel an Wertvorstellungen zu Tage gefördert – ein Phänomen, das vor fünfzig Jahren unbekannt war. Ein Problem beim Fernsehen besteht darin, daß es einen immer größeren Teil unserer Freizeit in Anspruch nimmt und wir gegenüber dem auf dem Bildschirm gezeigten Wahnsinn immer unempfindlicher werden. Wie Drogenabhängige brauchen wir immer höhere Dosen, um »high« zu werden. Doch wie steht es mit den Kindern? Untersuchungen haben immer wieder gezeigt, daß Kinder, die wiederholt mit Schießereien, Gewalt oder dem besonders beliebten Thema sadistischer Gewalt gegen Frauen konfrontiert werden, schon im jungen Alter ihr Feingefühl verlieren und solches Material ohne jede Gefühlsregung ansehen können. Verwundert es da, daß Gewaltverbrechen immer stärker zunehmen, wenn sie im Fernsehen *verklärt* werden? Eine Mutter erklärte:

»Im 18. Jahrhundert wurden Wertvorstellungen durch Literatur und die Heilige Schrift weitergegeben. Heute ist es das Fernsehen, was an sich nicht weiter schlimm wäre, wenn es in der Botschaft nicht immer um Konsum, Wettbewerb, Schönheit und darum ginge, anderen weh zu tun, damit man das Gewünschte bekommt. Es sollten viel mehr Serien von der Filmprüfstelle untersucht werden. Ich möchte, daß meine Kinder zu anständigen Menschen heranwachsen, aber ich muß ständig mit diesem Unsinn konkurrieren. Das ist nicht gerade eine Hilfe.«

Werbesendungen sind auch nicht gerade eine geistige Wohltat. Wer wirbt da für die Produkte? Sozialarbeiter etwa? Oder Wissenschaftler, Therapeuten, freiwillige Helfer bzw. Menschen, die Mut, Großzügigkeit, Opferbereitschaft oder Treue personifizieren? Nein, wir sehen Basketballspieler oder Fußballer! Michael Blonsky, Professor an der Universität von New York und Analytiker von Kulturtrends, wurde in Nike Town, einem modernen Geschäft auf der Michigan Avenue in Chicago befragt. Er sah sich um und rief aus: »Dies ist eine Kirche! Eine postmoderne Kirche!« Er wandte sich einer lebensgroßen Figur von Michael Jordan zu und zeigte auf sie: »Sehen Sie! Da ist Gott!«

Blonsky meint, daß eine neue Kultur aus Glamour, Fitneß, Kraft und Erotik altmodische Wertvorstellungen wie Bescheidenheit, Tugend und Demut ersetzen wird. Doch Kinder lassen sich so leicht nicht betrügen. Sie wissen instinktiv, daß das Leben mehr zu bieten hat, aber was? Wenn sie sich allein aufs Fernsehen verlassen, um die Antworten zu finden, können sie nur mit Verwirrtheit und Hilflosigkeit reagieren.

Wenn Kinder, die vor dem Fernsehgerät groß geworden sind, junge Erwachsene werden, müssen sie plötzlich erkennen, daß sie weder über ein Glaubens- noch über ein Wertesystem verfügen. Für sie existiert nur ein System von Fernsehkanälen, die ihnen unterschiedliche Botschaften vermitteln, wie ein gutes Leben auszusehen hat. Das stimmt teilweise überein, weicht aber auch ab von dem, was wiederum in der Schule, von ihren Lehrerinnen, Schulfreunden und Eltern vermittelt wird. Wie sollen sie also herausfinden, welche moralischen Werte ihnen wirklich wichtig sind? Wie viele sind mit sich im Frieden, und wie viele kämpfen damit, dem Wahnsinn, der sie umgibt, einen Sinn abzugewinnen?

Gleichaltrige Freunde

Wenn Eltern abwesend sind, geben häufig Gleichaltrige die Richtung an. Auf der Suche nach Liebe und Akzeptanz werden die Ideen und Wertvorstellungen der Freundescliquen übernommen. Das Problem besteht jedoch darin, daß diese Werte heute ganz andere sind als in unseren Kindheitstagen. Noch vor dreißig Jahren hatten wir eine ganz andere Wahrnehmung der Dinge, wie sich ein Vater erinnert.

»Für mich war es in meiner Jugend ein Riesending, an Abenden, an denen meine Eltern ausgegangen waren, die Autoschlüssel aus der Schublade zu nehmen und mit dem Coupé auf Tour zu gehen. Ich holte ein paar Freunde ab, und wir fuhren die Hauptstraße rauf und runter. Wir falteten das Verdeck zurück, einer kaufte irgendwo eine Packung Zigaretten. Für uns war das eine große Sache. *Heute unternehmen Kinder keine Spritztouren – sie* **stehlen** *Autos und räumen sie leer, um an ein bißchen Geld zu kommen.«*

Für Kinder, die selbst über keinen festen Ethikkodex verfügen, gilt das Wort der Gruppe. Leider ist es oft das falsche.

Wir werden uns mit der Macht, die von Gleichaltrigen ausgeht, im nächsten Kapitel detaillierter beschäftigen, aber an dieser Stelle wollen wir bereits ein paar Dinge erwähnen, die Erwachsene beherzigen können, um ihren Einfluß geltend zu machen.

- Egal, um welches Thema es sich handelt – Sie sollten immer auf dem neuesten Stand sein. Erlernen Sie die »Jugendsprache«, erkundigen Sie sich nach den Drogen, die gerade »in« sind, und nach ihrer Wirkung. Versuchen Sie, sich ein Bild von der Auffassung und den Erwartungen, die ihr Kind bzw. seine Freunde von Sex haben, zu machen.
- Sprechen Sie über die Dynamik, die in einer Gruppe von Freunden und Freundinnen entstehen kann. Erklären Sie, daß Kinder manchmal andere zu etwas drängen, um ihr eigenes mangelndes Selbstbewußtsein zu stärken.
- Erinnern Sie Ihr Kind daran, daß die Familien ihrer Freunde möglicherweise nicht alle dieselben moralischen oder religiösen Vorstellungen wie Sie selbst haben, ohne dabei Urteile oder Diskriminierungen auszusprechen. Erklären Sie, daß es

wichtig ist, an etwas zu glauben, und daß Ideale in Verständigungsbereitschaft und Anstand verwurzelt sein sollten.

Mit der soliden moralischen Grundlage, die wir in diesem Kapitel diskutieren werden, wird Ihr Kind gut ausgestattet sein, um einem gewissen Gruppenzwang standzuhalten.

Konkurrenzdenken

In unserer chaotischen, überdrehten Gesellschaft neigen wir dazu, unseren Erfolg im Leben einzig und allein nach dem Gehalt oder anderen offensichtlichen Zeichen des materiellen Erfolgs, z.B. nach dem *Auto,* das wir fahren, zu bewerten, nicht aber in Anbetracht der Beziehung, die wir zu unseren Kindern haben. Und sind wir nicht auch hier versucht, die Kinder immer nach der neuesten Mode zu kleiden oder ihnen jeden Spielzeugwunsch zu erfüllen?

Wir müssen zu starkes Konkurrenzdenken und den Wunsch »weiterzukommen«, indem wir mit einer Wahnsinnsgeschwindigkeit einem »Goldtopf« hinterherrasen, teuer bezahlen. Wenn wir all unsere Energie auf das Rennen um Rang und Stellung konzentrieren, erkennen wir zu spät, daß wir in der Rolle als Eltern bereits versagt haben. Dann kommt das Bedauern in den mittleren Lebensjahren, das Verlangen, jene verlorene Zeit, die man im Büro und nicht zu Hause verbracht hat, noch einmal zu erleben. Wenn wir einen Moment lang die Designer-Sonnenbrille abnehmen würden, könnten wir erkennen, daß die echten Farben unseres Regenbogens unsere *Wertvorstellungen* sind und unser »Topf mit Gold« unsere glücklichen Kinder, die gelernt haben, sich in der Welt zurechtzufinden.

Amy Saltzman entdeckte während ihrer Arbeit an *Downshifting*, daß viele Berufstätige sich falsche Ziele gesetzt hatten und um die Lebensmitte plötzlich vor einem Dilemma standen: Sie konnten die unablässige Suche nach »Erfolg«, so wie sie ihn einst definiert hatten, fortsetzen oder endlich ihrem Leben einen neuen Sinn geben. Viele überdachten ihre Vorstellungen von Erfolg und beschlossen, es langsamer angehen zu lassen und sich mit der jetzigen Position zufrieden zu geben, statt im Unternehmen auf der Karriereleiter weiter nach oben zu streben. Andere wechselten den Beruf sogar ganz, um mehr Zeit mit der Familie verbringen zu können. Sie schienen wieder auf der Startposition angelangt zu sein: Sie hatten ihr Zuhause und ihre Eltern verlassen, um eine Berufsausbildung zu durchlaufen und sich einen Job zu suchen, sie hatten an dem Rennen um Reichtum teilgenommen, und jetzt kehrten sie wieder nach Hause zurück, diesmal jedoch selbst in der Elternrolle, zurück zu den Dingen, die ihnen das meiste bedeuteten, die Dinge, die sie am meisten *schätzten.*

Wir wollen »Wertvorstellungen« definieren und sehen, wie die von uns befragten Eltern für jene Werte, die ihnen am wichtigsten waren, ein Beispiel gaben.

Was sind ethische und moralische Werte?

Richard McCormick, Professor für christliche Ethik an der Notre-Dame-Universität erklärte folgendes zu Wertvorstellungen: »Ein moralischer Wert ist etwas Erfüllendes, Lohnendes und Wichtiges für uns. Aus diesem Grund schätzen wir ihn, versuchen wir ihn zu schützen und suchen wir ihn, um unser Leben um ihn herum zu strukturieren.« Ein solcher Wert ist also etwas sehr Bedeutsames, eine Grundlage, auf der wir unser Leben aufbauen. Marian Wright Edelman, Autorin und Gründerin des »Children's Defense Fund«, sagte: »Familienwerte und Familienüberlieferungen sind eine alte Tradition, die wir in der westlichen Welt neu entdecken müssen.« Um Wertvorstellungen und ihre Bedeutung besser zu verstehen, wollen wir uns weitere Definitionen ansehen:

Wertvorstellungen sind:

1. Kriterien, anhand derer wir entscheiden, ob etwas gut oder schlecht, richtig oder falsch, wichtig oder unbedeutend ist.

2. Glaubensvorstellungen, anhand derer wir festlegen, wie wir zu bestimmten Dingen stehen.
3. Überzeugungen, die uns definieren helfen, wer wir sind.
4. Ein verinnerlichter Ethikkodex.
5. Überzeugungen, die eine Verbindung zwischen uns und der Gesellschaft herstellen.
6. Konzepte, anhand derer sich Gesellschaften selbst definieren.
7. Überzeugungen, die auf Religion, Gesetz oder Konventionen zurückgehen.
8. Ideale, Normen oder Traditionen, die unser Verhalten formen.
9. Dinge, die wichtig sind, unserem Leben eine Richtung zu geben und Auswirkungen auf unsere Lebensführung haben.
10. Eigenschaften wie Unabhängigkeit, Ehrgeiz, Mut, Fleiß, Optimismus, Bildung, Respekt, Ehrlichkeit, Integrität, Toleranz, Selbstdisziplin, Höflichkeit, Gerechtigkeit, Ehre, Großzügigkeit, Glaube, Bescheidenheit, Verbundenheit dem Land gegenüber, Spiritualität, Freundschaft, Güte und Liebe.

Woher stammen diese Wertvorstellungen, die so bedeutend sind für unser Leben? Die Antwort: Es handelt sich um die Überzeugungen, die von unserer Gesellschaft übereinstimmend akzeptiert und durch Bücher, Medien, Schulen, religiöse Einrichtungen, Freunde, Vereinigungen, Teams und Clubs weitergegeben werden. Für verschiedene Menschen haben sie unterschiedlich große Bedeutung. Ein Bewohner einer Großstadt beispielsweise mag Unabhängigkeit und Höflichkeit höher bewerten als ein Dorfbewohner, für den Freundschaft oder Glaube mehr bedeuten. Für einen Geschäftsinhaber könnten Mut und Fleiß wichtig sein, während für eine Lehrerin Bildung und Selbstdisziplin ganz oben auf der Liste stehen. Doch das Wichtigste hinsichtlich dieser fest verwurzelten Überzeugungen, die den Menschen formen, ist die Tatsache, daß *wir sie ursprünglich von unseren Eltern erlernen.*

Unsere Experten machten die Erfahrung, daß Wertvorstellungen genau wie alle anderen bisher behandelten Schlüsselelemente einer guten Beziehung zwischen Eltern und Kindern am besten in einer Familie weitergegeben werden, in der die Erwachsenen sowohl einander als auch ihre Kinder mit Respekt, Liebe und Bewunderung behandeln – und zwar in jedem Alter und in jeder Situation. Konservative aus dem religiösen und politischen Lager beanspruchen »Familienwerte« für sich, wobei sich der Begriff immer auf Familien mit Vater und Mutter bezieht. Doch diese Leute haben kein Monopol auf die Moral, und sehr wahrscheinlich sind ihre Ansichten gar nicht so moralisch, wenn nicht auch die *Toleranz* zu ihren Tugenden zählt.

An überbrachten Wertvorstellungen mangelt es heute sehr, doch das bedeutet nicht, daß sie nur in traditionellen Familienstrukturen vorhanden sind. Diese Familienstrukturen haben sich seit den »idyllischen« Tagen der fünfziger Jahre sehr verändert, als man auf saubere, anständige, pflegeleichte Kinder Wert legte. Heute gibt es viele Kinder, die mit nur einem Elternteil leben, oder deren Eltern verschiedenen Ethnien oder Glaubensrichtungen angehören; diese Familien sind selbstverständlich Teil unserer Untersuchung. Doch obwohl sich die Strukturen verändert haben, sind drei Dinge *unverändert* geblieben: 1. die *Art und Weise,* wie Wertvorstellungen weitergegeben werden, 2. die *Wertvorstellungen* an sich und 3. der *Zweck* dieser Wertvorstellungen, nämlich die Erziehung moralischer, gesetzestreuer, großzügiger, respektvoller, netter Kinder, die unabhängig sind, eine eigene Persönlichkeit haben und – was am wichtigsten ist – einen *Beitrag für die Gesellschaft* leisten können. Niemand hätte dies besser ausdrücken können als Marian Wright Edelman, die von ihren Eltern gelernt hatte, daß das Wichtigste im Leben der Dienst an anderen ist und daß dieser Dienst »die Miete ist, die man fürs Leben bezahlt, und nicht etwas, das man in seiner Freizeit tut«. Eine Mutter drückte es so aus:

»Ich bin keine Anhängerin des New Age, aber ich glaube an das Karma und daran, daß man das zurückerhält, was man gibt. Das ist der wichtigste Grundsatz im Universum, nach dem wir uns richten sollten. Mich interessiert das Leben nach

dem Tod nicht, mir geht es vielmehr um das Leben vor dem Tod und was wir tun können, um das Leben der anderen Menschen zu verbessern. Aus diesem Grund sind wir hier auf dieser Welt, und genau das habe ich meinen drei Kindern, die zu wunderbaren, großzügigen Menschen herangewachsen sind, beigebracht.«

Bevor wir uns mit den Werten befassen, die nach Meinung unserer Eltern die wichtigsten sind, wollen wir uns zuerst anschauen, welche Wege sie gefunden haben, um diese zu vermitteln und welches Ziel sie dabei verfolgten.

Wertvorstellungen weitergeben

Was wäre, wenn Ihr Sohn seine Freunde beeindrucken könnte, indem er eine Lüge erzählt, die den Ruf eines anderen Menschen verletzt und den eigenen erhöht? Wird er genug Charakter haben, dieser Versuchung zu widerstehen? Die Antwort auf diese Frage hängt davon ab, was er für richtig und falsch hält – eine Sichtweise, die nur Sie an ihn weitergeben können, indem Sie diese Wertvorstellungen über Jahre hinweg vorleben.

Das Ziel unserer Experten bestand darin, ihre Kinder schrittweise mit einem Ethikkodex auszustatten, den sie durch das eigene Beispiel vorlebten und auch in Gesprächen vermittelten. Dazu erwähnten sie diese Wertvorstellungen nicht nur hin und wieder, wenn es sich gerade so ergab, sondern sie sorgten dafür, daß ihre Kinder sie *verinnerlichten*. Um dies zu erreichen, müssen einige der anderen, bereits diskutierten Bausteine der Erziehung eingesetzt werden.

Zuerst einmal die Kommunikation. Denken Sie daran, daß *Predigten nichts bewirken,* vor allem dann nicht, wenn es um die Weitergabe moralisch korrekten Verhaltens geht. Man kann zwar einige direkte Anweisungen geben, doch am wirkungsvollsten setzt man seine Ansicht durch, indem man die richtigen Fragen stellt.

An zweiter Stelle steht der Intellekt. Stellen Sie Fragen, die Ihren Kindern die Augen öffnen und sie zum Nachdenken anregen. Stellen Sie Fragen, die den Geist stimulieren, beispielsweise: »Was würdest du tun, wenn du auf der Straße ein volles Portemonnaie fändest? Was solltest du deiner Meinung nach tun?« »Was tust du, wenn du ein anderes Kind bei einem Ladendiebstahl beobachtest? Was wäre in diesem Fall die richtige Reaktion?«

An dritter Stelle stehen die Maßnahmen, die Grenzen aufzeigen. Wie wir gesehen haben, ist es nie gut, schlechtes Verhalten einfach nur zu verurteilen, doch Sie sollten dies besonders dann vermeiden, wenn es sich dabei um schlechte moralische Ansichten handelt. Solche Schwächen sollten als Ausrutscher betrachtet und nicht anders behandelt werden, als wenn Ihr Kind beim Skifahren hinfällt. Die beste Hilfe besteht darin zu erklären, weshalb es dazu gekommen ist und dann vor ihm her den Berg hinunterzufahren, so daß es in Ihrer Spur fahren kann. Eine einsichtige Mutter drückte es so aus:

»Kinder sind dabei, sich gute moralische Ansichten anzueignen. Aber sie lernen noch, und es gibt keinen Grund zu erwarten, daß sie bereits perfekt sind – schließlich sind es noch Kinder! Es ist erstaunlich, wie viele Eltern kleine Kinder dazu auffordern, sich wie Erwachsene zu verhalten.«

Denken Sie an das Problem der Selbstachtung, das im letzten Kapitel behandelt wurde. Was moralische Ansichten und richtiges und falsches Handeln betrifft, so sind dies besonders empfindliche Bereiche, die direkt mit dem Selbstwertgefühl zusammenhängen. Achten Sie darauf, daß Sie moralische Botschaften verständnisvoll und ruhig weitergeben. Ziehen Sie Ihr Kind für schlechtes Verhalten zur Verantwortung, aber vergeben Sie ihm gleichzeitig seinen Fehler.

Unabhängige moralische Werte

Wertvorstellungen weiterzugeben bedeutet nicht, es darauf anzulegen, daß Ihr Sohn oder ihre Tochter einmal exakt an dasselbe wie Sie glauben und identische Urteile fällen wird. Vielmehr geht es darum, die Überzeugungen, die Ihnen teuer sind, am eigenen Beispiel zu verdeutlichen und weiterzugeben und gleichzeitig die Individualität Ihres Kindes zu akzeptieren. Dazu gehört auch, daß Sie es respektieren, wenn Ihr Kind andere Überzeugungen vertritt. Ein Vater sprach folgende Warnung aus:

»Machen Sie in Ihrem Buch klar, daß wir von unseren Kindern nicht erwarten, daß sie wie Roboter werden, die genau das tun und denken, was wir gerne hätten. Wenn sie nicht selbst ganz feste Vorstellungen haben und Richtiges nicht ohne unsere Hilfe von Falschem unterscheiden können, werden sie dem Druck Gleichaltriger, die sie zu irgendwelchen Dingen überreden wollen, nicht standhalten.«

Und eine Mutter meinte:

»Wenn Kinder in die Pubertät kommen, spielen sich große Veränderungen ab. Die Eltern müssen sich entsprechend anpassen. Sie haben zwar noch die Oberhand, aber die Kinder sind keine Abhängigen, sie wollen als gleichberechtigte Familienmitglieder gelten.«

> Die Verantwortung für die eigenen Gedanken und Aktionen kann niemandem aufgedrängt werden.

Eltern, die versuchen, moralisches Verhalten zu diktieren, müssen mit einer Überraschung rechnen: Ihre Kinder werden wahrscheinlich exakt das gegenteilige Verhalten an den Tag legen! Verantwortung muß aus dem Innern kommen. Sie erwächst aus dem Samen der Unabhängigkeit, der von Eltern eingepflanzt wird, die gewillt sind, Kindern ihre eigenen Gefühle zuzugestehen, damit sie eine eigene Identität bilden.

Vorbild sein

Meistens kann man Wertvorstellungen nicht erklären – schließlich kann man mit Worten auch nicht verständlich machen, wie man auf Skiern einen Abhang hinunterfährt. Vielleicht sind Sie in beiderlei Hinsicht ein Experte, aber es ist schwer, diese Fertigkeiten einfach nur mit mündlichen Erklärungen weiterzugeben. Genau wie Sie vor Ihrem Kind den Abhang auf Skiern hinunterfahren würden, zeigen Sie das Verhalten, das Ihren Wertvorstellungen und Überzeugungen entspricht, am eigenen Vorbild. Ihr Kind wird diese Dinge ganz natürlich in sich *aufnehmen.*

> Kinder erlernen den Umgang mit anderen Menschen durch die Art und Weise, wie ihre Eltern andere behandeln.

Unsere Experten sahen sich in vielen Rollen: als Freund, Erzieherin, Psychologin, Geistlicher, Polizist und moralische Lehrerin. Die Lehrerrolle war hinsichtlich der Wertvorstellungen am schwersten zu definieren, denn wie bringt man jemandem bei, sich »moralisch« zu verhalten? Es ist etwas ganz anderes als Algebra, wo die Gleichungen feststehen. Die Konzepte »Moral«, »Wertvorstellungen« und »Ideale« sind zu abstrakt, zu wenig faßbar, um einfach an der Tafel erläutert zu werden.

Ein Vater erklärte: »Um in seinem Innern zu begreifen, welche Empfindungen eine klare Sternennacht auslöst, muß man hinausgehen und den Himmel *beobachten*, weil man sie einfach nicht beschreiben kann.« Ähnlich müssen Kindern *sehen*, daß ihre Eltern sich moralisch verhalten. Nur darüber zu reden reicht nicht aus. Deshalb raten unsere Experten:

Behandeln Sie andere rücksichtsvoll.

Auch wenn es abgedroschen klingt, sollte man *diese goldene Regel befolgen* und ihre Bedeutung nicht unterschätzen. Kinder müssen sehen, daß ihre Eltern zu anderen freundlich sind. Zeigen Sie Ihre Freundlichkeit also jeden Tag, indem Sie jemandem die Tür aufhalten, einem anderen Autofahrer die Möglichkeit geben, sich vor Ihnen in den Verkehr einzufädeln oder im Restaurant anrufen, um mitzuteilen, daß Sie etwas später kommen werden, wenn Sie einen Tisch reserviert haben.

Helfen Sie Bedürftigen und zeigen Sie Mitgefühl.

Jeden Tag bieten sich Möglichkeiten, Mitgefühl zu zeigen. Ein Junge erzählte uns, wie er einmal auf eine Kreuzung zufuhr und einen älteren Mann mit Stock sah, der mitten auf der Straße stand, als die Ampel auf Grün schaltete. Während viele Autos einfach vorbeifuhren, hielt eine Frau an, stieg schnell aus ihrem Wagen aus, hielt den Verkehr an wie ein Polizist und führte den Mann über die Straße.

Zeigen Sie gegenüber anderen Ansichten Geduld und Toleranz. Respektieren Sie Menschen mit unterschiedlichem Hintergrund.

Eine Mutter sagte:

»Akzeptieren Sie alle Menschen bedingungslos. Seien Sie gewillt, Freundschaften mit Menschen zu schließen, deren Religion oder politische Ansichten sich von den Ihren unterscheiden. Denken Sie daran, daß Ihre Kinder Sie beobachten! Wenn Sie erwarten, daß sie tolerant sind und die Gedanken und Bedürfnisse anderer Menschen respektieren, sollten Sie auf Engstirnigkeit lieber nicht mit Engstirnigkeit reagieren.«

Die Mutter in der folgenden Geschichte bewahrte einen kühlen Kopf und zeigte ihrer Tochter die Qualität von Toleranz angesichts von Intoleranz.

»Vor einiger Zeit traf ich einen alten Schulfreund von mir. Wir hatten uns gerade ein wenig unterhalten, als er mir erzählte, daß Jesus mich liebe und daß ich am folgenden Sonntag unbedingt zum Gottesdienst in seine Kirche kommen müsse. Ich sagte: ›Peter, du weißt doch, daß ich Jüdin bin. Vor fünftausend Jahren gab es Jesus noch gar nicht. Wir betrachten ihn nicht als unseren Herrn, so wie Ihr Christen es tut.‹ Er erwiderte: ›Sarah, Juden sind ganz in Ordnung, aber sie sind einfach noch nicht erleuchtet worden.‹ Als meine Tochter Rebekka und ich weitergingen, erklärte ich ihr, daß jeder das Recht auf seine eigenen Überzeugungen habe und daß unsere sich einfach von denen in Peters Familie unterschieden.«

Achten Sie das Gesetz.

Wenn Sie von Ihren Kindern erwarten, daß sie gesetzestreu sind, sollten Sie lieber nicht im Parkverbot stehenbleiben, um schnell die Wäsche aus der Reinigung abzuholen.

Bereiten Sie ihre Kinder vor

Sie müssen damit rechnen, daß Ihr Sohn oder Ihre Tochter eines Tages einen Schlag in die Magengrube einstecken muß. Das beste Mittel dagegen ist Vorbeugung, sprich: Training der Bauchmuskeln. Vorbeugen ist besser als Reagieren. Warten Sie nicht, bis etwas passiert ist, um dann im nachhinein zu diskutieren, was schiefgelaufen ist bzw. weshalb es dazu kommen mußte. Wirken Sie Problemen von vornherein entgegen, indem Sie Ihren Kindern genügend Informationen und praktisches »Überlebenstraining« mitgeben. Eine solche vorbeugende Maßnahme können beispielsweise die weiter vorne diskutierten monatlichen Besprechungen sein, anläßlich derer die Familie verschiedene Themen diskutiert, die sich zum Teil auf das Verhalten der einzelnen Mitglieder beziehen können, aber auch auf politische und soziale Fragen. Ein Vater berichtete:

»Meine Frau und ich planten die Familienzusammenkünfte genau wie eine geschäftliche Konferenz. Wir bereiteten eine Tagesordnung vor, damit keine Zeit vertan würde und die Gespräche für die Kinder anregend und sinnvoll sein würden. Wir behandelten die unterschiedlichsten Themen, aber meistens handelte es sich um aktuelle Dinge, die wir für wichtig hielten. Zu Anfang der Zusammenkunft fragten wir unsere Kinder, ob sie irgendwelche Vorschläge zu machen hätten. Anschließend brachten wir dann unsere Themen auf den Tisch, bevor wir wieder auseinandergingen.«

Wenn Kinder für eine solche Besprechung im Kreis der Familie noch zu klein sind, können Sie einen anderen vorbeugenden Schritt unternehmen, um wichtige moralische Werte weiterzugeben: Erzählen Sie Geschichten. Geschichten vorzulesen, ist nichts Neues, aber es ist wichtig, Literatur *sorgfältig auszuwählen*, so daß sie zur Stärkung und Inspiration der Kinder beiträgt. Durch das altmodische Geschichtenerzählen werden wichtige Botschaften weitergegeben, die bei kleinen Kindern an die Gefühle und Phantasievorstellungen, die beiden wichtigsten Bereiche ihres Geistes, appellieren. Ein Lehrer, mit dem wir uns unterhielten, meinte:

»Wenn Kinder das Märchen von Schneewittchen einmal begriffen haben, werden sie die Bedeutung der Titelheldin, der bösen Stiefmutter, der sieben Zwerge und des Prinzen nie vergessen. Heute gibt es sogar eigene Buchhandlungen für Kinder, die speziell auf die Bedürfnisse junger Leser ausgerichtet sind. Die Bücher sind besser als je zuvor und mit wunderschönen Zeichnungen illustriert. In einer guten Buchhandlung findet man jede Menge von Literatur, die Moral- und Wertvorstellungen vermittelt, was ich für eine gute Sache halte. Diese Dinge sind heute wichtiger als je zuvor.«

Wenn Leidenschaft, Humor, Angst und Freude mit moralischen Botschaften durchsetzt sind, erhalten abstrakte Begriffe wie Loyalität oder Mut eine tiefere Bedeutung. »Es ist die emotionale Wirkung von Geschichten, die Ideen rüberbringt, ohne daß die Kinder es überhaupt merken«, fuhr der Lehrer fort. Da Kinder zu Helden mit einer nie nachlassenden Loyalität aufschauen, die den eigenen Eltern nur selten zuteil wird, können Geschichten auf eindrucksvolle Weise wichtige Konzepte vermitteln, die in belehrender Form überhaupt keine Wirkung hätten.

Die wichtigsten Wertvorstellungen

In einer Untersuchung der großen Weltreligionen fanden Wissenschaftler eine Reihe von universell akzeptierten Wertvorstellungen. Von denen, die sich über die Zeit hinweg bewährt hatten, hielten unsere Eltern die folgenden für besonders wichtig.

Mut

Mut ist die stärkste Waffe eines Kindes. Es muß sich auf diese Eigenschaft verlassen können, wenn es in Versuchung gerät, etwas Falsches zu tun.

Mut hilft Kindern, weiterzuschauen und sich nicht auf irgendwelche Verlockungen wie Drogen oder die sofortige Befriedigung durch Sex oder andere Dinge einzulassen. Mut zu haben bedeutet auch, das Licht am Ende eines dunklen Tunnels zu sehen, sich Schwierigkeiten entgegenzusetzen und so stark an sich zu glauben, daß man die Gewißheit hat, weiterzukommen und es zu schaffen.

Wie entwickelt man Mut? Wir haben über mehrere Möglichkeiten gesprochen, wie Eltern ihren Kindern Selbstachtung und Selbstbewußtsein – beides Komponenten persönlichen Mutes – eingepflanzt haben: 1. ermutigen Sie Ihr Kind, Risiken einzugehen, ohne sich wegen des Ergebnisses Sorgen zu machen, 2. lassen Sie es eigene Entscheidungen treffen, ohne es zu kritisieren, wenn sie falsch sind, 3. geben Sie ihm die Möglichkeit, seine Gefühle und Ideen offen auszudrücken, ohne zu zensieren oder Mißfallen zu äußern.

Mut wird auch gestärkt, wenn es zu unerwarteten Veränderungen kommt. Beim Umzug in ein neues Viertel, beim Tod eines Verwandten, beim Verlust eines Haustieres oder bei einer Scheidung sind aufrichtige Gespräche nötig, die Kindern zeigen, daß diese schwierigen Zeiten vergehen, wenn sie sich die nötige Entschlossenheit und den Mut bewahren, sie durchzustehen. Erinnern Sie Kinder daran, daß Krisen zum Leben dazugehören. Wenn man jetzt eine Krise durchsteht, lernt man jene, die unausweichlich später auftreten werden, besser zu handhaben.

Ehrgeiz

Obwohl der Rest unserer Liste an Wertvorstellungen zufällig angeordnet ist, haben wir den Ehrgeiz absichtlich nach dem Mut aufgeführt, weil ein unsicheres, ängstliches Kind, dem es an Mut mangelt, nie ehrgeizig sein kann. Ehrgeiz wird als »energisches Verfolgen eines Ziels« definiert. Haben Sie jemals ein kleines Kind beobachtet, das sich hinter dem Rock seiner Mutter versteckt? Es wirkt nicht besonders ehrgeizig, oder? Bei einem dreijährigen Kind ist das ganz in Ordnung so, doch manche Kinder trauen sich nie hinter der Schürze ihrer Mutter hervor. Ihnen mangelt es an Mut und Ehrgeiz. Erst wenn die Mutter ihr Kind vorsichtig aus dieser Schutzzone befreit, entwickelt es den Willen, sich auf unsicheres Terrain zu begeben. Dieser Wille könnte auch als *Ehrgeiz* beschrieben werden.

Ein Vater erinnerte sich an eine Szene aus seiner Kindheit, die zeigt, wie das Leben aus der Sicht eines Kindes aussieht, das aufgrund mangelnden Mutes und damit auch mangelnden Ehrgeizes handlungsunfähig ist.

»An einer Landstraße lag ein großer Teich, auf dem alle Kinder um die Weihnachtszeit herum zum Schlittschuhfahren gingen. Jahrelang beobachtete ich, wie mein Vater mit einem langen Stock die Stärke des Eises überprüfte. Mit etwa zehn Jahren lief ich ebenfalls auf dem Eis, aber da war dieser Junge, der älter aussah als wir – er dürfte etwa zwölf Jahre alt gewesen sein –, und der mit seinen Schlittschuhen am Ufer stand. Nie war er mutig genug, das Eis zu betreten. Irgendwie tat er mir leid. Er beobachtete uns für eine Weile und setzte sogar manchmal einen Fuß aufs Eis, bevor er sich wieder auf sein Fahrrad schwang und langsam davonfuhr. Ich habe nie gesehen, daß er sich ganz aufs Eis wagte, aber ich wußte, daß er es sich wünschte.«

Ehrgeizige Menschen packen das Leben beim Schopf. Sie verfügen über Neugier und einen Optimismus, der ihren Tatendrang unterstützt. Woher stammt dieser Geist? Aus einer Erziehung, die es darauf anlegt, daß Kinder neue Erfahrungen suchen und immer wieder noch nie begangene Wege gehen, Wege, die zu unbekannten Zielen führen.

Ein Junge, der als kleines Kind ermutigt worden war, sich für sich selbst einzusetzen, erinnerte sich, wie sehr er sich schließlich freute, ein Geschenk zu erhalten, nachdem er vorher selbst den Markt »eruiert« hatte.

»Mein Vater gehört nicht zu den Menschen, die alles für einen erledigen. Als ich sieben Jahre alt war und mir ein ferngesteuertes Flugzeug wünschte, sagte er, ich müsse selbst die Läden abklappern, um herauszufinden, wieviel so ein Spielzeug koste und was es alles könne. Ich wollte ein Flugzeug, das Loopings drehen und Stunts fliegen konnte. Als ich mich überall erkundigt hatte, war ich ein richtiger Experte, wußte, was angeboten wurde und welches ich mir kaufen wollte. Als ich mein Flugzeug gekauft hatte, wußte ich, daß es das beste auf dem Markt war. Aus diesem Grund bedeutete es mir sehr viel mehr, als wenn ich einfach mit meinem Vater in den Laden gegangen wäre und er mir das erstbeste gekauft hätte.«

Religion

Das Vertrauen in Gott oder in eine andere höhere Macht gibt Kindern Mut und Halt in ihrem Leben. Religiöser Glaube hilft aber auch, jene oft durch die Medien vermittelte hedonistische Vorstellung, daß im Leben nur Reichtum und Vergnügen zählen, als Trugbild zu erkennen. Der Glaube festigt die Menschen, so daß sie über das Flüchtige und Oberflächliche hinaussehen, und er bestärkt sie in ihrem Entschluß, sich materiellen Versuchungen zu widersetzen.

Mehrere Eltern berichteten uns, daß für sie die wahre Bedeutung von Religion und Glauben das Konzept der Liebe war. Dabei machte es keinen Unterschied, ob die Botschaft aus dem Evangelium, der Thora, dem Koran oder anderen modernen Lehren stammte.

Obwohl der größte Teil der befragten Eltern Mitglieder einer Religionsgemeinschaft sind, waren sie der Meinung, daß Religiosität nicht unbedingt mit einer Kirchenzugehörigkeit einhergehen müsse. Für sie zählte das innere, ganz persönliche Gefühl, Kontakt zu einer höheren Macht zu haben, die uns durch Schwierigkeiten lenken und unsere Beziehungen leiten kann.

Was erzählten unsere Eltern darüber, wie sie ihren Kindern eine Vorstellung von einem höheren Wesen, Schöpfer, einer höheren Macht, der ewigen Liebe oder Gott nahebrachten?

- Vermeiden Sie »ernste« Gespräche über Gott oder ein höheres Wesen, da kleine Kinder religiöse Themen auf diese Weise als unangenehm, vielleicht sogar furchterregend empfinden. Wenn Sie ein Konzept einführen, das nur schwer begreifbar ist, wird sich Ihr Kind langweilen und sich in seine eigene Phantasiewelt zurückziehen.
- Wenn Ihr Kind noch sehr klein ist, bitten Sie es, ohne jede Hilfe ein Bild von Gott zu malen. Gehen Sie das Ganze unbeschwert an, wenn Ihr Kind Ihnen erklärt, wie es Gott sieht. Eine Mutter erklärte dazu:

»Ich wollte meiner Tochter unbedingt vermitteln, daß da jemand ist, der sie beschützt. Ein gütiger Gott, auf den sie sich

verlassen kann und der voller Liebe und Vergebung ist und da ist, wenn sie ihn braucht.«

- Nutzen Sie Gelegenheiten, Religion und Gott zu diskutieren und achten Sie auf die Aufnahmebereitschaft Ihres Kindes. Wenn es beiläufig eine Frage stellt und eine einfache Antwort ausreicht, lassen Sie es dabei bewenden; gehen Sie nicht zu sehr auf diesen einen Punkt ein. Philosophische Diskussionen werden Ihr Kind garantiert langweilen und die Religion zu einem unangenehmen Thema machen, das Ihr Kind in Zukunft meiden wird.
  Herr Weber erklärte uns, wie er eine ausgezeichnete Möglichkeit nutzte, um das Thema Gott anzugehen, doch da es den Begriff der Ehrlichkeit miteinbezieht, haben wir es in die nächste Kategorie aufgenommen.

Ehrlichkeit

Herr Weber, ein erfolgreicher Jurist, der daran gewöhnt ist, praktisch zu denken, gab zu, daß er nicht gut vorbereitet war, als seine sechsjährige Tochter Susanne eines Tages zu ihm kam und ausrief: »Laura Sommer sagt, daß es kein Christkind gibt!« Er mußte die Situation schnell einschätzen. Mit sechs Jahren war Susanne noch sehr jung, um sich die Phantasievorstellung vom Christkind zerstören zu lassen. Wenn er andererseits ihren kindlichen Glauben bewahren wollte, indem er seine Tochter anlog, würde der Tag kommen, an dem sie, die ihm bislang vertraute, die Wahrheit herausfinden und ihm nicht mehr alles glauben würde. Herr Weber sah die Sache so:

»Ich war immer der Meinung, daß man die Dinge, die man für wichtig hält, weitergeben und unwichtige Dinge opfern solle. In diesem Fall war Ehrlichkeit wichtiger. Meine Tochter war in gutem Glauben zu mir gekommen und verlangte eine Antwort. Gab es ein Christkind oder nicht? Ich konnte sie nicht aus Be-

quemlichkeit belügen und ihr dann später beibringen, wie wichtig Ehrlichkeit ist.«

Herr Weber erzählte weiter, wie er diese Gelegenheit nutzte, um seinen Glauben an Gott zu erklären.

»Da ich Susanne gegenüber völlig ehrlich sein wollte, bot sich keine bessere Gelegenheit als diese, meine Ansichten über Gott darzulegen. Ich erklärte ihr, daß es kein Christkind gebe, aber daß ein Gott existiere. ›Nur weil etwas unsichtbar ist, heißt das nicht, daß es nicht da ist‹, erklärte ich ihr. ›Elektrizität ist überall, aber man muß nicht erst vom Blitz erschlagen werden, um das zu wissen.‹ Da ich mit ihr über geheimnisvolle Dinge sprach, die man nicht sehen kann, glaube ich, daß meine Ehrlichkeit hinsichtlich eines Gottes, der so unsichtbar wie das Christkind ist, wirklich Eindruck auf sie machte.«

Herr Weber wußte, daß Ehrlichkeit mit Vertrauen zu tun hat. Aus Lektionen wie dieser lernen Kinder, daß sie die Verantwortung tragen, zu anderen Menschen ehrlich zu sein. Nur auf diese Weise können sie echte persönliche Integrität entwickeln.

Eine Mutter, Frau Moretti, erzählte, wie sie ihre wichtigste Lektion über Ehrlichkeit lernte, die unglücklicherweise das Ergebnis von Unehrlichkeit seitens ihrer Mutter war. Ihre Geschichte unterstreicht, was wir bereits mehrmals erwähnt haben: Als Vater oder Mutter wird man ständig von den eigenen Kindern beobachtet und bewundert. Wenn man sie also enttäuscht, muß man auch die Konsequenzen tragen.

»Ich kann Ihnen sagen, warum ich meine Kinder nie angelogen habe und warum ich ihnen beibrachte, daß Ehrlichkeit so wichtig ist. Ich wuchs in Italien auf. Als ich fünf Jahre alt war, sagte meine Mutter eines Tages, sie würde einkaufen gehen, aber sie kehrte nie zurück. Ich wartete jeden Tag auf sie, doch sie kam erst nach fünf Jahren wieder – und ich kann mich an jedes einzelne dieser quälenden, einsamen Jahre erinnern. Sie

war nach Deutschland gegangen, um uns dort eine Existenz aufzubauen, aber sie hatte nie mit mir darüber gesprochen. Sie war nicht ehrlich zu mir, weil sie glaubte, es würde mir zu sehr weh tun, nehme ich an. Doch in Wirklichkeit war es ihre Unehrlichkeit, die mir am meisten weh tat. Ich mißtraute ihr noch jahrelang und bin mir immer noch nicht sicher, ob ich ihr völlig vergeben habe.«

Unsere Eltern halfen ihren Kindern, eigene Ehrlichkeitsbegriffe zu entwickeln, indem sie Fragen stellten, in denen es um Vertrauen ging. Sie taten dies nicht nur hin und wieder, sondern regelmäßig, was viel dazu beiträgt, daß Kinder lernen, gewissenhaft zu denken. Solche Fragen sind z.B.: »Warum ist es falsch zu lügen?« »Wenn du jedes Wochenende den Rasen mähen müßtest, um für ein neues Fahrrad zu sparen, wie würdest du dich dann fühlen, wenn jemand es stiehlt?« »Wenn jemand dir viel Geld für eine Information anbietet, die du für dich behalten solltest – und niemand dadurch verletzt würde –, würdest du sie dann weitergeben?« »Wenn du einen Reichen um eine Gabe für eine gute Sache bittest und er lehnt ab, was würdest du tun, wenn du siehst, wie ihm im Weggehen ein Zwanzigmarkschein aus der Tasche fällt?«

In jedem einzelnen Fall erklärten die Eltern, wessen Vertrauen durch die Verstöße verletzt würde. Eine Mutter berichtete uns, daß ihr neunjähriger Sohn dennoch Schwierigkeiten mit dem Begriff Vertrauensbruch hatte.

»Robert konnte nicht begreifen, was es bedeutete, aufgrund von Unehrlichkeit Opfer zu sein – selbst wenn es dabei um ihn ging. Also erklärte ich ihm, daß **er** *mehr als alle anderen das Opfer war, weil er durch Betrug eine Art Band zwischen sich und dem anderen Menschen zerstörte. Da er derjenige war, der den Bruch herbeiführte, würde er auch derjenige sein, der die Schuldgefühle ertragen müßte. Meistens merkt ja ein Verkäufer nicht einmal, daß etwas gestohlen wurde. Aber der Dieb weiß es, und er muß mit sich und dem Wissen, daß man ihm nicht vertrauen kann, leben.«*

Unwahrheiten von Kindern sind oft nichts weiter als Wünsche. Kleine Kinder leben in Phantasiewelten, wo Dinge einfach wahr werden, weil sie sagen, daß sie wahr sind – dies ist einer der großen Vorteile der Kindheit! Kinder sind nicht in der Lage, die Wahrheit absichtlich zu verzerren, weil ihr Sinn für Moral noch nicht entwickelt ist. Denken Sie daran, daß Kinder flunkern, weil sie nicht sagen wollen, was wirklich passiert ist, da man sie dann für »böse« halten würde. Bestrafen Sie solche kleinen Schwächen in der Kindheit nicht, bezichtigen Sie kleine Kinder nicht der Lüge und bestehen Sie nicht darauf, daß sie ihre Vergehen gestehen. Statt dessen sollten Sie lieber Geschichten aus der eigenen Kindheit erzählen. Berichten Sie, wie Sie ähnliche Fehler gemacht haben. Das nimmt den Druck von ihnen und vermindert Schuldgefühle.

Das Bild ändert sich jedoch beträchtlich, wenn Kinder junge Erwachsene werden. Bisweilen tun sie alles und erzählen sogar groteske Dinge, um die Wahrheit zu vermeiden, wie uns eine Mutter berichtete. »Ein kleiner Rat für Eltern von Jugendlichen: Passen Sie auf, wenn die Geschichte, die Kinder erzählen, so unglaublich ist, daß Sie meinen, sie kann gar nicht erfunden sein. Meistens ist sie es!« Lachend berichtete dann ihre Tochter von dem Vorfall, auf den ihre Mutter anspielte.

»Sie haben nach Ehrlichkeit gefragt. Nun, ich habe meine Mutter eigentlich nie richtig belogen, aber an einem Abend wußte ich, daß ich wirklich große Probleme mit ihr bekommen würde, weil ich viel zu spät nach Hause kam. Wir hatten soviel Spaß, daß ich einfach nicht nach Hause gehen ***konnte!*** *Ich wollte mir nicht einmal die Zeit nehmen, sie anzurufen, aber um Mitternacht dachte ich mir, es sei wohl besser, Bescheid zu sagen, und erfand diese großartige Geschichte: ›Wir waren in der Disko, und als wir losfahren wollten, hatte das Auto einen Platten. Ich wollte anrufen, aber es warteten so viele vor dem Telefonhäuschen. Dann rief ich den ADAC an und wartete eineinhalb Stunden lang auf Hilfe. Aber niemand kam, und ich mußte den Schaden selbst reparieren, weil alle anderen nach Hause gegangen waren. Beim Reparieren fiel der Wagen plötz-*

lich vom Wagenheber.‹ Ich erzählte immer wildere Geschichten, und meine Mutter glaubte mir! Erst ein Jahr später erzählte ich ihr, daß ich mir das Ganze ausgedacht hatte und sie sagte: ›Es war eine so unglaubliche Geschichte, daß ich sie geglaubt habe! Du kleines Ungeheuer!‹«

Stehlen ist ein weiteres Problem im Kontext von Ehrlichkeit, das in den meisten Familien unserer Untersuchung auftauchte. Wie beim Lügen muß man bei dieser Sache größte Vorsicht walten lassen. Viele unserer Eltern stellten fest, daß ihre Kinder irgendwann einmal im Alter von acht bis zwölf Jahren etwas gestohlen hatten. Aber sie reagierten *nicht*, indem sie ihren Kindern Schamgefühle vermittelten und ihnen sagten, wie schrecklich so etwas sei. Statt dessen betrachteten sie den Diebstahl als das, was er war: ein moralischer Ausrutscher – und nicht der Vorbote von jugendlichen Gewaltverbrechen.

Kleine Kinder stehlen möglicherweise, weil sie ein stärkeres Gefühl von Kontrolle oder Macht haben wollen; vielleicht fühlen sie sich wegen einer andere Sache schlecht und wollen sich »aufmuntern«, indem sie einem anderen etwas wegnehmen. Ältere Kinder möchten vielleicht die Aufmerksamkeit ihrer Freunde erregen, und sie stehlen Kleidung oder andere Statussymbole, um diese Bedürfnisse zu erfüllen. Kinder, die von ihren Eltern vernachlässigt oder abgewiesen werden, möchten vielleicht sogar bei einer Verzweiflungstat erwischt werden, damit ihnen endlich jemand Aufmerksamkeit schenkt.

Als Eltern müssen wir bei derartigen Vorfällen entscheiden, worauf ein solches Verhalten zurückzuführen ist; vielleicht liegen tiefersitzende Probleme zugrunde, die viel mehr bedeuten als der gestohlene Artikel. Wenn es sich lediglich um einen kindlichen Fehler handelt, was normalerweise der Fall ist, ergreifen Sie die entsprechenden Maßnahmen. Wenn Ihr Kind beispielsweise ein Buch aus der Bücherei »stiehlt« und es unter seinem Bett versteckt, weil ihm die Bilder gefallen, ist dies kein Kapitalverbrechen, aber es sollte die Sache dennoch selbst ins reine bringen. Es handelt sich um ein unannehmbares Verhalten, Punkt. Die Strafe sollte folgendermaßen aussehen: Fordern

Sie *Ihr Kind* auf, das Buch zurück zur Bücherei zu bringen, und lassen Sie es die Strafe von *seinem* Geld bezahlen, nicht von Ihrem. Schließlich wollen Sie die Bedeutung dieser Missetat nicht minimieren, indem Sie Ihr Kind in Schutz nehmen.

Bescheidenheit

In unserer erfolgsorientierten Ellbogengesellschaft, in der nur das zählt, was man darstellt und was man materiell erreicht hat, ist es schwer, den Wert von Bescheidenheit zu vermitteln. Eine Möglichkeit besteht darin, Kinder, die zu sehr auf sich selbst bezogen sind, daran zu erinnern, daß Hilfsbereitschaft gegenüber anderen Menschen Vorrang vor der Erfüllung unbedeutender persönlicher Bedürfnisse hat. Eine Mutter sprach mit ihrer zehnjährigen Tochter, die beim Eintritt in die fünfte Klasse zu sehr mit ihrer eigenen Beliebtheit beschäftigt war:

»Ich erinnerte sie an einen Satz, den meine Großmutter immer aussprach, wenn wir uns zu wichtig nahmen: ›Es gibt wichtigere Dinge in der Welt als mich selbst, doch wenn ich nur mich sehe, kann ich diese Dinge nicht wahrnehmen.‹ Sie hatte noch einen anderen Spruch auf Lager, wenn wir ihrer Meinung nach zu großspurig wurden: ›Ich lieb' mich selbst und find mich toll, wenn ich ins Kino gehe, halte ich meine eigene Hand.‹ **Erinnern** *Sie Ihre Kinder daran, wenn sie sich egoistisch verhalten! Versäumen Sie dies, werden sie tatsächlich denken, sie seien der Mittelpunkt der Welt, und werden überhaupt nicht mehr auf Sie hören.«*

Die beste Möglichkeit, Bescheidenheit statt Ichbezogenheit zu fördern, besteht darin, *Dankbarkeit* zu lehren. Kinder sollten *dankbar* sein für das, was sie haben. Leider scheint dieser alte Wert oft in Vergessenheit zu geraten.

Großzügigkeit

Was bringen wir unseren Kindern bei, wenn wir jemanden, der von Tür zu Tür geht, um für einen guten Zweck zu sammeln, wegschicken oder in der Weihnachtszeit schnell an den Sammeldosen für Hilfsbedürftige vorbeigehen? Solche Akte der Sparsamkeit sind in unserer Gesellschaft leider die Regel und nicht die Ausnahme. Wäre es nicht so, brauchten wir die Freiwilligen nicht, die von Tür zu Tür gehen – statt dessen säßen sie in einem Büro, um eingegangene Geldsendungen zu zählen. Obwohl die meisten Menschen es sich leisten könnten, ein paar Mark für die Armen zu spenden, sind sie so sehr damit beschäftigt, bereits übersättigten Kindern noch ein weiteres Geschenk zu kaufen, daß sie nicht stehenbleiben und ein paar Münzen in die Sammeldose werfen. Gerade hier bietet sich aber eine gute, jedoch oft versäumte Gelegenheit, Kindern Großzügigkeit näherzubringen.

Ähnlich verhält es sich mit Spendenaufrufen im Fernsehen. Die meisten Menschen werden von den Bildern hungernder Menschen und Kriegsopfer bewegt, aber wie viele tun tatsächlich den nächsten Schritt und füllen eine Banküberweisung für ihre Spende aus?

Der Großmut, den unsere Eltern ihren Kindern zeigten, beruhte auf Liebe – Liebe, die im Gegenzug nichts erwartete und absolut war. Die folgenden Punkte zeigen, wie unsere Experten ihren Kindern Liebe und Großzügigkeit nahebrachten.

- Um einem Kind die wahre Natur des Gebens beizubringen, sollte es mit anderen nicht die Dinge teilen, an denen es das Interesse verloren hat, sondern jene, die es am meisten liebt, etwa seine Puppen oder aber ein Eis. Weil diese Dinge ihm soviel Freude bereiten, sollten Sie freundlich darauf hinweisen, wie wunderbar es wäre, diese Gefühle zu teilen und anderen Kindern zu helfen, dieselbe Freude zu erfahren. Konzentrieren Sie sich auf das *Ergebnis* des Gebens, damit die Geste dem Kind nicht als Verlust erscheint. Zeigen Sie Begeisterung, indem Sie auch eigene Dinge mit den Freunden Ihres Kindes teilen.

- Bitten Sie Ihr Kind in der Vorweihnachtszeit, Spielzeug und Kleidung auszusuchen, die es nicht mehr braucht. Wenn es meint, daß es ohne sie nicht leben kann, befolgen Sie den Rat einer der Mütter in unserer Untersuchung. Öffnen Sie die Spielzeugkiste und den Kleiderschrank und ordnen Sie die Dinge nach Kategorien. Fragen Sie, wann es zum letztenmal mit einem bestimmten Spielzeug gespielt oder ein bestimmtes Kleidungsstück getragen hat. Sie empfahl folgendes:

»Nehmen Sie drei Pullover heraus und fragen Sie Ihr Kind, ob es seiner Meinung nach mit zwei Pullovern durch den Winter kommt. Ein kleines Kind wird nicht freiwillig etwas aufgeben wollen. Versuchen Sie, mit ihm zu reden. Erklären Sie ihm, wieviel ein warmer Pullover einem bedürftigen Kind bedeuten würde. Wenn Ihr Kind immer noch nicht versteht, gehen Sie mit ihm ohne Pullover für ein paar Minuten vor die Tür. Wahrscheinlich wird es bald nachgeben.«

- Stellen Sie eine Sammeldose bei sich zu Hause auf. Eine Mutter berichtete uns, daß die ihre in der Küche stand. Wenn sie etwas zu leicht war, stellte sie sie auf den Eßtisch und fragte, ob jemand bereit sei, etwas Geld für bedürftige Menschen zu spenden.

»Wenn man nicht immer wieder auf diese Dinge hinweist, vergessen Kinder schnell, daß es auch Menschen gibt, die unsere Hilfe brauchen«, erklärte sie. »Man muß Kinder ständig daran erinnern, und ich hielt die Essenszeit immer für einen besonders geeigneten Augenblick.«

- Bringen Sie Ihren Kindern bei, immer an andere zu denken und zwar nicht nur in der Weihnachtszeit. Frau Thomas brachte ihren Kindern bei, bereits im Januar an Weihnachten zu denken.

»Als die Kinder klein waren, bat ich sie, Münzen oder andere Kleinigkeiten, die sie fanden, als Weihnachtsgeschenk für die

Armen einzupacken. Das taten wir das ganze Jahr über. Auf diese Weise lernten sie, anderen etwas zu geben, statt die ganze Zeit über Dinge für sich zu behalten. Die Mädchen starteten sogar eine Art Wettbewerb, wer am Ende des Jahres die meisten Geschenke haben würde. Das fand ich ganz in Ordnung, denn gegen diese Art von Konkurrenzkampf habe ich nichts einzuwenden.«

Bildung

Wir müssen wohl nicht erst darauf hinweisen, daß unsere erfahrenen Eltern Bildung besonders schätzten. Zwei sagten uns ganz klar, warum sie so wichtig ist. Der erste Vater war Leiter eines großen Pharmazieunternehmens. Als wir uns mit ihm und seiner Frau unterhielten, erfuhren wir, daß Zielsetzungen und deren entschlossene Durchsetzung der Schlüssel für ihren Erfolg waren. Zur Bildung, die er und seine Frau beide für den größten Wert hielten, sagte er folgendes:

»Als Kai drei Jahre alt war, fragten wir ihn bereits, was er später einmal werden wollte. Ich erinnere mich, daß er damals erklärte, er wolle Arzt werden. In Ordnung. Ich erklärte ihm, daß für diesen Beruf Chemie, Mathematik, Naturwissenschaften und Latein wichtig seien. Etwas später wollte er Pilot werden. Als ich ihn fragte, warum er seine Meinung geändert habe, erklärte er: ›Ärzte müssen samstags arbeiten, und ich würde die Trickfilme im Fernsehen verpassen!‹ [Alles lacht.] Zumindest machte er sich Gedanken! Was ich sagen will, ist folgendes: Wir haben Kai immer gesagt, er solle sich einen Beruf aussuchen und lernen, um sich darauf vorzubereiten. Es macht nichts, wenn man seine Entscheidung später wieder umstößt, aber man sollte mit den Vorbereitungen beginnen, sobald man sein Ziel festgelegt hat. Wenn man sich für etwas anderes entscheidet, beginnt man von neuem, um sich das Wissen anzueignen, das nötig ist, um sich diese Position zu sichern. Man kann seine Berufswünsche ruhig ändern, weil man so eine umfassen-

dere Bildung erhält. Wichtig ist nur, daß das, was man heute tut, über die Zukunft entscheidet. Später, als Kai heranwuchs und seine Meinung änderte, fragten wir, ob er es tat, weil er immer noch am Samstagmorgen die Trickfilme im Fernsehen sehen wollte! Das brachte ihn jedesmal auf die Palme.«

Über dasselbe Thema redeten wir mit einer alleinerziehenden Mutter, die in einer bescheidenen Wohnung in der Innenstadt lebte. Von ihren finanziellen Mitteln her befand sie sich im Vergleich zu Kais Eltern am anderen Ende des Spektrums, aber sie glaubte genauso leidenschaftlich, daß eine gute Ausbildung von größter Bedeutung war. Es war sicherlich zum größten Teil auf diese Überzeugung zurückzuführen, daß ihre Tochter von einer Stiftung ein Stipendium erhalten hatte.

»Ich erklärte meiner Tochter immer wieder, sie solle studieren, damit es ihr später besser gehen würde als mir – ich arbeite als Verkäuferin für zwölf Mark die Stunde. Ich hatte keine Ausbildung und keine besonderen Fertigkeiten und daher keine Zukunft. Aber sie verfügte über eine Ausbildung, und ich wollte, daß sie das Beste daraus machte. Ab und zu nahm ich sie mit zur Arbeit, damit sie sah, wie es war, den ganzen Tag lang Befehle vom Chef entgegenzunehmen und Kunden zu bedienen. Sie sollte wissen, daß sie nicht so enden mußte, wenn sie eine Ausbildung hatte; das war das ***einzige****, was ihr eine gute Zukunft garantieren würde – und jetzt ist sie Gott sei Dank auf dem besten Weg.«*

Geld

Der Definition zufolge ist *Geld* kein Wert, aber in unserer Gesellschaft gilt es mehr als alles andere. Warum würden wir es sonst so anbeten, ständig dahinter her sein, es verspielen und, wenn wir genug davon ansammeln, es vor allen zur Schau stellen?

Über das Thema Geld wird auch auf dem Schulhof geredet. Manche Kinder tragen immer die neuesten Klamotten, während andere die Kleidung älterer Geschwister auftragen müssen. Manche Eltern sind Ärzte, während andere als Hausmeister arbeiten, so daß Einkommen und Vermögen weit auseinanderklaffen. Kinder sind sich dieser Unterschiede durchaus bewußt und geben gerne an: »*Mein* Vater ist *Rechtsanwalt*!« oder: »*Wir* haben ein *Boot*!«

Nicht selten beten die Kinder von heute Geld förmlich an, aber im Grunde verstehen sie seinen Zweck nicht und stellen bestenfalls nur eine vage Verbindung zwischen harter Arbeit und Geldverdienen her. Wie Fred Gosman, Autor des Buches *Spoiled Rotten* schreibt, ist die Arbeitsmoral früherer Zeiten verlorengegangen. Unsere Eltern stimmen ihm zu.

»Die Kinder von heute nehmen Leistungsverweigerung als gegeben hin«, meinte ein Vater. »Was kann man bei Vorbildern wie Bart Simpson auch anderes erwarten? Der Grunge-Look ist in und hat auch Auswirkungen auf das **Denken.** *Die Kinder setzen die Baseball-Kappe verkehrt herum auf, die Hose hängt ihnen in den Kniekehlen, sie haben keinerlei Motivation zum Erfolg und wissen nicht einmal, wer der Finanzminister ist.«*

Eine unfaire Charakterisierung? Vielleicht. Aber tatsächlich erleben viele Mädchen und Jungen, daß das Geld irgendwo herkommt, ohne daß sie das Geringste dafür tun müssen. Viele hängen den ganzen Tag lang bei Muttern vor der Glotze rum und weigern sich sogar, eben im Laden an der Ecke einen Liter Milch kaufen zu gehen. »Nicht jetzt, im Fernsehen läuft gerade mein Programm.«

Sorgen Sie dafür, daß Ihr Kind nicht die Vorteile eines verantwortungsfreien Lebens kennenlernt, dessen Nachteile sich nur allzu bald herausstellen werden, indem Sie folgende Ratschläge unserer Experten befolgen.

- Erklären Sie kleinen Kindern die Beziehung zwischen Arbeit und Einkommen. Zeigen Sie ihnen, daß alles – angefangen bei ihrer Puppe bis hin zu den täglichen Lebensmittelkäufen – direkt mit Ihrer Arbeitsleistung zusammenhängt. Nehmen Sie Ihre Kinder hin und wieder mit zur Arbeit, wie Petras Mutter es getan hat, und lassen Sie sie dort kleine, aber nicht gerade die spannendsten Aufgaben gegen die entsprechende Bezahlung verrichten. Achten Sie darauf, was nach zehn Minuten passiert und wie sie plötzlich Arbeit und Geld zu schätzen wissen.

- Erklären Sie, was es mit dem Geldkreislauf auf sich hat: Sie helfen Ihrem Unternehmen, ein Produkt oder eine Dienstleistung zur Erfüllung eines Bedürfnisses zu liefern; ein Kunde bezahlt dem Unternehmen Geld dafür; und Sie wiederum erhalten einen Teil des Geldes als Gehalt. Es gibt nichts umsonst.
- Wenn Kinder älter sind, begreifen sie, was ein Familienetat bedeutet. Setzen Sie sich mit Ihren Kindern zusammen und sprechen Sie über Ihre finanzielle Lage und darüber, wieviel für jedes Kind ausgegeben werden darf. Eine Mutter beschrieb, wie erstaunt ihre siebenjährige Tochter Jennifer war, als sie ihr erklärte, was es mit Geld auf sich hat.

»Als ich Jennifer erklärte, daß ich ihr nicht das Geld für all ihre Wünsche geben könnte, hatte sie eine clevere Idee: ›Warum holst du dir nicht einfach Geld aus dem Bankautomaten?‹ Offensichtlich hatte sie keinerlei Vorstellung, daß man zuerst Geld auf dem Konto haben mußte, um es abheben zu können. Also holte ich unsere Bankauszüge hervor, zeigte ihr, welche Kosten – Hypothek, Strom, Wasser usw. – jeden Monat abgebucht wurden, und wie sich dadurch der Kontostand stetig verringerte. Sie traute ihren Augen nicht.«

Eine andere Mutter ließ ihre zwölfjährige Tochter sogar ein paar Monate lang Überweisungen ausfüllen, so daß sie aus erster Hand erfuhr, was für Ausgaben in einem Haushalt so anfallen.

Verdienen und sparen

Eltern sind sich manchmal nicht sicher, ob sie ihren Kindern Taschengeld geben oder sie für Arbeiten im Haushalt bezahlen sollten und ob es angebracht ist zu kontrollieren, wofür ihre Kinder ihr Geld ausgeben. Selbst unter unseren Eltern bestand in dieser Hinsicht keine Einigkeit. In diesem Teil umreißen wir daher die Grundsätze, auf die sich alle einigten, um Kindern den Wert von Geld am besten beizubringen. Alle waren der Meinung, daß Eltern darauf achten sollten, daß dem Geld keine zu große Macht zuerkannt wird, indem man es als Erziehungswerkzeug einsetzt und es bei schlechtem Verhalten zurückhält oder gute Noten damit bezahlt. Verhalten und Geld sollten nichts miteinander zu tun haben, weil Kinder, die Geld mit Leistung in Zusammenhang bringen, bald lernen, es zu überschätzen. Wenn Geld im Mittelpunkt ihres Lebens steht, können sie es leicht als Ausdruck von Liebe mißdeuten oder umgekehrt das Fehlen von Geld als Mißbilligung betrachten. Lob und Respekt sind die Werkzeuge, mit denen man Gefühle zeigen sollte – nicht Geld.

Unsere Eltern waren der Meinung, daß Kinder am besten Geldverständnis und Fleiß entwickeln, wenn man ihnen die Möglichkeit gibt, Arbeiten im Haushalt zu übernehmen, und zwar schon in jungen Jahren.

Geld verdienen

Führen Sie tägliche oder wöchentliche Aufgaben (den Müll hinaustragen, den Tisch abräumen, die Katze füttern oder die Wäsche zusammenlegen) in einem Plan der regelmäßig zu erledigenden Aufgaben auf, den sie für alle gut sichtbar aufhängen. Weisen Sie Ihr Kind darauf hin, daß Sie mit *Ihrer* Arbeit *Ihre* Verantwortung gegenüber der Familie erfüllen, während bestimmte Arbeiten im Haushalt *seine* Verantwortung gegenüber der Familie sind. Unsere Eltern waren alle der Meinung, daß Kinder nicht glauben sollten, jede Aufgabe müsse mit einer kleinen Geldsumme bezahlt werden, vielmehr sollten sie eine allgemeinere Entlohnung mit Geld erhalten, weil sie arbeitendes Mitglied einer Familien-Kooperative sind.

Einige Eltern gaben ihren Kindern ein wöchentliches Taschengeld (Näheres dazu unter *Sparen* weiter unten) als Gegenleistung für diese Kooperation, während andere eine zusätzliche Vereinbarung trafen und ihren Kindern beispielsweise mehr Geld gaben, wenn sie es brauchten, unter der Voraussetzung, daß sie ihren Teil der allgemeinen Abmachung einhalten würden. Dabei stellte sich heraus, daß die Kinder in beiden Fällen in etwa dieselbe Geldmenge erhielten.

Wenn Ihr Kind sich *zusätzlich* etwas Geld für die Freizeit oder zum Sparen verdienen möchte, schlagen Sie vor, daß es Extra-Arbeiten übernimmt, etwa Malerarbeiten oder Arbeiten im Garten, die Sie normalerweise anderweitig vergeben und bezahlen würden. Übertragen Sie Ihrem Kind Aufgaben, die in kurzer Zeit erledigt werden können und die nicht langweilig oder mühselig sind. Wenn es fertig ist, wird es mit sich und seiner Leistung zufrieden sein und später gerne eine weitere Aufgabe übernehmen.

Sparen

Sparschweine sind nichts Neues, aber das Sparen mit drei Spardosen weist einen neuen Weg. Mehrere der von uns befragten Eltern hielten sich an das dreifache Sparsystem, das ein Vater folgendermaßen charakterisierte: »Etwas sparen, etwas ausgeben, etwas spenden.« Das System sieht folgendermaßen aus:

»Es funktioniert im Prinzip so: Ich gab meiner Tochter drei Sparschweine von unterschiedlicher Größe. Das größte enthielt Geld, das sie ausgeben konnte, das zweitgrößte diente zum Sparen und das Geld aus dem kleinsten Sparschwein war für wohltätige Zwecke gedacht. Bei den beiden großen Sparschweinen war ich großzügig – so durfte meine Tochter Geld von den Ersparnissen nehmen, um sich etwas Besonderes zu kaufen; aber eine Regel lautete, daß Julia sich erst etwas kaufen durfte, wenn das Sparschwein für Spenden voll war – was nicht

weiter schwierig war, denn es hatte nur etwa zehn bis zwanzig Prozent des Inhalts der anderen Spardosen. Glauben Sie nicht, daß sie lange überlegen mußte, welche Dose sie zuerst füllen wollte. Sie hatte damit keinerlei Probleme.«

Wenn Kinder sich erst einmal ans Sparen gewöhnt haben, können sie sich ein Sparbuch anlegen und zwar bereits in recht jungen Jahren. Einige unserer Eltern erklärten ihren Kindern bereits im Alter von fünf Jahren das Konzept von Sparen und Zinsen. Die meisten interessierten sich für dieses Thema und das Ganze wurde noch interessanter, wenn ihre Eltern zu jeder selbst gesparten Mark zehn Pfennig dazugaben.

Wie bereits oben erwähnt, zahlten viele Eltern ihren Kindern kein Taschengeld, sondern gaben ihnen lieber das nötige Geld, wenn ein Kauf gerechtfertigt war. Doch die Eltern, die ein Taschengeld zahlten, waren der Meinung, daß dies bestimmte Vorteile hatte. Eine Mutter meinte dazu:

»Ein Taschengeld bringt dem Kind automatisch den vernünftigen Umgang mit Geld bei. Es lernt haushalten, weil die erhaltene Summe für eine ganze Woche reichen muß. Es muß also sparen, wenn es sich einen bestimmten Artikel kaufen will. Wenn man nachgibt und ihm zusätzliches Geld gibt, wird das ganze System unterminiert.«

Verzögerte Befriedigung eines Wunsches trägt viel zur Charakterbildung bei. Der Zeitraum zwischen dem Wunsch und seiner Verwirklichung ist wie Gold: Wenn sich etwas zu leicht erreichen läßt, verliert es schnell seinen Wert. Doch wenn man auf die Erfüllung eines Wunsches warten muß, wird das Kind entscheiden, ob der Artikel es wirklich wert ist und ihn in diesem Fall viel mehr zu schätzen wissen.

Ein Schüler erinnerte sich an das scheinbar endlose Warten auf etwas, das er unbedingt haben wollte.

»Als ich sieben Jahre alt war und mein Bruder neun, erklärte mein Vater, daß wir die Rennräder mit zehn Gängen haben

dürften, die wir uns so sehr wünschten, aber wir mußten dafür sparen. Also sparten wir wie verrückt. Ich trug Werbezettel aus, und Joachim mähte für Leute in der Nachbarschaft den Rasen. Wir sparten monatelang. Es schien ewig zu dauern, aber dann war es eines Tages so weit. Plötzlich standen die Räder da. Unser Vater hatte unsere Ersparnisse [die er aufbewahrte] genommen und, da bin ich mir sicher, einiges von seinem Geld dazugelegt und uns überrascht. Da standen sie also, diese Wahnsinnsräder! Wir waren völlig überrascht. An diesem Tag fuhr ich auf unserer Einfahrt stundenlang im Kreis herum, und als wir fertig waren, polierten wir sie und stellten sie die erste Nacht am Ende unserer Betten auf. Am nächsten Tag fuhren wir wieder stundenlang mit ihnen herum. Wir liebten diese Fahrräder, und es hatte sicherlich damit zu tun, daß wir so hart gearbeitet hatten, um sie zu bekommen.«

Das Unabhängigkeitsgefühl eines Kindes wird gestärkt, wenn es sich die Dinge, die es mit seinem Geld kaufen möchte, selbst aussuchen kann. Natürlich können Sie anbieten, Ihrem Kind denselben Betrag, den es ausgibt, beizusteuern, aber im großen und ganzen sollten Sie sich zurückhalten. Wenn Sie um Hilfe gebeten werden, lassen Sie sich nicht darauf ein, sondern sagen: »Es ist dein Geld. Du weißt am besten, was du damit tun willst.« Genau das tat der Vater im vorigen Kapitel, als seine Tochter sich einen Wagen kaufte. Auch hier ist das Gefühl, das eigene Leben zu meistern, wichtiger, als die »richtige« Wahl zu treffen.

Vielleicht ist die Vorstellung, das eigene Leben zu meistern, der beste Übergang zu unserem letzten Kapitel, das sich mit den Beziehungen zu anderen Menschen, vor allem aber zu Gleichaltrigen befaßt.

6. Sicherheit im Umgang mit anderen Menschen

Ein Kind mag in der Schule gute Leistungen zeigen, seinen Eltern gegenüber ein Engel sein und ziemlich klare Vorstellungen davon haben, was richtig und was falsch ist, aber wenn es in der Pause auf dem Schulhof immer alleine herumsteht, welche Qualität hat sein *Leben* dann? Wie sehen wohl seine Gefühle aus, wenn es zu den anderen hinübersieht, die sich lachend Geschichten erzählen, während es alleine sein Pausenbrot ißt?

Das Erlernen zwischenmenschlicher Fähigkeiten ist wichtig für die erfolgreiche Interaktion mit anderen Menschen, angefangen beim Kleinkind- bis hin zum Erwachsenenalter. Ein Kind, das nie lernt, sich einer Spielgruppe anzuschließen, oder nicht weiß, wie es sich in einer solchen Gruppe verhalten muß, mag ähnliche Schwierigkeiten haben, wenn es später darum geht, in der Grundschule Freundschaften zu schließen, sich an der Uni anderen Kommilitonen anzuschließen oder später in einem Unternehmen mit anderen zusammenzuarbeiten.

Kein Kind sollte im sozialen Exil leben. Jeder Mensch kann lernen, *freundlich* und *mitfühlend* zu sein – was die wichtigsten Eigenschaften einer guten Freundin bzw. eines Freundes sind –, und jeder kann lernen, persönlich attraktiv und liebevoll zu sein und sozial verantwortlich zu handeln.

Unsere Eltern verfolgten in dieser Hinsicht zwei Ziele: An erster Stelle stand der Wunsch, daß ihre Kinder ein glückliches, bedeutungsvolles und kein düsteres, einsames Leben führen sollten. Der zweite Wunsch war, daß sie sowohl in ihren Familien als auch allgemein in der menschlichen Gemeinschaft einen sozialen Beitrag leisteten. Um diese Ziele zu verwirklichen, mußten bestimmte Grundlagen vorhanden sein.

Zunächst muß ein Kind daran glauben, daß es ein guter Freund oder eine gute Freundin sein kann. Dazu ist die bereits diskutierte Selbstachtung nötig. In diesem Kapitel werden Sie erneut feststellen, wie wichtig sie ist. Hilfreich ist außerdem, wenn es mit Menschen aller Altersgruppen zusammenkommt, so daß es in der Praxis geschicktes soziales Verhalten und seine Wirkung auf andere beobachten kann. Schließlich sollte das Gelernte in die Praxis umgesetzt werden – man muß aus sich herausgehen, um Freundschaften zu schließen, man muß lernen, auf Menschen zuzugehen und dabei diejenigen auszuwählen, die einem guttun und keinen Schaden zufügen werden. Mit diesen Themen werden wir uns nun befassen, doch vorher wollen wir überlegen, was einen Menschen ausmacht, der sicher im Umgang mit anderen Menschen ist und dabei Positives erfährt.

- Er findet sich gut zurecht in der Gesellschaft und seinem persönlichen Umfeld, seine Persönlichkeit zieht andere an, er wird von anderen gemocht, schließt leicht Freundschaften, leistet einen Beitrag für die Gemeinschaft und sorgt sich um das Wohlergehen anderer.
- Er macht einen guten Eindruck auf Fremde. Sie interessieren sich für ihn und wollen ihn kennenlernen. Wenn sie ihn näher kennen, enttäuscht er sie nicht. Aufgrund des eigenen Gefühls von Sicherheit kann er ihre emotionalen Bedürfnisse erfüllen und ist auch bereit dazu. Im Gegenzug erwartet er nichts Unvernünftiges von ihnen. Ihm geht es mehr darum, zu *geben* als zu *empfangen.*
- Er kommuniziert durch geschicktes Zuhören und Reden, wie wir im ersten Kapitel über *Verständigung* gesehen haben.

Alle oben genannten Charakterzüge bauen aufeinander auf, und Sie werden verstehen, warum wir dieses Kapitel über den Umgang mit anderen in diesem Buch an die letzte Stelle gesetzt haben. Alles, was wir angeführt haben, muß vorhanden sein, damit Kinder sich in ihrer Umgebung zurechtfinden und mit anderen Menschen auskommen können. Wie erkennen Sie, ob Sie Ihrem Kind ausreichende soziale Fähigkeiten beigebracht haben, ob es emotionale Intelligenz besitzt? Sie können dies anhand vielfältiger Zeichen feststellen: Ihr Kind wird gewillt sein, seine Spielsachen mit anderen zu teilen oder mit einem Kind, das keine Freunde hat, zu spielen, ohne speziell dazu aufgefordert zu werden. Es wird sozial auffassungsfähig sein und die Launen und Gefühle anderer Kinder erkennen, indem es auf ihren Gesichtsausdruck oder ihren Tonfall achtet. Es wird in der Lage sein, mit Menschen in unterschiedlichen Situationen zu reden und auf ihre Bedürfnisse einzugehen. Es wird Vorschläge machen, auf die andere Kinder reagieren, und vor allen Dingen werden seine Freundschaften Bestand haben, weil es liebevoll und vertrauenswürdig ist.

Die frühzeitige Entwicklung sozialer Fähigkeiten

Überlegen Sie, was an diesem Szenario nicht stimmt: Eltern und Kinder brechen nach einem Besuch bei Freunden auf. An der Tür sagt der Vater zu seinem sechsjährigen Sohn: »Nun, Stefan, willst du Frau Homann nicht auf Wiedersehen sagen und dich bei ihr für das Essen bedanken?« Eine ganz normale Elternreaktion, nicht wahr? Genau dies tun die meisten Eltern, wenn sie ihren Kindern korrektes Sozialverhalten beibringen wollen. Aber deshalb ist es noch lange nicht richtig.

Wir wollen uns ein wenig näher mit diesem Beispiel befassen. Vier Dinge sind nicht in Ordnung: Erstens ermahnt der Vater sein Kind vor anderen Leuten, zweitens tut er es, *bevor* der Junge überhaupt etwas Falsches getan hat, drittens hat er *angenommen*, daß der Junge nicht in der Lage sei, das Richtige zu tun und viertens hat er sein wichtigstes Lehrwerkzeug vergessen: das eigene Vorbild. Er forderte seinen Sohn auf, sich zu verabschieden, bevor er selbst auf Wiedersehen gesagt hat! Wenn dieser Junge seinen Vater beobachtet hat, um Hinweise auf das richtige Sozialverhalten zu erhalten, hat er sie mit Sicherheit nicht bekommen.

> Soziale Fähigkeiten müssen geübt werden.

Und nichts will mehr geübt sein als *gutes Benehmen*, mit dem wir uns zuerst beschäftigen wollen. Anschließend wenden wir uns zwei weiteren Schlüsselkomponenten der frühen Sozialisation zu: *Verhandlungen* und *Kooperation*.

Gutes Benehmen

Wenden wir uns wieder dem Beispiel von Frau Homann und Stefan zu. Wir können die Szene etwas abändern und so darstellen, wie sie eigentlich hätte ablaufen sollen. Statt die unbewußte Botschaft von Inkompetenz und Unhöflichkeit auszusenden, hätte Stefans Vater ein Beispiel für gutes Benehmen geben können. »Frau Homann, es hat wunderbar bei Ihnen geschmeckt. Stefan und ich haben das Essen sehr genossen, nicht wahr, Stefan?« Hier legt der Vater gutes Benehmen an den Tag. Das Kind lernt dabei, ohne irgendwelche Schamgefühle zu empfinden. Was Stefans Vater in der ersten Szene vergessen hat, ist ein Grundprinzip der Erziehung:

> Um rücksichtsvolle, zuvorkommende Kinder zu erziehen,
> müssen zuerst die Eltern rücksichtsvoll
> und zuvorkommend sein.

Erklären Sie, was gutem Benehmen zugrunde liegt – warum Sie einen Dankesbrief schreiben oder warum Sie warten, bis alle anderen etwas auf dem Teller haben, bevor Sie sich selbst bedienen. Ohne derartige Erklärungen ergibt gutes Benehmen keinen Sinn. Ein Siebenjähriger wird nicht verstehen, warum der Teller mit Spaghetti vor ihm warten sollte, wenn er sich doch schon über die Nudeln hermachen könnte. Doch an manchen Sitten wird »einfach so« festgehalten, weil sie einer seit jeher tradierten gesellschaftlichen Vereinbarung entsprechen. Wenn Amerikaner beispielsweise die Gabel in die rechte Hand nehmen, nachdem sie das Essen auf dem Teller in mundgerechte Bissen zerschnitten haben, wird dies von den Europäern belächelt; umgekehrt erscheint es Amerikanern als eine seltsame Sitte, das Essen mit Messer und Gabel auf dem Teller herumzuschieben.

Verhandlungen

Lösungen für Probleme auszuhandeln ist eine unerläßliche Fähigkeit, die es einem Kind ermöglicht, sich seine Bedürfnisse zu erfüllen. Vielleicht möchte es sein Brokkoligemüse gegen Erbsen eintauschen, ein Spielzeugauto gegen das Flugzeug eines Freundes oder an einem Ballspiel teilnehmen, das gerade begonnen hat. Um diese Dinge zu erfüllen, muß es wissen, wie man handelt, indem man etwas, das einen bestimmten Wert hat, gegen das Gewünschte eintauscht. Wenn es beispielsweise die anderen davon überzeugen kann, daß es schnell laufen und gut reagieren kann, darf es wahrscheinlich auch am Spiel teilnehmen.

Unsere Experten machten verschiedene Vorschläge, um Kindern Verhandlungsgeschick beizubringen:

- Gehen Sie mit Ihrem Kind einen einfachen Handel ein, der vorgegebene Grenzen nicht verletzt. Machen Sie beispielsweise folgenden Vorschlag: »Wenn du in dieser Woche all deine Aufgaben im Haushalt erledigst, ohne daß ich dich daran erinnern muß, gehen wir am Freitag Pizza essen.« Das ist keine Bestechung wie im Fall eines schreienden Kleinkindes, dem man im Lebensmittelgeschäft Süßigkeiten anbietet.
- Zeigen Sie durch das eigene Beispiel, wie man verhandelt.

Ihr Kind sollte Sie dabei beobachten können, wenn Sie mit anderen einen Handel eingehen. Sagen Sie einem anderen Kind oder dem Ehepartner: »Wenn du die Wäsche zusammenlegst, bereite ich heute abend das Abendbrot zu.« Wenn Sie einen Handwerker wegen einer Reparatur anrufen, sollte Ihr Kind in der Nähe sein und zuhören können: »Ich würde Ihnen gerne diesen Auftrag erteilen, aber ich bin nicht den ganzen Tag zu Hause. Könnten wir einen Termin zwischen 8.00 und 12.00 Uhr oder zwischen 13.00 und 16.00 Uhr ausmachen?« Machen Sie klar, daß es um Geben und Nehmen geht.

- Ermutigen Sie Ihr Kind, eigene Entscheidungen zu treffen, wenn dies angebracht ist. Statt seinem Sohn zu versprechen, mit ihm auf den Spielplatz zu gehen, sagte uns ein alleinerziehender Vater, was er in diesem Fall vorschlagen würde.

»Ich würde sagen: ›Wir können auf den Spielplatz oder in die Bücherei gehen. Wenn wir zum Spielplatz gehen, mußt du dein Zimmer jetzt aufräumen, weil du später vor dem Essen keine Zeit mehr hast. Wenn du dir nur ein Buch in der Bücherei holen willst, kannst du dein Zimmer aufräumen, wenn wir nach Hause kommen. Du kannst entscheiden.‹ Wenn Kinder Sie bitten, ihnen bei solchen Entscheidungen zu helfen, sollten Sie sich nicht dazu verleiten lassen, ihnen als fürsorgliche Eltern diese Entscheidung abzunehmen, denn das ist eher schädlich. Sagen Sie, daß sie in der Lage sind, selbst eine Entscheidung zu treffen. Wechseln Sie das Thema und sagen Sie: ›Es ist deine Freizeit, also solltest du eine Entscheidung treffen‹, und belassen Sie es dabei. Ihr Kind wird wissen, was zu tun ist.«

- Ihr Kind sollte die Konsequenzen für schlechte Entscheidungen tragen, denn dadurch wird sein Verhandlungsgeschick stark verbessert. Frau Müller erzählte uns, wie ihre sechzehnjährige Tochter Kristina meinte, eine Verhandlung gewonnen zu haben, wobei sich schließlich herausstellte, daß dies nicht so war.

»Ich sagte zu Kristina, daß ihr Minirock für die Schule viel zu kurz sei, aber natürlich war sie da ganz anderer Meinung. ›Er wird im Sitzen ständig nach oben rutschen‹, erklärte ich ihr. ›Du wirst ihn den ganzen Tag herunterziehen.‹ Doch das machte keinen Eindruck auf sie; ich vermied weitere Diskussionen, denn schließlich war es ja nicht mein Problem. Doch wie ich es vorausgeahnt hatte, klingelte um 10.00 Uhr bei mir auf der Arbeit das Telefon: ›Mama, könntest du mir bitte meine Jeans zur Schule bringen?‹«

Kooperation

Gute Lehrer wissen, wie wichtig Teamarbeit ist. Aus diesem Grund übertragen sie den Mädchen und Jungen die Verantwortung für einen bestimmten Teil eines Projekts. Solche größeren Aufgaben erfordern Geben und Nehmen (Verhandlungen) und die richtige Einstellung (gutes Benehmen). Während eine Schülerin sich mit einem Thema beschäftigt, kann eine andere wichtige Punkte umreißen oder Zeichnungen und Tabellen planen. Ein anderes Teammitglied kann die schriftlichen Aufzeichnungen übernehmen, während ein vierter Schüler die einzelnen Teile zu einem Ganzen zusammenstellt. Kinder, die mit den anderen Mitgliedern des Teams nichts aushandeln oder kein freundliches Verhalten an den Tag legen, werden schnell durch jemanden ersetzt, der sich als teamfähiger erweist. Weitere Vorschläge, um Kindern »Teamorientierung« beizubringen:

- Lassen Sie sich von kleineren Kindern zu Hause bei der Planung von Dingen, die zu erledigen sind, helfen. Selbst ein Sechsjähriger kann eine grobe Liste für eine Party aufstellen und überlegen, wie viele Servietten, Tassen und Stühle gebraucht werden. Nehmen Sie Ihr Kind mit zum Einkaufen und lassen Sie es die Artikel aus dem Regal holen.
- Wenn Sie einen Ausflug planen, übertragen Sie älteren Kindern die Verantwortung für erforderliche Reservierungen

oder die Ausarbeitung einer logischen Fahrtroute zum Zielort. So erzählte uns ein Vater z.B.:

»Überlegen Sie, wieviel Spaß es den Kindern auf dem Rücksitz macht, eine Gelegenheit zur Teilnahme zu bekommen. Fabian hatte immer viel Spaß, wenn er sagen konnte: ›Jetzt mußt du auf die A 44 fahren oder bei der nächsten Ausfahrt abfahren.‹ Und welche Erleichterung macht sich breit, wenn man zu hören bekommt: ›Da ist ja unser Hotel, genau, wo es sein sollte!‹«

- Wie oben und im letzten Kapitel erwähnt, ist freiwillige Arbeit von größter Bedeutung, speziell dann, wenn man seine Kinder zur Kooperation erziehen will.

»Christiane und ich haben am Erntedankfest geholfen, eintausend Mahlzeiten an Bedürftige und Obdachlose zu verteilen. Alle halfen mit und erledigten die Schmutzarbeiten – Kartoffeln schälen, Stühle hinstellen, später saubermachen. Niemand war sich für irgend etwas zu schade.«

Freundschaften schließen

Kinder im Alter von fünf bis zehn Jahren *üben* sich darin, Freundschaften zu schließen. Sie sind sich nicht sicher, wen sie als Freunde haben wollen – oder wer sich für sie interessiert –, und sie wissen nicht, wie das Ganze abläuft. Aus diesem Grund versuchen sie es auf unterschiedliche Weise und wählen sich verschiedene Kinder aus. Normalerweise dauern diese Freundschaften nur kurze Zeit und sind nicht sehr fest, aber sie fördern die Fähigkeiten, die es Kindern ermöglichen, in der Jugend echte Beziehungen einzugehen.

Wenn Kinder die ersten unbeständigen Bindungen aufbauen, ist dies für ihre Eltern oft das erste richtige Dilemma, das ihnen Kopfschmerzen bereitet, auch wenn es nur ein Vorspiel auf festere Beziehungen in der Zukunft ist. In dieser bittersüßen Phase der Eltern-Kind-Beziehung erkennen die Eltern, daß ihre »Babys« nicht mehr nur ausschließlich sie brauchen, wie es früher der Fall war. Wehmütig erinnern sie sich an die Zeiten, als ihre Kinder einzig und allein nach Vater und Mutter fragten. Doch auch wenn es schmerzhaft ist, müssen Eltern eine andere wichtige Regel befolgen, die viele nicht begreifen:

> Ziel der Eltern muß die *Trennung* von ihren Kindern sein, nicht die *Bindung* an sie – je früher, desto besser.

Dies ist einer der gefährlichsten Fallstricke in der Kindererziehung, und hier tauschen Eltern und Kind oft die Rollen. Nach der Geburt klammern sich Babys an ihre Eltern, um Liebe und Nahrung zu erhalten. Doch wenn sie heranwachsen und sich von ihnen lösen wollen, sind es die Eltern, die sich nicht lösen können. Widerstehen Sie dieser umgekehrten Abhängigkeit und bringen Sie Ihrem Kind bereits in jungen Jahren bei, Freundschaften mit anderen zu schließen. Dies ist bereits im Alter von zwei oder drei Jahren möglich. Auf diese Weise wächst die Chance, daß es später außerhalb der Familie bedeutungsvolle Beziehungen eingeht – einer der Hauptzwecke der Kindererziehung überhaupt.

Kinder sollten ihre Familie immer stärker als Ausgangsbasis betrachten, zu der sie, wenn nötig, zurückkehren können. Wie Vögel schlagen sie mit den Flügeln und schauen immer häufiger aus dem Nest hinaus, bis sie es eines Tages ganz verlassen. Geraten Sie dabei nicht in Panik, sondern freuen Sie sich darüber! Sie haben Kinder herangezogen, die sich dem Leben stellen!

Beste Freunde

Kinder brauchen Partner, wenn sie das Nest zum ersten Mal verlassen. Eine Beziehung zu einem besten Freund oder einer besten Freundin zu entwickeln, ist ein wichtiger Schritt in der Kindheit. Auf diese Weise lassen sie die Grenzen der Familie hinter sich und erleben nun Intimität, Probleme und Freuden, die sie mit Eltern oder Geschwistern nicht teilen können. Doch sie stehen vor denselben Problemen wie Erwachsene, die neue Menschen kennenlernen: Niemand will den ersten Schritt tun. Helfen Sie Ihrem Kind, diesen Stolperstein zu überwinden, indem Sie erklären, daß andere Kinder seine Freundschaft suchen, aber zu schüchtern sind, den ersten Schritt zu tun. So wird eine Last von ihren Schultern genommen, und sie erkennen, daß das Problem nicht auf sie zurückzuführen ist.

Mit einer besten Freundin kann man während der Sommerferien viel Spaß haben. Als Eltern können Sie die Beziehung stärken, indem Sie den Freund oder die Freundin Ihres Kindes mit offenen Armen bei sich empfangen und Aktivitäten unterstützen, die beiden Kindern Spaß machen.

Doch Achtung. Derartige Beziehungen sind wechselhaft, und Sie müssen sich darauf einstellen, daß verletzte Gefühle beschwichtigt werden müssen, wenn die Freundschaft zerbricht – was normalerweise irgendwann einmal der Fall sein wird. Wie bereits erwähnt, üben sich Kinder darin, Freundschaften zu schließen, manchmal nur um der Übung willen, dann wieder, weil sie eine Stärkung ihres Selbstbewußtseins oder die Versicherung brauchen, daß sie attraktiv oder beliebt sind. Der Nachteil dabei ist, daß das Kind, das glaubte, einen Freund fürs Leben gefunden zu haben, am Ende erkennen muß, daß alles nur ein Trick war – reine Übung eben.

Um den Streß nach dem Ende einer Freundschaft zu erleichtern – oft ist es der erste tiefgefühlte Schmerz, den ein Kind erlebt –, sollten Sie darauf achten, daß Sie die Bedeutung der Abweisung nicht herunterspielen. Statt dessen erzählen Sie, wie Sie selbst einmal von einem Menschen, dem sie vertraut haben, im Stich gelassen wurden. Dies hilft, den Schmerz zu dämpfen.

»Als Tina völlig aufgelöst nach Hause kam, weil die Freundschaft zu ihrer besten Freundin zerbrochen war, erzählte ich ihr, wie mich meine beste Freundin Sabine einmal bitter enttäuscht

hatte. Sie wollte mich um 15.00 Uhr vor der Schule treffen. Es war Mai, und wir wollten alle nach der Schule im See schwimmen gehen und so nebenbei nach Jungen Ausschau halten. Als ich um zwanzig vor drei in Richtung Schule fuhr, sah ich plötzlich Sabine und die anderen Mädchen, wie sie in die andere Richtung unterwegs waren. Sie waren bereits hinter den Jungen her! Sie riefen und winkten und waren auf dem Weg zum See, um ihren Spaß zu haben – ohne mich. Meine liebe Freundin Sabine hatte es nicht fertig gebracht, zwanzig Minuten auf ihre beste Freundin zu warten. Ich war völlig am Boden zerstört und sprach einen Monat lang nicht mit ihr! Als ich meine Geschichte erzählt hatte, kam Tina zu mir, legte ihren Arm um mich und sagte, als ob es gestern geschehen sei: ›Keine Sorge, Mama. Sie hat es nicht so gemeint.‹ Ich wußte nicht, ob ich lachen oder weinen sollte. Aber ich sah, daß sie sich sehr viel besser fühlte.«

Schüchternheit

Wenn Kinder Kontakt zu anderen aufnehmen, lernen sie auch Kinder kennen, deren Persönlichkeit sich von der ihren unterscheidet. Diese Kontakte sind oft gut, weil sie ein gewisses Maß an *Anpassung* erfordern, eine weitere Schlüsselkomponente, um den sicheren Umgang mit anderen Menschen zu lernen.

Wenn beispielsweise ein schüchternes, zurückhaltendes Kleinkind ein etwas älteres Kind kennenlernt, das mehr aus sich herausgeht, wird es sich wahrscheinlich aus seinem Schneckenhaus herauswagen, besonders, wenn sich keine anderen Kinder einmischen. Wenn ein Kind zu stark beschützt wurde, kann das Zusammentreffen mit einem mutigeren Kind einen positiven Einfluß haben und die Tür zu lebhafterem Spiel öffnen. Das folgende Beispiel zeigt, welche Wirkung Kinder aufeinander haben können.

»Ich hatte schreckliche Angst vor Schlangen. Nicht einmal im Fernsehen konnte ich sie mir ansehen. Das war für meinen achtjährigen Sohn natürlich nicht gut, da er ebenfalls vor krab-

belndem und kriechendem Getier Angst bekam. Eines Tages brachte er eine Eidechse mit nach Hause! Es war ein wirklich schönes Tier. Es sah aus wie ein Krokodil in Miniaturausgabe. Ich weiß nicht, warum er dieses Mal keine Angst hatte, aber so war es eben. Robert hatte das Tier auf einem Feld gefangen, wo er mit einem Jungen aus der Nachbarschaft, der Spinnen und Schlangen und all das mochte, spielte. Der Junge zeigte ihm, wie er sich hinter der Eidechse heranschleichen und sie hinter dem Kiefer festhalten mußte, damit sie ihn nicht biß. Nachdem er es geschafft hatte, überwand er seine Angst und brachte ihr Feldmäuse und Baumfrösche zum Fressen, und ich war froh, daß der Freund Robert etwas beigebracht hatte, was ich ihm nie hätte zeigen können.«

Sollte Ihr Kind aufgrund seiner Schüchternheit von anderen Kindern schikaniert werden, können Sie ihm mit Rollenspielen helfen. Zeigen Sie ihm, wie es dem Angreifer selbstbewußt entgegentreten und ihn mit Sätzen wie »Laß mich in Ruhe!« oder »Mach, daß du wegkommst!« verjagen kann. Nur wenn die Opfer sich ducken, werden sie weiter tyrannisiert.

Jugendliche unter Gruppenzwang

Ein Paradoxon der Pubertät besteht darin, daß Jugendliche sich von ihren Eltern distanzieren müssen, um ihre Unabhängigkeit zu beweisen, aber gleichzeitig die Zustimmung Gleichaltriger suchen und auf diese Weise von ihnen sehr abhängig werden können. Die meisten Teenager vergleichen sich mit ihren Freunden: Je ähnlicher sie ihnen sind, desto wohler fühlen sie sich.

Identität

Auf ihrer Suche nach einer eigenen Identität vergleichen Teenager einfach alles. Zu Beginn der Pubertät sind Körper, Einstellungen und Kleidung die wichtigsten Themen. Das andere Geschlecht wird interessanter. Jungen geben damit an, daß sie sich rasieren »müssen«. Mädchen kaufen BHs und bekommen über Nacht ihre Periode. Überall wird getuschelt. Wer sieht hübscher aus? Wer entwickelt sich schneller? Wer geht mit wem? Wer ist ein Girlie? Wer gehört der Indyszene an? *Wer bin ich?*

Ein Kennzeichen der Pubertät ist das stark übertriebene Bedürfnis, genau so auszusehen, wie man »aussehen« soll. Die Mädchen und Jungen schauen ständig in den Spiegel. Teenager, die sich entwickeln, üben Posen, ein verführerisches Lächeln, anziehende Blicke, sie üben, wie man das Haar nach hinten wirft oder die Muskeln spielen läßt. Wenn sie sich schließlich dazu durchgerungen haben, was sie heute anziehen werden (was immer eine langwierige Entscheidung ist), stehen sie schon wieder vor dem Spiegel, um festzustellen, wie das Ganze wirkt.

Aussehen und Kleidung

Wenn eine Vierzehnjährige sich mit ihren Freundinnen trifft und Jeans und Turnschuhe trägt, während die anderen alle in Shorts und Sandalen herumlaufen, ist ihr Tag im Grunde gelaufen. Wenn sie Glück hat, sieht sie die anderen, bevor sie selbst entdeckt wird und kann schnell noch einmal nach Hause rennen, um sich umzuziehen. Ein Junge erzählte uns von einem Freund, der sich an einem Freitagabend mehrmals umzog, weil er sich nicht zwischen einer Baumwollhose und Ledersandalen bzw. einer zerrissenen Blue Jeans und Motorradjacke entscheiden konnte.

»Um neun Uhr gab er es auf. Er rief mich an und sagte, er würde schlafen gehen, er habe keine Lust mehr auszugehen. Er war ein netter Typ, aber er wußte nicht, ob er ein Punk oder ein Alternativer war.«

Im Grunde richtet diese »Reise nach Jerusalem« der Identität keinen Schaden an, solange die Kleidung nicht zu exotisch ist.

Ein Vater berichtete uns von seinem vierzehnjährigen Sohn, der sein zerrissenes Guinness-T-Shirt jeden Tag trug, egal, ob es regnete oder ob die Sonne schien. Schließlich vereinbarten sie, daß er sich zu Hause nach Herzenslust kleiden konnte, aber sich »halbwegs normal« anziehen würde, wenn sie sich gemeinsam in der Öffentlichkeit bewegten. Sein Sohn stimmte zu und sie vereinbarten zudem, daß er sich beim Einkaufen seine Kleidung selbst aussuchen dürfe.

»Wir erklärten Robert, daß wir entscheiden würden, wieviel Geld er ausgegeben könne und wo die Grenzen lagen, da wir schließlich für die Kleidung bezahlen würden. Innerhalb dieser Grenzen konnte er sich frei entscheiden. Ich erinnere mich jedoch, daß ich ein Paar hohe Doc Martins-Stiefel wieder umtauschte. Ich wollte nicht, daß er wie ein Skinhead herumlaufen und außerdem zu Hause den Fußboden ruinieren würde!«

Hinsichtlich des Aussehens entsteht häufig ein anderes Problem, das nichts mit der Kleidung zu tun hat, da selbst diese nicht weiterhilft: Manche Jugendliche entsprechen einfach nicht dem gängigen Schönheitsideal, egal, was sie auch anstellen. Was ist, wenn Ihre Tochter etwas rundlicher ist als ihre Freundinnen oder wenn Ihr Sohn groß und muskulös ist, aber unter starker Akne leidet? Die Antwort: Sie werden bittere Klagen hören. Es geht immer härter zu. Eine tolle Garderobe und eine perfekte Frisur reichen nicht. Auch gute Noten und sportliche Leistungen sind nicht genug. Das Leben sieht für »unvollkommene« Kinder, die nach Perfektion streben, dunkel aus. In dieser Zeit der Unsicherheit brauchen sie Ihre Hilfe mehr als zu jeder anderen Zeit. Unsere Eltern hielten sich dabei an folgende Schritte:

- Erinnern Sie Ihr Kind daran, daß die Gesellschaft Schönheit und Perfektion zwar betont, aber andere Eigenschaften viel wertvoller sind. Die Weisheit, daß man ein Buch nicht nach seinem Umschlag beurteilen soll, war noch nie wahrer, also setzen Sie sie ein. Ein von uns befragter Vater stellte seiner fünfzehnjährigen Tochter jedesmal ein paar Fragen, die ihr die Augen öffneten, wenn sie sich über ihr durchschnittliches Aussehen beklagte.

»Sind die besonders hübschen Mädchen so gut wie du im Basketball oder in Mathe? Sind sie so freundlich wie du? Sind einige von ihnen vielleicht eingebildet? Würden sie anderen eine so gute Freundin sein wie du? Meinst du ihre Popularität bedeutet etwas, wenn das das einzige ist, auf das sie sich berufen können? Denk mal nach, Nadine, du kannst auf viele Dinge zurückgreifen. Du solltest dem Aussehen nicht soviel Bedeutung beimessen.«

Herr Schmidt erklärte, daß diese »Quizfragen«, wie er sie nannte, nicht über Nacht Erfolg zeigten und zuerst auf wenig Resonanz stießen. Aber schließlich führten sie dazu, daß seine Tochter über wichtigere Dinge als ihr Aussehen nachdachte.

- Seien Sie selbst ein Vorbild. Wenn Sie selbst jede Ihrer Gewichtszu- oder -abnahmen kommentieren, wie soll Ihre Tochter oder Ihr Sohn glauben, daß es auf das Aussehen nicht so sehr ankommt?
- Dünn zu sein und den gängigen Schönheitsidealen zu entsprechen, ist keine wahre Schönheit, die zudem nicht ewig anhält. Stellen Sie eine Liste von Menschen auf, die zwar nicht auf den Titelseiten erscheinen, aber trotz ihres »normalen« Aussehens erfolgreich und glücklich sind.

Wenn sich die Persönlichkeit der Jungen und Mädchen schließlich stabilisiert hat und sie einen eigenen Standpunkt behaupten, werden sie den Drang verspüren, sich etwas weiter aus dem elterlichen Nest hinauszuwagen. Doch sie sind noch nicht bereit, sich vollständig zu lösen; sie brauchen einen guten Ersatz für den sicheren Halt, den sie jetzt aufgeben. Also schließen sie sich einer anderen Gruppe, ihrer Clique an.

Cliquen

Jugendliche erhalten ein Sicherheitsgefühl durch eine Gruppe Gleichaltriger, die sie in ihrem Unabhängigkeitsstreben und der Lösung von den Eltern unterstützen. Doch *Unabhängigkeit* bedeutet nicht *Individualität.* Weit gefehlt. Die Gruppenmitglieder zahlen ihren Preis, um in die Reihen der anderen aufgenommen zu werden. In der Clique wird Verschiedenartigkeit nicht geschätzt. Die gegenseitige Bestätigung durch Gleichartigkeit steht an erster Stelle, und zur Förderung derartiger Homogenität üben diese Gruppen enormen Druck auf die Mitglieder aus, damit diese sich konform verhalten. Aufgrund des emotionalen Aufruhrs und des Wunsches dazuzugehören sind die meisten Jugendlichen bereit, diesen Preis zu zahlen. Wollen sie dies nicht, ist es schwer, in eine der Gruppen von Punks, Alternativen, Computerfreaks oder Dichtern aufgenommen zu werden.

Wenn ein Mädchen in eine Clique aufgenommen wird, muß es sich damit abfinden, daß es zuerst recht »hart« zugeht. Es muß sich beweisen, indem es zeigt, wie sehr es den anderen gleicht, oder indem es zu Themen, die in der Gruppe populär sind, etwas beizutragen hat. Wenn seine Angebote nicht angenommen werden, könnte man seine Mitgliedschaft in der Gruppe für einen Nachteil und nicht für einen Gewinn halten, so daß die Gruppe in den Augen anderer schlecht aussieht, was das ungeheuerlichste Vergehen überhaupt ist, das ein Gruppenmitglied begehen kann.

Sie sehen, warum die in dem Kapitel über Selbstachtung diskutierten Eigenschaften so wichtig sind, um sich dem Druck Gleichaltriger widersetzen zu können. Ein starkes Selbstbild erlaubt es einem Kind, sich eine bestimmte Freundesgruppe zu wählen, nicht weil es Angst hat, sondern aus eigenem Wunsch und Antrieb heraus. Es ist ganz in Ordnung, wenn sich Ihr Kind einer Gruppe ausgeglichener Kinder anschließen möchte, die ähnliche Interessen haben, doch das Problem mit jeder Gruppe, jedem Verein, jeder Partei oder Organisation ist uralt: Die Gruppen, denen man sich am liebsten anschließen würde, sind oft die, die einem die Aufnahme besonders schwer machen.

Wenn Ihr Kind niedergeschlagen nach Hause kommt, weil es bei der Gruppe seiner Wahl nicht ankam, können Sie Ihrem Kind folgendermaßen helfen:

- Erinnern Sie es daran, daß manche Gruppen nur den Eindruck erwecken, exklusive Vereinigungen zu sein; ihr Hauptzweck besteht eben darin, den Anschein zu erwecken, daß es schwer ist, sich ihnen anzuschließen. Wenn Ihr Kind dies erkennt, möchte es sich vielleicht lieber nach einer Gruppe umsehen, in der es nicht so sehr um Äußerlichkeiten geht. Eine Mutter, deren Tochter sich einer solchen Clique anschließen wollte, fragte einfach: »Bist du dir sicher, daß du dich wirklich diesem Gruppenzwang aussetzen willst? Ich würde es mir an deiner Stelle noch einmal überlegen.«
- Sprechen Sie über die Launenhaftigkeit von Cliquen. Erklären Sie Ihrem Kind, daß es oft kurzlebige, flüchtige Trendgruppen sind, deren Identität so dürftig ist, daß sie schon morgen wieder auseinanderbrechen.
- Überlegen Sie gemeinsam mit Ihrem Kind, welche anderen Gruppen und Aktivitäten es noch gibt. Diskutieren Sie mit ihm über seine Interessen und Ziele beim Eintritt in eine Gruppe. Weisen Sie darauf hin, daß die »coolen« Gruppen viel Energie für ihr Image und ihre Vorlieben aufwenden müssen, so daß sie wahrscheinlich nicht halb soviel Spaß wie eine normale, unbeschwerte Gruppe von Kindern haben, die sich weniger Gedanken wegen ihres Aussehens machen, aber dafür gemeinsame Aktivitäten mehr genießen.
- Unterstützen Sie Ihr Kind bei der Idee, eine eigene Gruppe zu gründen, in der es seine Interessen entfalten kann.

Herumhängen

Die Zeiten, in denen man sich traf, um gemeinsam neue Schallplatten anzuhören, sind vorbei. Erstens gibt es keine Schallplatten mehr. Zweitens »passiert« zu Hause auch nichts mehr. Statt dessen spielt sich alles im Eiscafé oder im Fast-food-Restaurant ab. Diese Orte scheinen das Hauptziel für Teenager zu sein, die quatschen und flirten wollen. Teenager brauchen eine Privatsphäre und die Freundschaft Gleichaltriger, aber die Eltern haben das Recht und die Pflicht zu wissen, was und wo es passiert. Es ist nichts Schlechtes daran, wenn Ihre Kinder mit ihren Freunden »herumhängen«, solange Sie mit dem Ort einverstanden sind und Ihre Tochter oder Ihr Sohn zu der vereinbarten Zeit wieder nach Hause kommt.

»Wenn Sie ihnen klar machen, daß Sie sich nur um ihr Wohlergehen Sorgen machen und nicht über ihre Gespräche, werden Kinder Ihre Sorge zu schätzen wissen. Claudia sagte einmal zu mir: ›Weißt du was, Mama, Maria muß nie bei ihrer Mutter anrufen, auch wenn es mal später wird. Ich glaube, ihrer Mutter ist es im Grunde egal, wo sie sich aufhält. Manchmal stört es mich, daß ich dich immer anrufen soll, aber irgendwie bin ich froh, daß du es so willst.‹«

Wenn unsere Eltern sich unsicher waren, ob sie etwas verbieten bzw. erlauben sollten oder nicht, berieten sie sich durchaus mit den Eltern der Freunde ihrer Kinder. Manchmal konnten sie sich untereinander beraten und Strategien entwickeln, um die Pläne der Kinder so zu lenken, daß sie ihnen zustimmen konnten.

»Ich ahnte nichts von den Dingen, die meine Tochter so trieb. Wenn Kinder sich wirklich etwas vornehmen, ist es recht schwer, sie aufzuhalten. Als Janine beispielsweise vierzehn Jahre alt war, besuchte sie eine Disko in einer vierzig Kilometer entfernt liegenden Großstadt, um ›abzutanzen‹. Und ich wußte nichts davon! Sie hatte immer sehr gute Noten und auch sonst keine Probleme, so daß ich, als ich schließlich von ihrem nächtlichen Treiben erfuhr, im Grunde nicht viel sagen konnte.«

Negative Freundschaften

Kriminelle Kinder werden nicht »schlecht« geboren. Oft haben sie schon in der frühen Kindheit unter Mißbrauch durch die Eltern gelitten, oder die Eltern konnten ihre Liebe nicht richtig ausdrücken, so daß die Kinder an anderer Stelle nach Zustimmung suchten. Diese unglücklichen Jungen und Mädchen bedürfen im Grunde so sehr einer liebevollen Zuwendung, daß sie oft alles tun, um sie zu bekommen – sie schrecken selbst vor Verbrechen, in denen es um Drogen, Sex und Gewalt geht, nicht zurück. Das Problem für Eltern besteht darin, daß solche Freunde ihren Kindern etwas Neues, Aufregendes zu bieten haben, dem sich ein Fühnfzehnjähriger vielleicht nur schwer widersetzen kann. Die einzige Regel hinsichtlich unerwünschter Beziehungen lautet in diesem Fall: *Versuchen Sie, sie zu unterbinden.*

Tragen Sie Ihre Einwände gegen die neue Freundschaft Ihres Kindes mit ruhiger Stimme vor, und denken Sie dabei daran, daß es wahrscheinlich gerade die Dinge sind, mit denen Sie nicht einverstanden sind, die diesen Freund für Ihr Kind so anziehend machen. Drücken Sie sich klar aus. Erzählen Sie, was aus einer solchen Verbindung entstehen kann. Noch besser ist es, wenn Sie anhand eines Beispiels berichten können, was mit jemandem, den Sie aus Ihrer Jugend kennen, aufgrund einer solchen Beziehung geschehen ist. Genau das tat dieser Vater.

»Ich erzählte Frank von diesem Jungen in unserem Viertel, Andy. Er war ein wilder Busche. Schon mit 13 Jahren stahl er Zigaretten von seiner Mutter. Ich erinnere mich noch genau daran. Im darauffolgenden Sommer stahl er ihren Wagen und kreuzte damit auf, als wir Fußball spielten. Er fuhr auf den Bürgersteig und brachte den Wagen mitten auf dem Spielfeld mit lautem Quietschen zum Stehen! Einmal fuhr er mit dem Motorrad eines Freundes herum. Als er zurückkam, fuhr er etwa 90 km/h und stand auf dem Sitz, ohne sich an der Lenkstange festzuhalten. Der Typ war völlig verrückt. Ich verlor ihn für einige Jahre aus den Augen, bis ein Bekannter seinen Na-

men erwähnte. ›Was ist eigentlich aus Andy geworden?‹ fragte ich. ›Er ist an einer Überdosis Heroin gestorben, wie es vorauszusehen war.‹«

Wenn Sie Ihrem Kind Ihre Sorgen mitteilen und das Ganze dann eine Weile aus der Ferne beobachten, werden Sie möglicherweise feststellen, daß sich die Beziehung von selbst auflöst, weil Sie den Respekt Ihres Kindes gewonnen haben, indem Sie die Freundschaft *nicht* von Anfang eingeschränkt und keine Verleumdungen ausgesprochen haben, gegen die sich Ihr Kind wahrscheinlich verteidigt hätte. Schließlich wollen Sie ja der Beziehung auf keinen Fall mehr Kraft verleihen, als sie ursprünglich hatte.

Wenn die oben aufgeführten Maßnahmen nicht greifen und Ihr Kind sich immer noch zu einem kriminellen Freund hingezogen fühlt, müssen Sie klare Grenzen ziehen: Dieser Freund ist kein geeigneter Umgang, Ihr Kind darf sich nicht mit ihm treffen und ihn nicht mit zu Ihnen nach Hause bringen, Punkt.

Eine Beziehung zu verbieten ist sicher der letzte Ausweg, aber Ihr Kind wird diesen »Ausweg« mehr zu schätzen wissen als eine *Jugendstrafanstalt* oder die Notaufnahme des Krankenhauses.

Die großen Probleme

Ein 18jähriger trinkt ein paar Korn und mehrere Dosen Bier auf einer Fete und macht sich dann mit einem Wagen voller Partygäste auf den Heimweg. Doch sie kommen nie zu Hause an. Im Polizeibericht wird von einem »Unfall« die Rede sein, was jedoch der Wahrheit nicht sehr nahe kommt. Der Wagen, der, wie es im Bericht heißt, »mit hoher Geschwindigkeit fuhr«, geriet über die Mittellinie und fuhr direkt in eine vierköpfige Familie hinein. Das Ganze war kein Unfall, sondern wurde verursacht durch eine tödliche Kombination aus Alkohol und jugendlichem Leichtsinn.

Ein anderer Partygast blieb auf der Fete zurück, um ein anderes Rauschgefühl auszuprobieren: etwas Crack oder eine Nase Kokain. Die Euphorie bringt ihm solche Erleichterung von seinen Ängsten, Frustrationen und einem unerträglichen Familienleben, daß er die Droge immer wieder nimmt, bis er bald völlig von ihr abhängig ist. Und das ist nur die Hälfte der Gleichung. Auch Sex kann heute ein tödliches Spiel sein.

Während wir an diesem Buch schrieben, war AIDS die Haupttodesursache bei jungen Männern im Alter von 25-44 Jahren, die sich durch unsaubere Nadeln und ungeschützten Geschlechtsverkehr angesteckt hatten. Die Anzahl der HIV-infizierten Menschen ist heute so groß, daß man sie nicht mehr in Hunderten oder Tausenden, sondern in *Millionen* schätzt, wobei die Infektionsrate bei Frauen *sechsmal schneller* steigt als bei Männern. Nicht mehr nur Homosexuelle sind von der Krankheit betroffen, vielmehr handelt es sich um eine Epidemie so ungeheuren Ausmaßes, daß zweifellos ein Träger dieser tödlichen Krankheit eines Tages in engen Kontakt auch mit *Ihrem* Kind kommen wird. Heute ist es daher wichtiger denn je, Kindern ein gesundes Verhältnis zur Sexualität zu vermitteln – sie zu einem vernünftigen und verantwortungsbewußten Umgang mit Sexualität zu erziehen.

Ihr Kind wird auf die großen Probleme vorbereitet sein, wenn Sie immer auf eine offene *Kommunikation* achten, Sie ihm beibringen zu *denken*, Sie ihm hohe *Selbstachtung* mitgeben, Sie eine angemessene und sinnvolle *Disziplin* einführen und Sie sich an einen »Grundstock« traditioneller *Wertvorstellungen* halten. Wenn Sie diese Grundprinzipien der Erziehung befolgen, von denen letztlich der Umgang mit anderen abhängt, haben Sie alles getan, um großartige, unverwüstliche Kinder heranzuziehen. Reicht das aus? Den Eltern, mit denen wir uns unterhielten, war dies genug.

Mit diesen Dingen im Hinterkopf wollen wir jetzt diskutieren, wie unsere Eltern das erste weitverbreitete Problem handhabten, mit dem Kinder heute überall konfrontiert werden: Drogen.

Wenn Ihre vierzehnjährige Tochter mit einer fragwürdigen Gruppe zu einer unbeaufsichtigten Fete gehen will, müssen Sie Ihr dies ohne große Diskussion verbieten, aber gleichzeitig klarmachen, daß Sie Ihre Entscheidung nicht deshalb getroffen haben, weil Sie ihr das Vergnügen nicht gönnen, sondern weil Sie sie lieben.

Es ist viel leichter für Teenager, zu Gleichaltrigen nein zu sagen, wenn sie dafür den Eltern die Schuld in die Schuhe schieben können. Als Vater oder Mutter sind Sie also ein wichtiger Verbündeter im Kampf gegen einen starken Gruppenzwang. Wenn die Freunde Ihrer Tochter wissen, daß sie tun und lassen kann, was sie möchte, wird es ihr schwerer fallen, sich aus unangenehmen Situationen zurückzuziehen.

Egal, was Sie auch tun – Jugendliche werden irgendwann einmal mit Drogen konfrontiert und befinden sich in einer Situation wieder, in der es viel leichter ist nachzugeben, statt als Feigling verlacht zu werden. In dieser Situation können Ihre Regeln als Vorwand für ein Kind dienen, das sich in die Ecke gedrängt fühlt. »Ich habe keine Lust, aus dem Haus geworfen zu werden, nur um euch zu beweisen, daß ich ein cooler Typ bin.« »Wenn meine Eltern mich dabei erwischen, darf ich am Wochenende nicht mehr weg und bekomme kein Taschengeld mehr. Tut mir leid, das ist es mir nicht wert.«

Unsere Experten setzten mehrere Methoden ein, um ihren Kindern dabei zu helfen, dem Druck Gleichaltriger zu widerstehen. Alle sind wichtig, wenn es um lebensbedrohliche Probleme wie Drogenmißbrauch geht.

- Bringen Sie Ihrem Kind bei, einfach nein zu sagen. Sie meinen, das klingt zu simpel? Absolut nicht. Für die meisten Kinder ist das gar nicht so einfach, aber es ist ein guter Ausgangspunkt, und Sie sollten Ihr Kind dazu bringen, sich daran zu halten. Ein Vater hatte diese Einstellung gegenüber Freundschaften:

»Wenn Freunde wahre Freunde sind, werden sie die Entscheidung eines Kindes, bei einer Sache nicht mitmachen zu wollen, akzeptieren. Wollen echte Freunde nicht das Beste füreinander? Was verdient mehr Respekt – nachzugeben, weil man von anderen unter Druck gesetzt wird, seinen Körper mit Drogen zu vergiften, oder sich fest an seine Überzeugungen zu halten? Womit zeigt man wohl mehr Individualität? Womit drückt man Achtung sich selbst gegenüber aus? Wer ist in diesem Fall wirklich ›cool‹?«

- Helfen Sie Ihrem Kind, den Druck Gleichaltriger zu ignorieren.

»Ich sagte zu meiner Tochter: ›Tu einfach so, als ob deine Freunde nicht da sind, wenn du eine Wahl triffst. Was würdest du tun, wenn keiner deiner Bekannten da wäre? Was wäre, wenn du dem Drogenhändler ganz allein gegenüberstehen würdest? Niemand könnte dich sehen und ein Urteil über dich abgeben. Welche Entscheidungen würdest du treffen, wenn deine Popularität keine Rolle spielte? Ich habe das Gefühl, daß sie dann ganz anders ausfallen würde.‹«

- Sprechen Sie offen und vor allen Dingen regelmäßig über Drogen. Ein Vater erzählte uns, daß bei sich zu Hause bei Zusammenkünften der Familie oder am Eßtisch häufig über Drogen gesprochen wurde.

»Ich wollte Johannes ein für allemal klarmachen, wobei es darum ging. Ich wußte, daß er irgendwann einmal mit Drogen konfrontiert würde, und er sollte vorbereitet sein. Meine Worte ›Jemand wird sagen, du sollst es einfach mal probieren‹ sollten in seinem Kopf widerhallen, wenn irgend jemand versuchen würde, ihn zur Einnahme von irgend etwas zu drängen. Ich wußte, daß er es sich zweimal überlegen würde, wenn ich ihn oft genug warnte.«

- Bereiten Sie Ihr Kind auf das Unausweichliche vor. *Üben* Sie wahrscheinliche Szenarien mit ihm. Dazu zählen auch Dialoge, damit es mit den richtigen Antworten bewaffnet ist, um sich dem Druck zu widersetzen. Dieses Rollenspiel funktioniert.

»Los, komm schon, Laura, mach es dir nicht so schwer. Das High wird dich umhauen.«

»Mir macht das Leben auch so genug Spaß. Besser kann es gar nicht werden.«

»Du bist zu vernünftig. Snief doch einfach mal ein bißchen Coke. Du glaubst gar nicht, wie wahnsinnig das ist.«

»Ich habe mich mit Robert und Peter für morgen zu einem Zehn-Kilometer-Lauf verabredet. Das werde ich nicht schaffen, wenn mich dieses Zeug die ganze Nacht lang wachhält.«

- Wenn Sie selbst in Ihrer Jugend mit Drogen experimentiert haben oder jemanden kennen, der dies getan hat, sollten Sie diese Informationen an Ihre Kinder weitergeben. Berichten Sie von eigenen Erfahrungen, die zeigen, wie Sie dem Druck anderer widerstanden haben. Erzählen Sie von Jugendlichen, die »nur mal so« Drogen probiert und schließlich regelmäßig harte Drogen konsumiert haben. Erzählen Sie von dem kurzen High und den anschließenden Depressionen, die Sie oder Bekannte nach dem Experimentieren mit Drogen erlebt haben.

»Ich habe die Klausur an der Uni gerade so geschafft, aber das *möchte ich nicht noch einmal erleben. Ein Student, mit dem ich mir eine Wohnung teilte, hatte die clevere Idee, daß wir uns direkt nach den Vorlesungen schlafen legen und um 21.00 Uhr aufstehen und etwas Speed nehmen sollten, damit wir die ganze Nacht über lernen könnten. Am nächsten Morgen wollten wir dann direkt anschließend unsere Klausur schreiben. Er bezeichnete das als ›Warten, bis die letzte Minute* vorbei *ist‹. Wir nahmen also beide mehrere Speed-Tabletten, tranken zwei Kannen Kaffee und überstanden zitternd die Klausur am nächsten Tag. Anschließend war ich drei Tage*

lang krank, als die Wirkung der Droge nachließ. Das war das erste und letzte Mal, und auch Kaffee habe ich seitdem nicht wieder getrunken.«

- Informieren Sie sich, welche Drogen zur Zeit »in« sind. Erkundigen Sie sich nach der Wirkung, danach, wie die Abhängigkeit funktioniert und wie sich das Verhalten des Abhängigen ändern kann. Nehmen Sie Kontakt zur örtlichen Drogenberatung auf und erkundigen Sie sich, wie Drogen in Umlauf kommen und worauf man achten sollte. Lassen Sie sich über vorbeugende Maßnahmen informieren oder lassen Sie sich erklären, was man tun kann, wenn das eigene Kind bereits mit Drogen experimentiert hat.
- Sammeln Sie Artikel über Geschäftsleiter, Lehrer, Sportstars oder auch Ärzte, die dem Druck nicht standgehalten, Drogen genommen und Familie und Beruf verloren haben. Suchen Sie sich Geschichten von Jugendlichen heraus, die in die Psychiatrie eingewiesen wurden oder meinten, sie könnten nach einer Überdosis LSD (eine Droge, die heute wieder beliebter wird) aus dem Fenster im zweiten Stock fliegen. Sprechen Sie über die körperlichen und geistigen Schrecken beim Drogenentzug und darüber, wie Menschen von den Wirkungen von Crack und Heroin zerstört werden.
- Helfen Sie Ihrem Kind, sich von der Vorstellung freizumachen, daß »alle es tun«. Das stimmt nicht, und diejenigen, die es tun, sind die wahren Verlierer und Feiglinge. Erinnern Sie Ihr Kind daran, daß es nicht als einziges in Versuchung geführt wird, Drogen auszuprobieren – eine Verlockung, der man sicherlich nicht nachgeben sollte.
- Wie bei allen anderen Problemen, die wir diskutiert haben, sollten Sie Ihrem Kind auch in diesem Fall sagen, daß Sie immer für es da sind. Eine Mutter sagte zu ihrer Tochter:

»Wenn dir irgend jemand Drogen anbietet, kannst du zu mir kommen. Ich werde dich nicht schimpfen oder bestrafen. Ich werde wie eine besorgte Freundin mit dir reden. Drogen sind nicht so harmlos wie ein Bier am Freitagabend, denn dieses

Zeug kann dein Leben ruinieren. Ich liebe dich und möchte, daß es dir gut geht.«

> Die meisten Kinder werden Opfer des Drogenmißbrauchs, weil sie zu Hause keine Wertschätzung erfahren.

Durch Drogen hoffen Kinder einen »schnellen Schuß« Selbstachtung zu bekommen, aber diese Wirkung läßt genauso schnell nach wie die Droge. Da Sie die Chance haben, das Selbstwertgefühl Ihres Kindes zu beeinflussen, können Sie dieses Problem hundertprozentig verhindern. Ein Kind mit starkem Selbstbewußtsein wird unter dem Druck gleichaltriger Freunde nicht zusammenbrechen. Auch wenn seine Freunde selbst Drogen nehmen, werden sie einen Menschen mit eigenen Ansichten, der keine Angst davor hat, sich nicht nach ihren Normen zu verhalten, respektieren.

Sex

»Mama, du bist so altmodisch. *Alle* haben heute Sex«, sagen die Kinder von heute.

»Nein, das stimmt nicht«, erklären Eltern, die es besser wissen. »Das stimmt genauso wenig wie die Annahme, daß alle Drogen nehmen.«

Obwohl es stimmt, daß nicht »alle« sexuelle Erfahrungen machen, trifft es zu, daß die sexuelle Aktivität unter Jugendlichen heute weiter verbreitet ist als früher, und daß Kinder in zunehmend jüngerem Alter ihre ersten Erfahrungen machen. Untersuchungen haben gezeigt, daß bereits dreizehn- und vierzehnjährige Jugendliche regelmäßig Geschlechtsverkehr haben. Mit 18 Jahren hatten manche bereits eine Schwangerschaft hinter sich. Aus der Sicht der Erwachsenen mutet dies fast traurig an. Jungen und Mädchen, die die Kindheit gerade hinter sich gelassen haben, um sich direkt in eine »erwachsene« Beziehung zu stürzen, versäumen die aufregende Zeit erster Zärtlichkeiten, das allmähliche und schrittweise Erkunden des eigenen Körpers und dem des Freundes oder der Freundin, und sie überspringen wichtige Phasen der emotionalen Entwicklung, wenn sie keine Gelegenheit haben, Beziehungen zunächst zu »üben«. Jugendliche müssen herausfinden, mit welchen Menschen sie auskommen und wonach sie in einer Partnerschaft suchen. Sexuelle Erfahrungen wirken bei dieser Entdeckung eher störend, weil sie ganz andere Verletzungen bewirken können, wenn es zum Beispiel zur Beendigung der Beziehung kommt.

Natürlich ist es möglich, daß ein Junge *glaubt*, er liebe seine Freundin heute, doch morgen kann alles schon anders aussehen – zumindest, was *ihn* betrifft. Sie ist noch immer verliebt und wartet auf seinen Anruf, während er vielleicht schon ein anderes Mädchen überredet, ihm seine Telefonnummer zu geben. So verhält es sich mit der jugendlichen Liebe, und Kinder, die dieses Spiel der Erwachsenen spielen, sollten darüber Bescheid wissen.

Jugendliche müssen auch die Risiken der Erwachsenenwelt kennen, vor denen sie stehen, wenn sie sexuelle Beziehungen eingehen. Von den Jugendlichen, die miteinander schlafen, verwenden etwa ein Drittel keine Verhütungsmittel. Früher führten derartige Dummheiten zu Geschlechtskrankheiten oder zu der Belastung durch eine unerwünschte Schwangerschaft. Heute sterben viele einfach nach einer verzehrenden, schrecklichen Krankheit. Für Mädchen ist das Risiko, sich mit AIDS anzustecken, mehr als *zehnmal* so hoch wie für Jungen – deshalb ist die Einwilligung zum Geschlechtsverkehr ein sehr riskanter Weg, um einen Freund davon abzuhalten, die Beziehung einfach zu beenden.

Jugendliche müssen frühzeitig über Sexualität aufgeklärt werden, und zwar *bevor* sie in die Pubertät kommen. Doch schon der Gedanke an diese Gespräche läßt die meisten Eltern in Panik geraten. Entspannen Sie sich. Sie werden überrascht (oder vielleicht auch erfreut?) sein zu erfahren, wieviel Ihr Kind bereits weiß – und wieviel es durcheinander bringt! Jetzt werden Sie feststellen, wie wichtig es ist, daß Sie just zu diesem Zeitpunkt das Thema aufgegriffen haben. Sie sollten sich mit den folgenden grundlegenden Dingen beschäftigen:

- Die Wachstumsschübe, die mit der Pubertät einhergehen, sind stark unterschiedlich, das heißt, wenn Ihr Kind etwa neun bis zehn Jahre alt ist, sollten Sie mit ihm über sexuelle Dinge reden, die mit der körperlichen Entwicklung zusammenhängen. Bei Mädchen können Anzeichen für die Pubertät wie die Entwicklung der Brust und das Wachsen der Schambehaarung bereits zu diesem Zeitpunkt auftreten. Wenn Sie eine Tochter haben, sollten Sie ihr erklären, daß sich zwar nicht alle Mädchen mit derselben Geschwindigkeit entwickeln, aber daß die meisten im Alter von elf bis dreizehn Jahren zum ersten Mal ihre Periode bekommen. Sie muß sich jedoch keine Gedanken machen, wenn dies bei ihr früher oder später der Fall ist. (Erstaunlicherweise erklären über 50 Prozent der Mütter ihren Töchtern die Menstruation nicht, und über 90 Prozent sprechen überhaupt nicht über Sexualität!) Wenn Sie einen Sohn haben, wird er etwa mit zwölf Jahren in die Pubertät eintreten, und Sie sollten ihm Vorgänge wie Erektion und »feuchte Träume« vorher erklären. Bei diesen Dingen handelt es sich um schnelle, radikale Veränderungen für Kinder, die plötzlich erwachsene Impulse verspüren und physiologische Veränderungen durchmachen.

> Ersparen Sie Ihren Kindern Verwirrung und Peinlichkeit, indem Sie das, was kommen wird, mit ihnen diskutieren, *bevor* es eintritt.

- Schützen Sie Ihr Kind vor Krankheiten, Schwangerschaft und emotionalen Verletzungen, die auf unreife sexuelle Aktivitäten zurückgehen, indem Sie mit ihm *frühzeitig* darüber reden. Eine Mutter meinte: »Schleichen Sie nicht um den heißen Brei herum. Irgendwann müssen Sie über die Geschlechtsorgane reden, also tun Sie es am besten gleich.« Mit Hilfe eines Aufklärungsbuches, Zeitschriften und erzieherischen Dia-Serien erklären Sie die Vorgänge beim Geschlechtsverkehr, wie Frauen schwanger werden und wie Krankheiten übertragen werden. Achten Sie auf Hinweise und neugierige Fragen Ihres Kindes. Vielleicht kommt es mit einer einfachen Frage zu Ihnen. In diesem Fall beantworten Sie *diese Frage* – nicht mehr und nicht weniger. Die Mutter fuhr fort: »Betrachten Sie dies nicht als Einladung für eine umfassende Erörterung der Sexualität, da das Thema, das Ihr Kind zur Sprache gebracht hat, in allgemeinen Ausführungen nur untergehen würde.

- Erklären Sie Ihrem Kind, daß Sexualität eine gute, natürliche Sache ist, die Eltern aneinander bindet und ihre Liebe füreinander bestätigt. Es mag altmodisch klingen (und wahrscheinlich ist es das auch), aber Sie sollten Ihr Kind daran erinnern, daß Sex eine Sache für Menschen ist, die in einer besonderen, langfristigen Beziehung leben und die tiefe und reife Fürsorge füreinander entwickelt haben.
- Achten Sie bei Ihren Diskussionen über Sex auf Ausgewogenheit. Ziehen Sie keinen Schleier der Geheimhaltung darüber, nur weil Ihre Eltern dies getan haben, aber gleichzeitig sollten Sie auch nicht so tun, als ob Sie alles wissen, was es über dieses Thema zu wissen gibt. Fragen Sie Ihr Kind nach seinen Ansichten. Fragen Sie, was es damit meint, wenn es sagt: »Darüber weiß ich Bescheid.« Vielleicht hat es nur eine vage, allgemeine Vorstellung von dem, was Sie besprechen, oder bringt Einzelheiten durcheinander. Ein Vater berichtete uns, daß sein neunjähriger Sohn tatsächlich glaubte, Kondome seien für die Herstellung von Wasserbomben da, weil sein Freund sie dazu verwendete.
- Bringen Sie Ihrem Kind bei, nein zu sagen. Körperliche Nähe mag etwas Aufregendes sein, aber sich sexuellem Druck zu fügen, ist kein Zeichen von Reife. Übrigens: Auch Jungen können nein sagen.

Bei einem Thema wie Sex besteht Ihre Aufgabe darin, ihr Kind zu *informieren* und ihm dann aber auch zu vertrauen. Sie können Ihre Tochter oder Ihren Sohn bei ihren Verabredungen nicht begleiten und, wie wir gesehen haben, Moral nicht diktieren. Doch wenn Sie die in den anderen Kapiteln diskutierten erzieherischen Fähigkeiten einsetzen – speziell jene, bei denen es um die Selbstachtung geht –, wird Ihr Kind sein körperliches und emotionales Wohlergehen respektieren und zu einem Menschen heranwachsen, der über persönliche Stärke und Würde verfügt. Welchen besseren Schutz könnte es geben? Was könnten Sie nach Ihrer 18 Kilometer langen Reise durch den Dschungel der Elternschaft mehr verlangen – eine Reise, die rückblickend betrachtet, doch nicht so schlimm war.

Viel Glück und *gute Reise*!

Anhang: Erläuterungen zu den Interviews

Obwohl wir das Wissen, die Erfahrung und Ausbildung haben, eine wissenschaftliche Untersuchung durchzuführen, entschieden wir uns bei diesem Projekt für das journalistische Verfahren. Wir unternahmen daher keinen Versuch, unsere Ergebnisse durch statistische Untersuchungen zu untermauern, weil es unsere Arbeit nur gehemmt hätte. Um eine größere Bandbreite und Entdeckungsfreiheit zu ermöglichen, verließen wir uns statt dessen auf Empfehlungen und die Urteile von Schulleitern und anderen, die ihr Interesse an unserem Projekt bekundeten.

Unser Ziel war klar: Wir wollten die Charakterzüge, Strategien und Erfahrungen finden, die jenen Eltern, die ihre Kinder mit viel Geschick großgezogen hatten, gemein waren. *Was* wir entdeckten war viel wichtiger als die Tatsache, *wie* wir zu unseren Ergebnissen kamen. Wir wollten jedoch eine gewisse Übereinstimmung finden und konzentrierten uns hauptsächlich auf Jugendliche, die die Oberstufe an weiterführenden Schulen besuchten. Auf diese Weise konnten wir unsere Untersuchungen innerhalb einer Gruppe von Eltern durchführen, die bereits einen beträchtlichen Teil der Reise durch den Erziehungsdschungel hinter sich hatte. In einigen Fällen bezogen wir jedoch auch Studenten in unsere Untersuchung mit ein. Hin und wieder wurden auch ungewöhnlich vielversprechende jüngere Kinder in die Untersuchung aufgenommen, wenn wir das Gefühl hatten, die Beiträge ihrer Eltern seien bemerkenswert.

Wir waren auf der Suche nach einer Kombination aus Überzeugungen und Mustern in der Kindererziehung, die zusammen ein ganzes Bild ergäben, das wissenschaftlichen Darstellungen standhalten könnte. Nachdem wir all unsere Daten ausgewertet hatten, erhielten wir die sechs grundlegenden Prinzipien für eine ausgewogene und gelungene Erziehung.

Die für all unsere Eltern geltenden Richtlinien in der Erziehung ihrer Kinder wurden nicht durch statistische Analysen sichtbar, sondern durch Beobachtungen, Intuition und die Einsichten, die aus direkten, aufrichtigen, ehrlichen und offenen Gesprächen mit Eltern stammten, die ihre Kinder sehr lieben.

Wir fanden die Familien, nachdem wir Schulleiter, Lehrerinnen und Eltern in ganz Amerika angeschrieben und angerufen hatten. Vorwiegend stammen sie aus den städtischen Gebieten um San Francisco, Los Angeles, San Diego, Hartford, Boston, New York und Miami. Wir nahmen Kontakt zu einer etwa gleich großen Zahl von Pädagogen aus Schulen in den Innenstädten und den Vororten auf sowie zu einer geringeren Zahl von Lehrern an ländlichen und privaten Schulen.

Einige Eltern, mit denen wir uns unterhielten, waren Ärzte, andere Arbeiter. Ihre Ausbildung war so unterschiedlich wie ihre Familienstrukturen: Etwa ein Drittel der Kinder stammte aus Familien mit nur einem Elternteil, der Rest aus traditionellen Familien mit Vater und Mutter.

Wir trafen Familien aus unterschiedlichen Nationen und Religionen, einschließlich Afroamerikanern, Asiaten, Weißen, hispanische Familien und Menschen aus dem pazifischen Raum. Es war sowohl der buddhistische, katholische, hinduistische, jüdische, mormonische, moslemische als auch der protestantische Glaube vertreten, einige bezeichneten sich auch als Agnostiker.

Wir führten lange Gespräche mit über 80 Eltern und Schülern aus den von den Pädagogen empfohlenen Familien und sprachen mit 50 weiteren, die uns von den Befragten selbst oder von anderen empfohlen worden waren.

Bekannte, Nachbarn, Familienmitglieder, Geschäftsfreunde, Patienten und Geistliche kannten Kinder, die ihrer Meinung nach unseren Kriterien entsprachen. Überall fragten wir Menschen, ob sie sich an ehemalige Schulfreunde erinnerten, die sich von der Allgemeinheit abhoben. Meistens antworteten sie:

»Natürlich erinnere ich mich«, um dann gleich ein paar dieser »ungewöhnlichen« Kinder namentlich zu nennen.

Der bei den Gesprächen verwendete Fragebogen entwickelte sich im Verlauf der Gespräche. Einige Fragen hatten besondere Bedeutung, während andere nur wenig Reaktion hervorriefen. Wir setzten den Fragebogen nur als allgemeine Richtlinie ein, da wir herausfinden wollten, welche Themen die Eltern in der Kindererziehung selbst für die wichtigsten hielten, ohne sie dahingehend zu stark zu beeinflussen. Häufig wurde nur ein kleiner Teil der Fragen abgedeckt, da die Eltern das Thema wechselten oder Themen, die von besonderem Interesse für sie waren, diskutierten. Dies haben wir unterstützt.

Um spontane Antworten zu erhalten, verschickten wir die Fragebogen anfänglich nicht im voraus und setzten sie nur während unserer Gespräche als Arbeitsblätter ein. Später verschickten wir sie vor dem jeweiligen Gespräch, um den Eltern die Möglichkeit zu geben, sich an Vorfälle und Anekdoten in der Vergangenheit zu erinnern, die für uns nützlich sein könnten. Diese Methode war erfolgreicher bei der Suche nach spezifischen Beispielen, weil die Eltern Zeit zur Vorbereitung hatten, statt sich plötzlich an 18 Jahre Elternschaft erinnern zu müssen. Wir sicherten den Befragten auch Anonymität zu und haben die Namen geändert, um ihre Privatsphäre zu schützen. (Für die deutschsprachige Ausgabe wurden die Namen noch einmal geändert.)

Führten unsere Tonbandaufzeichnungen oder die Tatsache, daß diese Familien als beispielhafte Modelle ausgewählt worden waren, dazu, daß ihre Reaktionen auf irgendeine Weise verzerrt wurden? Das glauben wir nicht. Das Tonbandgerät war lediglich eine Hilfe für uns, damit wir nicht alles aufschreiben mußten, und wir baten unsere Gesprächspartner, es einfach zu ignorieren. Offensichtlich ist dies allen gelungen, und niemand bat uns, es nicht einzusetzen.

Alle Gespräche wurden persönlich durchgeführt, nur etwa ein Dutzend Eltern wurden telefonisch befragt. Einige Interviews fanden persönlich und per Telefon statt, bei einigen folgten nach der ursprünglichen Befragung kurze Diskussionen am

Telefon. Wir wollten Daten aus einem möglichst breit angelegten Querschnitt erhalten und dann eine Synthese an bedeutungsvollen Mustern gewinnen, an die andere Eltern sich halten können. Dieses Ziel haben wir unserer Meinung nach erreicht.

Patricia Estess, Irving Barocas

Weil Geld nicht auf Bäumen wächst

Kinder lernen den richtigen Umgang mit Geld

Ein Ratgeber für Eltern

Band 1. 1996. 172 Seiten.

Wenn das Taschengeld zum Problem wird, sind Eltern oft erst einmal ratlos. Spätestens jetzt müssen sie ihren Sprößlingen beibringen, was vielen Erwachsenen selbst schwerfällt: angemessen mit Geld umzugehen.

An ganz alltäglichen Beispielen zeigen Patricia Estess und Irving Barocas, wie Väter und Mütter auf kreative und spielerische Weise ihren Kindern beibringen können, was Geld bedeutet und welche Rolle es im Leben spielt.

Ein Ratgeber für Eltern und pädagogisch Interessierte.

Kenneth Hambly

Am liebsten ginge ich nicht mehr aus dem Haus

Agoraphobie und Panikattacken überwinden

Band 2. 1996. 140 Seiten.

Vier Millionen Menschen leiden allein in Deutschland an Agoraphobie. Anonyme Menschenansammlungen und öffentliche Räume lösen bei vielen Betroffenen Panik aus. Die Angst kann so übermächtig werden, daß sie das Haus nicht mehr verlassen wollen. Kenneth Hambly erklärt Ursachen und Symptome der Krankheit, erläutert die physischen Vorgänge einer Panikattacke und zeigt, wie man sich Schritt für Schritt aus der Angstspirale befreien kann. Ein Ratgeber zur Selbsthilfe sowie für Angehörige und alle, die im sozialen Bereich tätig sind.